中国职业技术教育学会
智慧文旅职业教育专业委员会推荐用书

专家指导委员会主任　**杜兰晓　姜玉鹏**
总主编　**韩玉灵　邓德智**
副总主编　**石媚山　李岑虎**

|研学旅行管理与服务系列教材|

YANXUE LÜXING GAILUN

研学旅行概论

第4版

主　编　**杨崇君**
副主编　**郁宜秀　袁秋菊　张明月　叶娅丽**

北京·旅游教育出版社

图书在版编目（CIP）数据

研学旅行概论 / 杨崇君主编. -- 4 版. -- 北京：旅游教育出版社，2024.8.（2025.8重印）--（研学旅行管理与服务系列教材）. -- ISBN 978-7-5637-4738-2

Ⅰ.F590.75

中国国家版本馆CIP数据核字第2024XU0544号

研学旅行管理与服务系列教材

研学旅行概论（第4版）

主编　杨崇君

副主编　郇宜秀　袁秋菊　张明月　叶娅丽

总策划	丁海秀　李岑虎
执行策划	施云峰
责任编辑	施云峰
出版单位	旅游教育出版社
地　　址	北京市朝阳区定福庄南里1号
邮　　编	100024
发行电话	（010）65778403　65728372　65767462（传真）
本社网址	www.tepcb.com
E-mail	tepfx@163.com
排版单位	北京旅教文化传播有限公司
印刷单位	北京柏力行彩印有限公司
经销单位	新华书店
开　　本	710毫米×1000毫米　1/16
印　　张	17.25
字　　数	264千字
版　　次	2024年8月第4版
印　　次	2025年8月第3次印刷
定　　价	59.80元

（图书如有装订差错请与发行部联系）

研学旅行管理与服务系列教材
专家指导委员会、顾问、编委会

专家指导委员会

主　　任： 杜兰晓（浙江旅游职业学院校长）

　　　　　姜玉鹏（青岛酒店管理职业技术学院校长）

委　　员：（排名不分先后）

　　　　　陈佳平（河南职业技术学院文化旅游学院院长，二级教授，享受国务院政府特殊津贴专家）

　　　　　程　冰（桂林旅游学院继续教育学院院长，广西中小学研学旅行学会副会长）

　　　　　魏巴德（亲子猫 & 研学猫董事长）

　　　　　王亚超（北京中凯国际研学旅行股份有限公司董事长）

　　　　　丁海秀（旅游教育出版社副社长）

　　　　　姜福炎（文化和旅游部人才中心研学旅行指导师高级考评员）

　　　　　郭海峰（资深媒体人，《跟着课本去旅行》节目制片人）

顾　问

吕龙根（北京第二外国语学院教授）

编委会

总 主 编： 韩玉灵（北京第二外国语学院教授，中国旅游人才发展研究院执行院长）

　　　　　邓德智（浙江旅游职业学院教授）

副总主编： 石媚山（青岛酒店管理职业技术学院文旅学院院长）

　　　　　李岑虎（文化和旅游部人才中心研学旅行指导师考评员）

委　　员：（按姓氏笔画顺序排列）

	王　彬	王　慧	王　霖	王立龙	王亚娇	王先波	王春梅
	王雪艳	毛　欣	仇晓岚	邓鹏飞	占　飞	叶伟军	叶娅丽
	申建伟	田张珊	由　杰	仪孝法	边喜英	邢琦娜	吕佳蔚
	朱丽男	朱海峰	朱嘉奇	乔海燕	伍　欣	任　鸣	刘　芬
	刘　筱	刘　斌	刘亚男	刘庆安	刘佳蓉	刘胜海	刘雁琪
	池　静	汤　静	孙芳真	苏建宏	巫常清	李　旭	李　娌
	李　婷	李凤堂	李秋君	李胜桥	李冠瑶	李媛媛	杨　栋
	杨乃桂	杨崇君	肖　靖	吴　桐	吴家旅	何东萍	谷　音
	辛宇杰	宋　扬	宋垰竹	张　浩	张　丹	张　栋	张双军
	张会臣	张明月	张晓旭	张楗让	张慧婕	陈　超	陈　苇
	陈芸先	陈俊华	陈凌凌	武　猛	林诗佳	林莉雯	尚明娟
	罗　瑛	岳继萍	周　俊	周　航	周海磊	邹宜秀	郑晓堂
	赵　明	赵双全	赵东勋	赵芳鋆	赵晓芳	胡　磊	侯小刚
	侯晓宇	侯雪艳	俞小红	施美彬	秦晓林	袁秋菊	贾玉芳
	夏　军	钱　钧	徐　彬	徐　峰	徐倩文	殷　鹏	高　霞
	郭小汇	郭艳萍	席忠华	唐　波	黄丽春	曹银玲	袭黄丽
	常冬冬	章永平	梁　东	梁媛媛	韩丽英	程　冰	程慕斌
	焦昱安	楼历月	甄培莺	甄鸿启	裴　炜	廖延斌	谭　慧
	潘晓琳	薛兵旺	霍　炜	魏莉霞			

《研学旅行概论》编委会

主　编

杨崇君（武汉商学院教授、旅游学院党委书记，武汉研学旅行研究院院长）

副主编

邹宜秀　袁秋菊　张明月　叶娅丽

出版说明

出版说明

自2016年11月30日，教育部等11部门联合出台《关于推进中小学生研学旅行的意见》以来，研学旅行作为教育新形式、旅游新业态在国内蓬勃发展，成为教育和文旅行业的新增长点。但在迅速发展的同时，各地研学旅行行业也遇到了服务不规范、标准不统一、专业人才极度缺乏的窘境。因此，推进研学旅行专业人才培养已经成为旅游教育工作者迫在眉睫的任务。

2019年10月，"研学旅行管理与服务"正式列入《普通高等学校高等职业教育（专科）专业目录》，研学旅行专业人才培养正式提上日程。为解决教材缺乏的问题，2020年1月初，旅游教育出版社特邀请韩玉灵、吕龙根、邓德智、李岑虎等40余位来自院校、行业、企业的资深专家齐聚北京第二外国语学院，正式启动全国首套"研学旅行管理与服务系列教材"的编写研讨会。此套教材由北京第二外国语学院教授、中国旅游人才发展研究院执行院长韩玉灵，浙江旅游职业学院教授、全国《研学旅行指导师（中小学）专业标准》起草人邓德智共同担任总主编，各高校、教研院学科带头人担任分册主编、编委，组成系列教材编委会。此套教材于2020年8月正式出版，一经推出便受到各大旅游职业院校和行业、企业的高度关注。如今已多次再版加印，获得了读者的广泛认可。

与此同时，也有越来越多的高职院校纷纷设立研学旅行管理与服务专业。更具有标志性意义的是，2022年7月11日至21日，中华人民共和国人力资源和社会保障部公示了《中华人民共和国职业分类大典（2022年版）》，研学旅行指导师也被纳入其中。在此背景下，我社于7月30日再次组织研学旅行相关领域的专家，召开了"研学旅行管理与服务系列教材"编写修订研讨会。我们特聘浙江旅游职业学院杜兰晓校长、青岛酒店管理职业技术学院姜玉鹏校长共同担任新版系列教材的专家指导委员会主任。此外，还特聘青岛酒店管理职业技术学院文旅学院石媚山院长、文化和旅游部人才中心研学旅行指导师考评员李岑虎教授共同担任副总主编。

新版"研学旅行管理与服务系列教材"一共12本，分别是《研学旅行概论》《研学旅行指导师实务》《研学旅行指导师实务》（活页版）、《研学旅行课程设计》《研学旅行教育理论与实践》《研学旅行基地运营与管理》《研学旅行安全管理》《研学旅行市场营销》《研学旅行政策法规》《研学旅行产品设计》《户外活动策划与管理》《研学旅行数字化运营》。本套教材编写阵容强大，采用研学旅行最新研究成果，确保教材内容与行业接轨，符合教学需求。

从总体上看，本套教材具有四大特色。

一、全国首套，体系完整

本套教材充分考虑了师生的教学需求，从基础性的研学旅行概论开始，由浅入深，遵循教育学的基本理论，同时也注重指导师实务、课程设计、安全管理、基地运营等实操能力的培养，既全面覆盖研学旅行工作的各个要素要点，又符合本专业学生的知识技能成长逻辑，是国内首套体系完整的"研学旅行管理与服务"专业教材。

二、作者权威，理念先进

本套教材的总主编、副总主编、各分册主编都是各大院校研学旅行的学科带头人和国内研学旅行行业的专家，有着丰富的执教或从业经验。编写内容以一线研学企业的成功经验为依托，紧跟教育部、文化和旅游部对研学旅行的指导意见，同时吸收国内最新研究成果，引入研学旅行先进理念，确保本套教材的准确性、前瞻性。

三、案例教学，操作性强

为方便教学，教材中引入大量案例。这些案例均来自旅行社、研学基地等研学旅行一线单位，参考性强，真正做到以案例导入学习，以案例增进理解，以案例引导实操。

四、资料丰富，配套完善

本套教材新增了大量资料、视频等，并以二维码的形式嵌入其中，拓展了教材边界，方便学生学习理解。此外，还有配套的多媒体教学课件、习题、试卷等，让教师对课程的讲授更加得心应手。

本套教材不仅可以作为研学旅行管理与服务、旅游管理等专业师生的教学用书，还可以作为研学旅行机构、研学基地等各类研学企事业单位相关工作人员的重要参考资料，以及教育和文旅行政管理部门进行研学规划时的参考用书。

研学旅行尚处在上升发展阶段，很多概念、理论、方法、模式更新较快。虽然本套教材的编写力求保证内容的全面性、前瞻性，但难免有考虑不周之处，还请广大读者不吝赐教，以臻完善。

旅游教育出版社

2024 年 5 月

第 4 版修订前言

第 4 版修订前言

党的二十大报告提出了"加快建设高质量教育体系，促进素质教育发展"的重要任务。加快推进素质教育已成为提升教育质量、满足人民群众教育需求的关键路径，必须加快教育改革步伐，实现理论与实践相结合，坚持理论学习与实践能力培养的统一。研学旅行作为一种培养学生实践能力和创新精神的教育新形式和旅游新业态，正在推动中小学教育模式的有效变革。自 2016 年教育部等 11 部门发布《关于推进中小学生研学旅行的指导意见》并将研学旅行纳入中小学教学计划以来，全国各地中小学积极推进实施研学旅行，这一趋势催生了对"教育＋旅游"复合型人才的迫切需求。为适应时代需求，教育部于 2019 年在高职专科院校增补"研学旅行管理与服务"专业。2024 年 1 月，教育部更新高职本科专业学士学位授予学科门类对应表，明确新增高职本科专业"研学旅行策划与管理"专业（代码 340104）将被授予"管理学"学士学位。这些举措将有助于培养更多符合社会发展需要、具备实践能力和创新精神的优秀专业人才，推动高等教育体系的不断完善和创新发展。

为进一步推进研学旅行工作，完善高校研学旅行相关专业教学，培养社会急需的研学旅行应用型人才，为研学旅行活动实施提供具有针对性、专业性的教材，我们组织专家、学者编写了《研学旅行概论》一书。承蒙各位高校同行、师生的错爱，此教材一经出版即受到大家的欢迎和支持，目前已改版 3 次。然而，随着研学旅行实践的深入，新的理念、新的模式、新的要求不断涌现，为了更好地满足当前的教育教学需求，我们再次深入学习、调查和研究，结合当前研学旅行发展实际和未来趋势，采用项目式对教材进行了全面修订，主要突出了以下特色。

一是教材内容新颖且全面，尤其注重培养实务操作和技术能力。

本次修订秉承更新颖、务实、技能三位一体的理念，旨在打造一本紧贴行业前沿、高品质的研学旅行基础读本。新版教材首先解析研学旅行的基本概念与运行机制（项目 1），继而逐一探讨研学旅行活动课程（项目 2）、研学旅行实施主体（项目3）、研学旅行承办机构（项目4）、研学旅行基地营地（项目5）、研学旅行指导师（项目6）等五大核心板块。鉴于近年来研学旅行目的地建设的重要性日益凸显，特增设"项目7：认知研学旅行目的地"。修订版教材力求帮助学生们全面掌握研学旅行的整体架构、运行规律以及目的地建设。书中融入了最新研学旅行理论、实践案例和实践经验，以期内容更具现实指导意义和实战应用价值。

二是教材改用项目式的编排方式，通过设计具体情境构筑一种"项目依托、任务驱动"的教学模式。

本次修订突破了传统的章节划分方式，转而采用项目任务导向型设计，精心设置了多元立体的学习项目和实训任务模块。通过构建贴近真实行业环境的任务情境，将学生引入一个个既真实又有意义的研学旅行情境之中。各项任务明确了学习目标，旨在激发学生自主搜寻信息、参与实地考察与调研，并积极开展互动交流。每一个任务完成后，都特别安排了"任务拓展"环节，旨在开阔学生的理论学习视野；而"任务实训"部分，则侧重引导学生在实践中找寻问题、分析问题并提出解决方案，借助团队协作的方式，将所学知识有效运用到实际情况中，让学生深刻体验到应用知识解决实际问题的重要性，从而不断提升自身的实践操作能力。

三是整合各类资源，借助二维码技术推动教材资源的数字化转型和网络化共享。

本次修订着重于资源的丰富度与数字化整合，旨在为学生创造更为便捷、高效的沉浸式学习体验。我们紧跟教材内容脉络，精选核心资源并将其以二维码的形式嵌入书中，方便学生随时扫码获取，实现灵活自主地学习。此举不仅增强了学习的便利性和灵活性，更能有效调动学生的学习积极性，拓宽其知识视野。同时，这些数字化教学资源也为教师提供了极大便利，它们集便捷、完备、多样于一体，有力支撑了课堂教学，有助于教师丰富课程内容，提升教学质量与效率。

本书由武汉商学院旅游管理学院党委书记杨崇君教授担任主编，协同郇宜秀、袁秋菊、张明月、叶娅丽等四位副主编共同完成。杨崇君教授主导了修订工作，包括制定大纲、设定体例模板，修订"项目三：认知研学旅行实施主体"和"项目五：认知研学旅行基地营地"，撰写"项目七：认知研学旅行目的地"。此外，她还负责全书的统稿和最终定稿工作。郇宜秀老师修订了"中小学研学旅行运行机制（任务1-3）"，以及"项目四：认知研学旅行承办机

第 4 版修订前言

构"和"项目六：认知研学旅行指导师"。张明月老师修订了"项目二：认知研学旅行活动课程"。叶娅丽教授对"研学旅行的发展历程（任务 1-1）"及"研学旅行的概念内涵（任务 1-2）"进行了深入修订。袁秋菊教授协助主编参与了部分统稿工作。

本次教材修订工作得力于韩玉灵教授、邓德智教授等业界权威学者的专业指导与鼎力支持，同时获得了旅游教育出版社丁海秀副社长和武汉商学院旅游管理学院院长薛兵旺教授的积极鼓励、无私帮助，在此深表谢意！此外，诚挚感谢旅游教育出版社的精心策划及编辑施云峰老师的不懈努力与辛勤耕耘！

该教材不仅适用于全国旅游管理类专业作为研学旅行课程的首选教程，还可作为旅游与教育界开展研学旅行实践活动的重要培训手册。对于从事研学旅行工作的同人而言，该教材同样具有极高的参考价值。

敬请广大读者持续关注并惠赐宝贵意见与建议，以便我们不断改进和完善教材内容，使其日日新、日益精进。

主　编

2024 年 6 月 26 日

目录

项目一 认知研学旅行

任务一　研学旅行的发展历程 / 003

任务二　研学旅行的概念内涵 / 023

任务三　中小学研学旅行运行机制 / 045

项目二 认知研学旅行活动课程

任务一　研学旅行活动课程概述 / 061

任务二　研学旅行活动课程设计 / 066

任务三　研学旅行活动课程评价 / 086

项目三 认知研学旅行的实施主体

任务一　学校是研学旅行的实施主体 / 097

任务二　学校研学旅行的工作任务 / 106

任务三　学校研学旅行的工作环节 / 112

项目四 认知研学旅行的承办机构

任务一　研学旅行承办机构概述 / 123

任务二　研学旅行承办机构的服务项目 / 135

任务三　研学旅行承办机构的服务流程 / 144

项目五 认知研学旅行基地营地

　　任务一　研学旅行基地营地概述 / 157

　　任务二　研学旅行基地营地的策划 / 167

　　任务三　研学旅行基地营地的建设 / 174

项目六 认知研学旅行指导师

　　任务一　研学旅行指导师概述 / 189

　　任务二　研学旅行指导师的工作内容 / 197

　　任务三　研学旅行指导师的职业素质 / 216

项目七 认知研学旅行目的地

　　任务一　研学旅行目的地概述 / 231

　　任务二　研学旅行目的地建设案例 / 248

参考文献 / 258

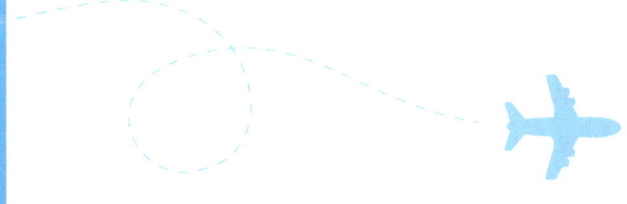

项目 一

认知研学旅行

全国中小学生研学实践教育基地——成都金沙遗址博物馆

研 学 旅 行 概 论

项目导读

本项目是本课程的首个学习任务,将为后续学习奠定基础。研习此项目,一是要从历史演进的视角纵览我国研学旅行的发展脉络,系统梳理自古至今研学旅行的发展阶段与特点,同时,了解国际研学旅行的发展历程、典型实践及其对我国研学旅行的借鉴价值。二是须深入理解研学旅行的核心概念,区分广义与狭义研学旅行的不同界定,切实把握研学旅行的本质属性、特征要素以及基本原则,明晰开展研学旅行的目的、意义及其所需承担的任务。通过这一项目的深入学习,学生将得以廓清研学旅行的历史渊源、概念本质等核心问题。

学习目标

知识目标	1. 了解我国古代游学、近代修学旅游、现代修学旅行和当代研学旅行发展历程; 2. 了解国外研学旅行的发展概览、典型做法及对我国研学旅行发展的经验借鉴; 3. 明确研学旅行概念内涵,厘清广义研学旅行和狭义研学旅行的定义; 4. 掌握研学旅行的本质、特征、原则及开展研学旅行的目标、意义及主要任务。
能力目标	1. 能够梳理我国研学旅行的发展历程和主要事件; 2. 能够发现研学旅行与传统旅游的区别; 3. 能够识别广义的研学旅行产品与狭义的研学旅行产品。
素质目标	1. 理解国家推进实施中小学研学旅行的价值意义; 2. 培养从事研学旅行工作的职业素养和研学教育情怀。

思维导图

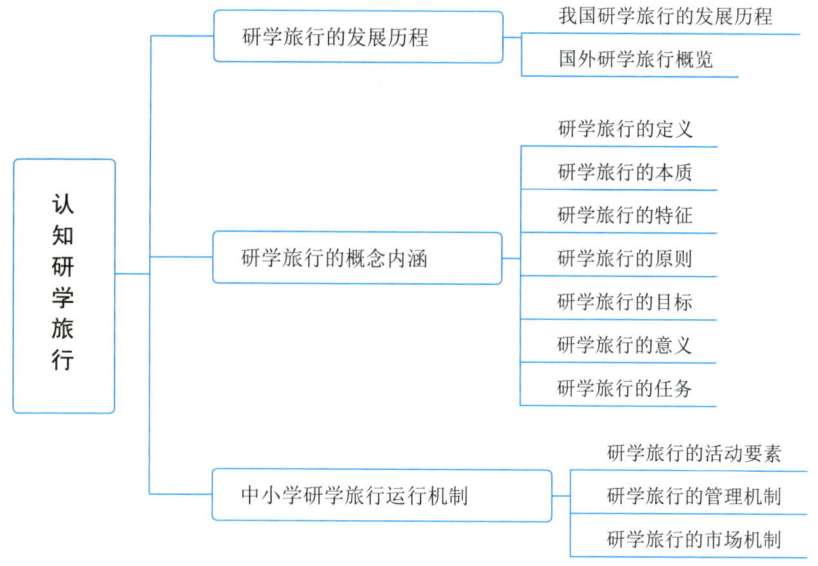

项目一 认知研学旅行

任务一　研学旅行的发展历程

 **任务导入**

小刘高中毕业之后顺利考入某高职院校的研学旅行管理与服务专业，他对研学旅行非常感兴趣，渴望对研学旅行的发展历程有一个清晰的了解。请你帮小刘介绍研学旅行的发展历程，为他后面的学习打下基础。

 **任务分析**

小刘作为一名立志从事研学旅行工作的研学旅行管理与服务专业的学生，必须要了解我国研学旅行的发展历程和国外研学旅行发展概况，才能更好地学习研学旅行相关知识，为后续的学习打下基础。本任务作为研学旅行概论课程的第一个任务，主要解决研学旅行"从何而来"的问题。

 **任务知识**

一、我国研学旅行的发展历程

（一）古代游学期（前770—1840年）

游学是最为传统的学习、教育方式之一。游学是指离开自己熟悉的环境，到另一个全新的环境里进行学习和游玩，既不是单纯的旅游，也不是简单的学习，而是在学习之中潜移默化地体验人生，在体验中学习。游学的出现和形成可以追溯到"礼崩乐坏""诸侯争霸"的春秋战国时期。

1. 春秋战国时期

古代游学的主体主要有士人阶层、僧侣阶层和贵族子弟等，最早的标志性人物当数春秋时期的孔子。据《史记·孔子世家》记载，鲁定公十四年（公元前496年），55岁的孔子带着弟子们周游列国，此举开启了中国古代游学之风。孔子及其弟子周游列国长达14年之久，历尽艰辛。他们一路读书问道，一边向诸侯国国君游说，一边开坛授课，广招门徒。其游学足迹遍及卫、陈、鲁、宋、郑、蔡、楚诸国，有些地方至今还保留着有关孔子的遗迹。孔子及其弟子在游学途中，既有"孔子适周，访礼于老聃，学乐于苌弘"的故事，又有"两小儿辩日"的趣闻，还有关于"仁人廉士，穷改节乎"的思考。他们在游学途中践行着"三人行必有我师焉"的信条，并拜访了一些德高望重的老师。在周游列国途中，他们将边游边学的游学精神表现得淋漓尽致。孔子说："君子怀德，小人怀土。""士而怀居，不足以为士矣。"这些话的意思是劝告君子不要留恋故土，应该通过游学四方增长见识，实现远大理想，大展宏图。可以说，孔子就是中国游学的鼻祖。先秦诸子如墨子、庄子、孙子、孟子、荀子、韩非子等都曾通过游学推行自己的学说及治国之道。在游历中感受山水，在感受山水中体悟人生，在体悟人生中深思求索，在深思求索中推究哲理。孔子的思想是闪耀着光辉的教育瑰宝，他"读万卷书，行万里路"的游学实践对我们今天的研学有着重要的参考意义。

图1-1　孔子周游列国，堪称中国古代"游学"的鼻祖

2. 汉魏时期

汉魏时期读书人游学之风尤盛，其中最具代表性的人物就是《史记》的作者司马迁。他在《太史公自序》中写道："二十而南游江、淮，上会稽，探禹穴，窥九疑，浮于沅、湘；北涉汶、泗，讲业齐、鲁之都，观孔子之遗风，乡射邹、峄；厄困鄱、薛、彭城，过梁、楚以归。"正是因为有了这样漫长而大

范围的游历和实地考察，司马迁才获得了丰富的实证材料，获得了知识与经验的双重积累。这次游学不仅使他对中国的山川地貌、风土人情、历史故事更为了解，而且使他领略到了无限的时空、不羁的自由和一种精神的存在感。这些经历为他以后人格品质的塑造和史学巨著的编写奠定了良好基础。

3. 隋唐时期

隋唐时期中国社会经济、文化空前繁荣，为游学的开展创造了良好的社会条件。游学备受学者们的青睐，由此产生了三种类型。一是求学之游。隋唐时期物质繁荣与精神文明极其绚烂。一方面，各地志同道合的游者聚集在一起，以学会友，共同探讨人生的真理和智慧。另一方面，部分学者跋山涉水，一边体会地方情怀与智慧，一边传播本国文化，不断增长见识。二是求士之游。隋唐时期为了将"学而优则仕"用于实践，开创了科举制的先河，为广大寒门弟子提供了一条改变家族命运的路径。三是体验之游。部分学者在求学的过程中不仅仅局限于知识层面的追求，更多的是去追求精神层面，到各个地方游山玩水，陶冶自己的情怀。① 唐代诗人李白"且放白鹿青崖间，须行即骑访名山"，随时准备来一场说走就走的旅行，好不率性潇洒。杜甫曾用《壮游》诗描述了"东下姑苏台，已具浮海航。到今有遗恨，不得穷扶桑"的惆怅。玄奘于唐贞观年间独自一人西行五万里，前后17年，亲身游历110多个国家，学遍当时的大小乘各种学说，翻译佛经75部，成为世界和平友好的杰出使者。

4. 元代时期

元朝统治者将科举制废除，断绝了元朝儒士通过科举做官的路径，加上元朝统治者想大力开拓疆域使各个民族之间相互融合，这就促使了许多文化水平较低的少数民族地区游历四方学习汉学。当时民间开办的书院、义塾等可以公开接受远道而来的游者来此处学习，并且隐居的儒士也接纳游学者作为自己的学生，传授相关知识。元朝社会的繁荣安定、开放的教育政策以及南北统一局面等客观条件都促使了游学在元代兴盛起来。元代时期的游学主要有三种类型。一是儒学之游。元代继承和传播了自北宋以后形成的新儒学思想，形成了各级儒学，不仅教学规模宏大，而且教学设备和水平都很完善。二是从师之游。许多游者为了学习广阔的知识，跋山涉水拜访名师，并成为其门下的一员，与其他弟子相互学习、取长补短来拓展自己知识的广度和深度。三是书院义塾之游。自宋代以后，书院在元朝得到进一步发展，书院数量和教学规模都明显扩大，使得元代的书院义塾之游也极其盛行。②

---

① 陈林，卢德生.我国研学旅行历史演变及启示［J］.江西广播电视大学学报，2019（1）：27.
② 陈林，卢德生.我国研学旅行历史演变及启示［J］.江西广播电视大学学报，2019（1）：27-28.

5. 明朝时期

明朝时期，游学成为一般士子成长的必要历练。"游圣"徐霞客是古代教育旅行的代表性人物之一，其旅行生涯前后长达 35 年之久。其游历范围涵盖今江苏、浙江、安徽、山东、河北、贵州、云南和江西等在内的共计 19 个省、自治区、直辖市，走遍了明朝的大部分国土。他的旅行将陶冶性情、开阔视野、探险考察三者融合在一起，使旅行成为一项综合性活动，具有非常明显的教育性和求知性，其以旅行经历为基础所著的《徐霞客游记》具有地理学、文学等多方面的价值。

（二）近代修学旅游期（1840—1949 年）

1. 海外修学旅游

游学发展到近代，和古代的游学已有一定区别。人们更多使用"海外修学旅游"一词，也就是所谓的"留学"。自鸦片战争以来，清政府奉行闭关锁国的政策，中国的领土开始被割裂，逐步丧失独立自主的地位，清王朝被迫做出对外开放政策，出台海外修学旅游政策，促使一大批爱国知识分子和开明绅士开始放眼世界，学习西方科技文化，寻求救国之道。近代的留学潮热主要经历以下四个阶段：赴美留学、留学日本、庚款留学、留法勤工俭学。

（1）赴美留学。由于洋务运动时期需要大批的外交工业技术人才，刚从美国留学回来的容闳便上奏朝廷派遣中国学生到国外学习先进技术。1872 年 8 月，容闳率领中国第一批 30 名幼童乘船赴美学习，近代中国留学生之旅由此开始。容闳是第一个毕业于美国耶鲁大学的中国留学生，是中国留学生事业的先驱，被誉为"中国留学生之父"。

图 1-2　留美幼童是中国最早的公派留学生，出洋时他们平均年龄为 12 岁

（2）留学日本。1894年中日甲午战争失败后，亡国危机激发了中华民族的觉醒。国民看到，日本经过明治维新改革后已经不再是以前前往唐朝学习的小国，而是逐渐变得强盛起来的大国了。于是，一大批青年学子和知识分子纷纷出国留学寻求民族振兴、国家富强的道路，其中以李大钊等人为典型代表。李大钊毕业于东京早稻田大学，是中国共产党主要创立人之一。

（3）庚款留学。1900年八国联军侵略中国攻占北京，1901年清政府被迫签订丧权辱国的《辛丑条约》，同意向十一国赔偿白银4.5亿两，分39年付清。这就是历史上有名的"庚子赔款"。在中国"庚子赔款"后，美、英、法等国出于长远考虑，为了扩大其在华的影响，相继与中国签立协定要求中国输送相应留学生。这一时期的留学形势形成了新的多元化局面，客观上造就了一大批出色的科学家，成为中国现代科技事业的奠基人和开拓者。

（4）留法勤工俭学。五四运动时期，受新文化运动和反帝爱国斗争的影响，为寻求救国救民的理论和方法，大批优秀青年赴法国开展勤工俭学运动，是一种全新的留学模式。在巴黎华法教育会与广安勤工俭学会的大力倡导下，这批留学生以"勤于做工、俭以求学"为宗旨，没有官费和庚款的支持，在法国各地的学校和大工厂中边工作边学习，研究各种社会主义思潮，了解和考察世界革命大势，如周恩来、蔡和森、陈毅、邓小平等成为我国早期有留学经历的革命家。

2. 新安旅行团的诞生

在国内教育界首倡并积极推动研学旅行者当属陶行知。20世纪30年代，著名教育家陶行知先生在一篇名为《中国普及教育方案商讨》的论文中提出"修学旅行应该特别提倡"，积极倡导"知行合一"。他认为"行是知之始，知是行之成"。陶行知原名陶知行，他通过改名的方式来表达自己对教育的真切理解，积极倡导修学旅行，并在其创办的晓庄师范、新安小学等学校积极践行其教育理念。陶行知的实践和呼倡，得到不少教育界有识之士的响应。1933年10月22日，继任新安小学校长的汪达之将7名最大不过17岁、最小刚满12岁的学生组成"新安儿童旅行团"，从淮安经镇江向上海进发，历时50天。一路上，旅行团自主管理一切活动，他们通过到大学演讲和街头卖报等方式筹措经费，沿途参观工厂、调查乡村，抵沪后深入租界调查，凭吊"一·二八"战场，受到了生动的爱国主义教育。他们的创举轰动全国。陶行知为此深情赋诗：

一群小光棍，点点有七根。
小的十二岁，大的未结婚。
没有父母带，先生也不在。

谁说孩子小,划分新时代。

1935 年 10 月 9 日,在陶行知的资助下,汪达之又将新安小学的 14 名学生组成"新安旅行团"。他们冲破重重险阻,克服种种困难,行走战时中国,一路研学,一路宣传抗日救亡。①

1936 年,旅行团抵达南京,参加田汉主持的中国舞台协会的戏剧活动,在《回春之曲》《复活》《阿比西尼亚的母亲》等剧中扮演多个角色。由田汉创作、张曙谱曲的《新安旅行团团歌》成为 20 世纪 30 年代的著名歌曲。

同学们别忘了,我们的口号:

生活即教育,社会即学校。

拼命地做工拼命地跳,

一边儿学唱一边儿教。

别笑我们年纪小,我们要把中国来改造。

图 1-3　陶行知为孩子们上课的情景

稚嫩的童声传遍中国,传向世界。远在美国担任"国民外交使节"的陶行知在芝加哥、旧金山、纽约等地教华侨工人学唱《新安旅行团团歌》。"新安旅行团"成为战时中国教育的壮丽诗篇,他们"在做中学,在学中做",在行走中成长,赢得了在艰难困苦中坚持抗战的中国共产党的注目。

从 1935 年到 1952 年,新安旅行团足迹遍及 22 个省,先后纳员 600 余名。

---

① 祝胜华,何永生:研学旅行课程体系探索与实践［M］.武汉:华中科技大学出版社,2019.

项目一　认知研学旅行

饱经历练的新安旅行团后来在政治、军事、经济、科技、文化和艺术等各个领域涌现杰出人才200余人。新安旅行团成为跨时代的研学典范。

新安旅行团虽然是在特殊环境下的典型案例，在发展的过程中，许多团员随着年龄的增长，再也没有走回校园，而是直接走上了民族解放斗争的战场，这已经不是教育意义上的研学旅行，但对于今天的研学旅行来说，在相信儿童，尊重儿童的创造力，大胆解放儿童的头脑、双手，解放儿童的时间和空间等方面还是有不少启发的。新安旅行团作为教育意义上的研学旅行团在1946年即已解散。

（三）现代修学旅行期（1949—2000年）

现代"修学旅行"一词则源于日本，明治维新时期经济上"殖产兴业"，文化上"文明开化"，发展现代教育，鼓励中小学生研学旅行，培养现代化人才。教学大纲规定中小学生借助当地的文化资源，从本市到全国，直至世界范围每年进行一次为期数天的社会学习，提高文化修养，谓之"修学旅行"。

在1978年党的十一届三中全会提出改革开放政策后，我国在政治、经济、文化、教育等方面发生了翻天覆地的变化。当人们的温饱问题得到解决时，往往会转向更多精神层面的追求。因此，单一的知识性教育已经不能满足大众的需求，更多的是追求体验式、开放式的教育，采用修学旅行办法来弥补传统知识性教育的不足的教育形式呼之欲出。期望通过修学旅行，让学生们不仅能从中获得愉悦的旅行体验，还能学到许多课堂上、书本上学不到的知识，从而开阔视野，增长能力。

自20世纪80年代中期开始，研学旅行逐渐进入国人的视野。最初的启动是由于日本青少年学生到我国进行修学旅行的规模扩大和频次增加，所到之处由当地政府和旅行社接待，因此开设接待入境修学旅行业务就成了水到渠成的事。从1985年到1995年的十年间，广东省、北京市、山东省先后成立"接待日本青少年修学旅行委员会"，江苏省成立"教育国际交流服务中心"。中国国际旅行总社与澳大利亚和新西兰旅游局、澳大利亚驻华使馆教育处等多家单位联合举办了"海外修学旅游研讨会""中日青少年修学旅行研讨会""中日韩修学旅行研讨会"等学术活动，都是注重发展入境和出境修学旅行的诸多表现。

（四）当代研学旅行（2001年至今）

1. 研学旅行的发端

20世纪90年代初，我国提出并全面推行素质教育，许多地方将"研学旅行"作为一项重要的教改方式来探索。例如，2003年上海成立了中国首个"修学旅行中心"。该中心组织编写出版《修学旅行手册》一书，倡议江苏、浙江、安徽等地区联合打造华东研学旅行文化游黄金线路。2006年，山东曲阜举办"孔子修学旅行节"，这是我国第一个修学旅行节庆活动，也是中国第一个以儒家文化为主题的修学节庆活动。2008年广东省把研学旅游列为中小学必修课，写进教学大纲。2010年7月29日发布的《国家中长期教育改革和发展规划纲要（2010—2020年）》提出，学校要把减负落实到教育教学的各个环节之中，要给学生留下了解社会、深入思考、动手实践、健身娱乐的时间。纲要明确提出，要提高教师的业务素质，改进教学方法，增强课堂教学效果，减少作业量和考试次数，培养学生的学习兴趣和爱好。纲要还特别提出高中教育阶段要积极开展研究性学习、社区服务和社会实践。

2001年，我国颁布《基础教育课程改革纲要（试行）》，俗称"新课改"。"新课改"的一个重要内容就是在基础教育阶段增设综合实践活动为必修课，与学科课程并列设置，从小学到高中各年级全面实施，所有学生都要参加学习。2017年，教育部颁布《中小学综合实践活动课程指导纲要》，从课程理念、课程目标、课程内容和活动方式、课程的规划与实施、课程管理与保障等方面，对该课程进行了全面而详尽的界定；同时明确了研学旅行是综合实践活动的重要活动形式，是"通过探究、服务、制作、体验等方式培养学生综合素质的跨学科实践性课程"。自此，我国中小学研学旅行以完整的课程化方式嵌入义务教育阶段和高中阶段学校的课程体系。

2. 研学旅行的试点启动

研学旅行的政策出台源于2012年时任教育部部长袁贵仁访问日本的一次经历。袁贵仁部长回国后曾说道："我这次访问日本，对日本学生成群结队修学旅行印象极为深刻。对比之下，也深感我们的教育方式确有应改进的地方，否则孩子的身心健康、集体主义、爱国主义情感的养成都将留下不足。如全面推进做不到，个别地方、一些学校是可以试行的。如有计划的推进，不断加以倡导，逐步扩大范围，是会有效果的，我觉得这是一件很大的事，问题在于经费，特别是安全。"[①] 之后，我国以日本的修学旅行为样板进行研究，又逐步研究英国、俄罗斯、美国等国家有关研学旅行、营地教育等方面的做法。

2012年，时任教育部副部长的刘利民提出，修学旅行作为中小学成长过程不可或缺的教育形式，日本已经有多年的经验和成功的做法，请大家认真领会袁部长的指示，结合我国实际，逐渐引进这种教育理念。可以先找一两个省试点，摸索经验，结合地方实际，因地制宜做起来。

---

① 王晓燕. 如何理解中小学生研学旅行政策的核心要义？[EB/OL] 云成长研学.

项目一　认知研学旅行

2012年11月，教育部启动中小学研学旅行工作研究项目，指定合肥、上海、西安、杭州四个城市为全国首批研学旅行试点城市。

2013年2月，国务院办公厅出台《国民旅游休闲纲要（2013—2020年）》，指出要"逐步推行中小学研学旅行"。这是为迎合教育的发展需要，第一次从国家层面提出研学旅行教育规划。

2014年3月4日，教育部基础教育一司发布《关于进一步做好中小学生研学旅行试点工作的通知》，在前期试点的基础上进一步扩大试点范围，决定在河北省、上海市、江苏省、安徽省、江西省、广东省、重庆市、陕西省、新疆维吾尔自治区进行试点。

2014年12月，教育部在北京召开全国研学旅行试点工作推进会议，西安市及合肥市的相关做法与经验获得教育部的高度肯定并向全国试点城市推广。

拓展知识

研学旅行的"西安模式"

西安市研学旅行工作特色突出，被教育部称为"西安模式"。2014年，西安市扩大研学旅行试点范围，加大经验总结与研究，为教育部开展中小学生研学旅行工作提供了切实可行的相关政策依据。2015年，西安市进一步推动研学旅行试点工作深入开展，完善研学旅行工作的各项管理措施。2016年，西安市实现全市中小学研学旅行试点工作全覆盖，加强科学指导与规范管理，形成了政府主导、部门协作、经费支持、组织规范、基地建设、课程推动、宣传引导、评价激励等八大工作机制。西安市累计有1000余所学校的60余万名学生走出校园开展研学旅行。学生们走入博物馆、实践基地、现代化工厂、高新开发区、现代化农业园区、红色革命旧址等地，通过参观学习、实践互动、切身体验等多种方式，提高了创新与实践能力，提升了人文及道德素养。西安市结合教育教学实际和课程教材内容，每学期组织开展小学四、五、六年级1至3天，初中一、二年级1至4天，高中一、二年级（含中等职业学校）1至5天的研学旅行活动，逐步建立小学以乡情市情为主，初中以市情省情为主，高中以省情国情为主的研学旅行体系。同时，指导服务单位、接待单位制订了上百个研学旅行一日、两日或多日方案，形成了四面八方布点、各具主题特色的研学旅行"西安教育地图"。

资料来源：王晓燕，韩新.研学旅行来了［M］.西安：陕西人民教育出版社，2019.

3. 研学旅行的全面推广

2016年被称为研学旅行的元年。2016年11月30日，教育部等11部门联合出台《关于推进中小学生研学旅行的意见》，要求把研学旅行纳入中小学教育教学计划。2016年12月23日，教育部在江苏镇江召开"全国校外教育经验交流暨研学旅行工作部署会"，西安市教育局和安徽省教育厅介绍研学旅行经验。2017年被称为研学旅行推广年，各地研学旅行政策密集出台，研学旅行成为新的行业热点。2018年是研学旅行脚踏实地实践年，从全国各省广泛响应，逐步推行到市县落实，诞生了多家研学旅行公司和研学旅行课程开发机构。2019年中国旅行社协会与高校毕业生就业协会联合发布《研学旅行指导师（中小学）专业标准》和《研学旅行基地（营地）设施与服务规范》，研学旅行开始向专业化发展。

2019年10月18日教育部发布文件增补"研学旅行管理与服务"专业，归属旅游大类中的旅游类，修业年限3年。截至2023年，全国开设"研学旅行管理与服务"专业的院校达到106所。

《中国研学旅行发展报告2022—2023》指出：研学旅行相关的政策红利仍在持续释放。从国家层面看，更多部门关注并支持研学旅行，更高层次的政策不断出台，在研学旅行的时间、空间和资源方面都有更多支持，总体上前瞻性和指导性更强。从省级层面看，研学旅行、劳动实践等成为各地文旅、教育等领域推进"十四五"规划的重要内容；相关职能部门在基地营地评定、研学课程建设、指导师培养等方面的融合、联动、协同正在加强。总体而言，2021—2022年开展研学业务企业的数量仍在不断增加，主体更加多元化，但新增注册企业的数量增幅有所缩窄。研学相关企业在华东、华中地区的分布较为集中，以湖南、江苏、山东最为明显。

相关链接

国民旅游休闲纲要（2013—2020年）

关于进一步做好中小学生研学旅行试点工作的通知

教育部等11部门关于推进中小学研学旅行的意见

《中国研学旅行发展报告2022-2023》发布

项目一 认知研学旅行

二、国外研学旅行概览

（一）国外研学旅行的发展

自进入 21 世纪以来，重视校外教育成为世界范围内学校素质教育的重要趋势，越来越多的国家将研学旅行纳入了学校教育范畴。

1. 欧洲研学旅行历史悠久

作为现代旅游业诞生地的英国，一直以来就有崇尚研学旅行的风气。英国所谓的"大陆游学"，实际上就是研学旅行。早在 17 世纪，英国王室就有教师带领王子们周游列国的先例。18 世纪，这种游学风靡于英国上流阶层。19 世纪，倘若当时英国的青年学子尤其是贵族子弟不曾有过海外研学旅行的经历，就会被人看不起。今天，很多英国家长会选择在暑假带着孩子一起旅行。有些没有家庭出游计划的学生也会参加学校组织的出游，在旅途中学习知识。

法国研学旅行虽未形成系统的教育理念和教学方式，但在法国的基础教育领域，研究性学习得到了普遍的认可与推广。法国这种类似于课题系统研究、独特的研究性学习，实际上也包含研学旅行的成分，特别是他们的 TPE 模式。

2. 亚洲日本韩国修学旅行制度完善

在亚洲，日本的修学旅行制度最为完善，其最突出的特点是政府高度重视。日本将修学旅行列入学术教育体系，给予了充分的财政支持和法规政策保障。研学内容从参观国家公园、访问历史古迹到学习传统文化知识，涉及职业选择、自然体验、考察先进企业，甚至体验商人活动，涵盖政治、经济、文化等各个领域。在修学旅行课程实施过程中，学校会依据学生的学段特点安排活动：小学生主要就近参观名胜景点或是集体泡温泉；初中生不仅参观名胜景点，而且把教科书中出现的国会议事堂、东京塔等列为参观内容；高中生则倾向于把学习目标定位在自然体验或了解过去战争的悲惨历史。随着国际交流的发展，日本修学旅行的线路也逐渐国际化，现在日本每年有近 200 个学校，约 4 万名学生到中国修学旅行。①

在韩国，几乎每个学生都参加过各种类型的研学旅行，其中具有教育特色的是毕业旅行。韩国教育部门将毕业旅行作为学生的一项必修课目，纳入学分管理，学生只有参加并修够相应学分才可以毕业。

---

① 日本修学旅行的典型模式及经验启示. 旅游资讯信息网.

3. 美国探究性学习促进科技创新

美国历来重视校外教育，对校外教育政府有政策导向和财政扶持。联邦政府和州教育主管部门与相关行业协会一起对校外教育进行监管。美国的研学旅行起源于 1980 年美国的"探究式学习"。家长较少有功利的念头，孩子参加假期活动主要还是凭借兴趣爱好，所以研学旅行和夏令营、冬令营一样，为满足或培养孩子的兴趣爱好提供了多种多样的选择，是假期非常受学生欢迎的活动。美国霍奇基斯高中甚至曾组织 10~12 年级的学生去南极开展为期 3 周的探险之旅，让孩子们在考察南极半岛和周边岛屿，观察鲸鱼、磷虾群，拍摄帝王企鹅、海豹、冰山的同时，听取随行的南极科考专家的讲解，学习生态学，了解当地历史。此外，不少美国高中生会在假期参加国内名校游，了解高校特色，为将来的升学选择做准备。研学旅行促进了美国的科技创新。2001 年，探究式学习的模式被引入中国，称作"做中学"，意思就是让学生在动脑、动手的实践中利用学到的知识发现问题、解决问题。

（二）国外研学旅行的典型做法

1. 日本的公益机构

日本的研学旅行称为修学旅行，这一活动可追溯到明治时代。1882 年，日本栃木县第一中学的学生在老师的带领下，参观了在东京上野召开的"第二届实业博览会"，被认为是日本学生修学旅行的开始。1887 年 4 月 20 日发行的《大日本教育杂志 54 号》中首次使用"修学旅行"一词。1896 年，长崎县立长崎商业学校到中国上海进行修学旅行，是日本首次国外修学旅行。1946 年修学旅行被正式纳入教育体系，是日本学校最具特色的活动之一，发展至今已成为日本文化的一部分，其学校渗透率已高达 98%，早已成为日本国民教育体系和学校教学计划中的重要组成部分。

（1）政府部门主导型修学旅行模式

政府部门的大力支持是日本修学旅行取得成就的重要保证。一方面，日本中央政府明文规定各级教育必须开展国内外修学旅行，并且制定了相对完善的修学旅行相关政策。例如，日本以跨部会方式，文部科学省、总务省与农林水产省联合推动小学生五日农村体验与独立生活课程。另一方面，日本制定有国内、海外修学旅行实施基准和修学旅行实施细则，分地区、年级，对旅行的时间、费用、实施学年、实施方向、引导教职员等做出明确规定，要求辖区内的中小学校必须遵照执行。对修学旅行活动内容、指导教师、应急管理等进行全方位审核，从各细节上确保修学旅行的制度化和规范化。

（2）姊妹学校联盟型修学旅行模式

为促进修学旅行健康、持续发展，日本国内外多校结成姊妹学校，形成修学旅行学校联盟。一方面，对于小学在组织修学旅行活动时，一般会与邻县学校联盟，就近安排参观景点和进行集体活动，参观地点不仅包含教科书中出现的国会议事堂、东京塔，还有电视台、报社等，培养学生对自然和历史的探索、体验经历。另一方面，对于年级和知名度较高的中学会尝试以官方旅游机构、各地政府为媒介，充分利用友好城市之间的交流合作便利结识国外姊妹学校，与目的地相关部门、地方学术机构或居民家庭合作互动。例如，广岛县的学园基于友好城市的资源，组织修学旅行经历了以观光游览活动为载体、以专题培训活动为载体和政府推动"东亚21世纪青年交流计划"三个阶段。

（3）专业机构监督型修学旅行模式

公益财团法人日本修学旅行研究协会（以下简称"全修协"），于1957年经日本教育部（现教育、文化、体育、科学和技术部）许可成立，并于2011年4月1日获得内阁办公室的认可。"全修协"由一个教育和研究基金会发展成为一个研究协会，作为专门为修学旅行设立的指导监督机构，在日本修学旅行发展中发挥了巨大作用。"全修协"于2003—2011年发布46期"Web版修学旅行新闻"，分享特色学校修学旅行活动、国内外修学旅行信息，以及公布所有"全修协"的研究和调查结果。其主要职能是协调与相关利益部门的关系，通过各类调查为学校、业内提供交通、安全、费用、基地和理论研究等修学旅行信息，并处理相关的申诉和请求，监督保障活动质量。在"全修协"下面，各地还设有地方修学旅行协会，如日本关东地区公立初中修学旅行委员会等。他们会定期举办研讨会，积极探讨修学旅行发展的新方向，及时跟进其发展的新势头，并进行经验学习和成果分享，同时邀请当地学校参加，公告修学旅行专用交通工具时刻表等信息以便学校组织活动。

（4）新闻媒介配合型修学旅行模式

为消除民众对学生参加修学旅行的风险顾虑，日本新闻媒介积极配合学校、政府等组织方进行宣传。例如，AKT秋田电视从1969年起就在其覆盖的学区范围内，在傍晚时段播报修学旅行的孩子的平安状况，至今仍旧坚持以25~30分钟的节目来播报学生的修学旅游状况。KBS、山梨县山梨广播等也都在其播放辖区内定时播报修学旅行的相关信息。一方面，新闻媒介是民众获取信息的有效方式，具有极强的社会公信力和影响力，通过实时信息传递家长能确切了解孩子的最新情况，从而获得家长对于修学旅行的信任和支持。另一方面，新闻媒介使民众反向监督修学旅行开展的规范性和安全性，让民众可以及时地发现修学旅行出现的弊端，进而使相关组织方能规范修学旅行的时间、频次、费用、地点选择等实施基准，促进日本修学旅行的有序开展。①

2. 美国的冬令营

研学旅行在美国中小学是一项普遍开展的教育教学活动。据在美国田纳西州对 225 名中小学生的随机调查显示，未参加过任何研学旅行的人数为零；参加过 1~2 次的占 12%；参加过 3~4 次的占 23%；参加过 5~6 次的占 40%；参加过 7 次或更多的占 25%。②

冬令营是美国重要的研学旅行方式。美国是世界上最早实行冬令营的国家之一。时间可上溯至 1885 年，这个时期美国的都市化已经发展得比较充分，各种回归自然的运动层出不穷，冬令营就是在这样的背景下产生的。冬令营的时间长短不等，从 1~2 周到 8 周左右；参加的儿童年龄在 6~18 岁。早期的冬令营强调兄弟式的友爱和简朴的生活，随后许多形式不同、主题各有侧重的冬令营逐渐产生。冬令营的设施也没有统一的标准，有的冬令营是学生住帐篷、自己做饭的野营；也有配备了加热房、热水淋浴、游泳池和设备齐全的厨房等的冬令营；还有因地制宜仅提供当地特有的水陆运动和工艺活动的冬令营。如今，美国为中学生提供的冬令营已经发展为满足个性、发掘天赋、培养和保持兴趣的教育公益产业，拥有主题广泛、项目全面、特色鲜明的基地，如有艺术冬令营、音乐冬令营和其他专门从事棒球、骑马、网球、帆船运动的冬令营，还有补课冬令营、减轻体重冬令营等。③

冬令营在美国已有 100 多年历史，相关法律规定、具体操作过程规范都已成熟。成立于 1910 年的美国训练营协会（American Camp Association，ACA）承担着全美冬令营及夏令营项目的认证、宣传、管理等职能。针对每个训练营活动，该协会都会开展前期的效果、安全等方面的专业论证，对承办方资质、从业人员资格进行审查。此外，整个行业还有专业的训练营搜索引擎、行业杂志、行业展会、专业的营地管理系统和软件等。美国现有两万多家冬令营和夏令营机构，按照相关规定，在正规机构中任教的教师需要获得专业的认证，负责海外游学项目的教师还需要获得国际认证。很多美国的教师和教练为获得相当资质，特意到国外参加相关培训和考试，其内容包括健康与安全、如何与孩子及家长沟通、青少年心理、紧急情况处理等，并经过反复地严格筛选才能成为训练营的教师和教练。有美国教育学者称，不能保证孩子通过数周的训练营活动就脱胎换骨，但他们在这个国际多元文化氛围中的收获和体验将会伴随其一生。正是基于这个意义上，哈佛大学有校长曾说，"优秀的训练营是美国为

---

① 日本修学旅行的典型模式及经验启示. 旅游资讯信息网.
② 王嵩涛. 中小学研学旅行课程指引［M］. 北京：首都师范大学出版社，2019.
③ 祝胜华，何永生. 研学旅行课程体系探索与实践［M］. 武汉：华中科技大学出版社，2019.

世界教育界所做的最大贡献之一"。

图 1-4　在美国，学生户外营地教育已经非常普及

3. 法国的 TPE 模式

研究性学习是引导学生从学习和生活中获取课题，自主思考、研究设计、调控制作与总结评价，目的是培养学生发现问题、解决问题的能力，涵养学习主动性，以便更好地获得文化知识和科研方法，以多元、开放的思维来面对未来社会挑战。在法国，这种学习方式被称为 TPE（Travaux Person nerls Encadres）模式，即"有指导的学生个人实践课程"。

长期以来，法国的基础教育内容庞杂，学生负担较重。从 20 世纪 90 年代开始，随着知识经济的崛起和新技术的快速发展，原有的教学内容、育人方式受到了挑战，法国基础教育进入转型时期。1990 年法国在制度层面开始了教育改革，1994 年教育改革开始转向重视教育质量和实行课程改革，实行了两条最突出的改革措施：一是加强"个别化教学"，突出因材施教；二是为培养学生的创新精神和动手能力，增设了"研究性学习"课程。至此，研究性学习在法国逐步推开。

法国的研究性学习最初是从 1995—1996 学年初二"多样化途径"教学实验开始的。这项教学活动由各学科教师 2~3 人组成指导小组，参照该年级教学大纲中所规定的各学科教学内容设计出有关学科知识的课题，再根据课程目标，按每周2学时安排活动方案。学生可根据兴趣来选择不同的课题方案，既可跨班级也可在本班级内组成课题小组，在指导教师的带领下开展活动。教学活动须面向全体学生，既不搞成优秀学生的专利，也不刻意照顾困难学生；项目可以安排在课外活动时间进行，但不属于课外活动。这项实验不强迫一律实施，由学校领导自主决定是否参加，教师自愿报名。法国教育当局认为，学科教学的分隔影响了学生对基础知识的获得，阻碍了学科与周围环境的联系。主张学生根据兴趣组成小组自主学习，是巩固所学知识的有效教学方式。开展"多样化途径"教学，目的是强化学科知识综合，引导学生在实践中更好地运用所学知识。

"多样化途径"教学实验得到了学校和社会各方面的好评。1999年法国政府进一步规定，从2000年9月起，"多样化途径"教学实验从初二推广到初三，在初三新增加综合实践课（Travaux croise）作为必修课。对初三学生，除强调多学科综合和学生的自主学习外，还要求学生要有个人成果，成果可以集体完成，评分计入毕业成绩中。

1996年，法国在大学预备班开设"适度发挥学生创造力"（Travux d'Ini-tiative Personnelle Encadres，TIPE）课程。两年后，里昂全国高中改革会议提出，将TIPE的成功经验推广到整个高中教育阶段。1999年12月6日，法国教育部基础教育司颁布《关于1999—2000学年在高中二年级开展"有指导的学生个人实践"实验的通知》，正式拉开高中实施TPE课程的序幕。但由于法国高中的师资水准参差不齐，部分教师安于现状，对改革抱有一定的抵

法国TPE模式的配套措施和实施环节

触情绪；加之法国教育部对在高中推进TPE的困难估计不足，有些技术性问题没有妥善处理，以致法国高中的TPE课程最初推进很不顺利，甚至引起了全国中学教师游行罢工。

4. 英国的大众化游学

作为现代旅行业诞生地的英国，一直有着崇尚研学旅行的风气，被称为"大陆游学"的the Grand Tour，实际上就是研学旅行。英国的"大陆游学"随着社会的发展，从最初的贵族化活动转变为大众化的教育活动。

（1）起源于英国贵族化的"大陆游学"

16~18世纪，大陆游学是英国贵族子弟教育的重要组成部分。受文艺复兴时期人文理念的影响，欧洲大陆国家具备非一般的吸引力，如荷兰、意大利、法国等地成为众多英国贵族学子游学的目的地。

在游学过程中，贵族学子可以接受人文主义教育，提高人文素养；可以学

项目一　认知研学旅行

习各国的语言和古典文化，感受不一样的风土人情和文化习俗；还有机会拜访有名望的人，涉足名胜古迹，收获丰富多彩的游学生活。他们在私人导师的指导和陪同下，根据个人的兴趣爱好，自主选择适合自己的游学地点和路线。游学中所学的内容也发生过变化，起初比较重视人文学科的教学，而后将教学重点转向实用型学科，如法律和医学等。但是，作为贵族学子，其实都不以"学"为主要目的，大多数人都将"游"作为游学的重点。通过游学，英国的贵族学子不仅学到了贵族礼仪，增长了见识，提高了个人修养，国家之间还增进了相互了解。

在旅行过程中，英国的贵族学子曾经写下许多有关沿途的风景及特色，激发了后人游学的欲望。直到18世纪末19世纪初，伴随着工业革命的到来，贵族化"大陆游学"特色逐渐被削弱，有大量的中产阶级和普通工薪阶级的子女也加入大陆游学的队伍中来，促进了英国研学旅行从贵族化走向大众化。

图1-5　英国也是较早将研学旅行纳入教学大纲的国家之一（图为英国剑桥大学）

（2）英国大众化研学旅行的特色

英国"大陆游学"发展成为大众化的研学旅行后，英国政府和教育行政部门对研学旅行也越来越重视。首先，研学旅行被纳入了地方教学大纲中，规定包括私立学校在内的所有学校都必须开展研学旅行。其次，研学旅行得到了英国地方各学校的支持。地方各学校都为学生开设了暑假学校，招收来自不同地方的学生进行混合式教学。英国研学旅行还得到了旅行机构的支持。旅行社为学生准备安全、健康向上的研学旅行项目，确保学生的有序出行。在此过程中，英国大众化研学旅行"游中学"的特点逐渐凸显出来。

①体验性：渐入式的学校访问。为了获得不一样的校园文化体验，英国大众学子有机会进入游学目的地中有名的学校进行参观和学习。这些学校会为学

生提供具有传统文化特色的欢迎仪式，让学子能从整体上了解学校的文化。此外，学校还为学生制订适合其发展的游学计划，包括学习听课计划、见习计划以及娱乐游玩计划等，这就避免了走马观花式游学体验，能让学子充分体会到研学旅行的乐趣。

②教育性：形式多样的课程指导。英国大众化研学旅行的主要目的是培养学生自主学习、自主思考以及团队合作、交流沟通的意识和能力。因此，他们为学生准备了形式多样的课程内容和指导策略，包括专家讲座、师生或者嘉宾的演讲、师生之间的交流与讨论、同伴群体间的小组合作等。此外，英国学生通过游览当地的旅游景点，如古都爱丁堡、最美湖区、曼联球场等，来体验当地的特色文化与人文风情。学生还可以通过户外探险、寻宝探险、主题晚餐、小组竞赛等形式，感受研学旅行"玩中学"的特点，既丰富了学子的游学生活体验，又能让学子从多角度感受研学旅行的意义。

③参与性：实时的课堂观察与实践。英国大众化研学旅行的一个重要环节就是让学生有机会观察并亲身加入欧洲大陆国家学校的课堂教学中，亲身体验欧陆国家的教育理念、教学方式的差别。这就有助于增强英国大众学子的学习能力，为学生今后的学习方式提供借鉴。

④多样性：丰富的学习资源。英国大众化研学旅行可以为大众学子提供丰富的学习资源：学生能融入欧陆国家的学校环境中，享受学校的各类学习资源；可以通过对文化的访问，了解欧陆国家的文化遗产和当代生活；有机会拜访当地的文化名人，与名人进行面对面的交流，获取思想上的冲击。[①]

（三）国外研学旅行的启示

1. 明确政府是研学旅行的第一责任主体

尽管 2016 年教育部等 11 部门颁布的《关于推进中小学生研学旅行的意见》，已将研学旅行作为必修课纳入课程规划，但作为准公共产品的研学旅行和教育资源，涉及领域之广、范围之大、行业之多是任何其他公共产品和教育资源都无法相提并论的。在明确教育主体、政府主导、学校主行、企业提供全方位服务的总体原则下，它需要政府成立相应的专门机构来综合统筹协调包括外事、财政、金融、保险、交通、通信、安保、旅游、教育等方方面面的工作。狭义上看，这是补目前学校教育之不足、推进素质教育、提高全体学生综合素质的单纯教育举措，但从更长远的意义上讲，它是帮助实现教育生态改良，从根本上实现教育教学方式改变，培养大国民素养、创新型人才和建设人

---

① 来看英国研学旅行：从贵族化走向大众化！研学头条 . 2019.6.25.

力资源强国目标牵一发而动全身的事业。

2. 设立专门的研学旅行管理机构

研学旅行活动的顺利开展除要依靠政府部门的政策法规保障外，还需要有一个更为专业的部门进行更为细致的管理、具体的监督和指导。财团法人日本研学旅行研究协会是一个很好的参考模板。中国也可以成立这样一个研究协会，隶属于中国文化和旅游部或者是中国旅游协会，依托某个大学的旅游研究中心，或者设立专门的研究机构。该机构可以组织相关的人员开展对研学旅行的研究；定期组织相关的调查统计；为社会各界提供信息咨询服务；进行市场化、科学化的管理等，在学校、市场、政府部门之间架起一座沟通协作的桥梁。

3. 加强相关部门的通力协作

旅游业是一项综合产业，研学旅行的顺利开展离不开相关利益部门的支持和帮助，需要加强相关利益部门间的协作。例如，可以同交通运输部门协调，为研学旅行的开展提供相关的便利条件，如开设专列，提供相关价格折扣；同保险公司协调，为研学旅行的学生提供定制的保险服务，保障学生的权益；同旅游景区协调，争取景区为学生专门开设研学旅行项目，丰富学生的研学旅行活动；还应当广泛争取新闻媒体的支持，适应信息时代的需要，等等。如此，才能保证研学旅行顺利进行。

4. 开发适应新时代的研学旅行产品

目前，我国的研学旅行并未形成成熟的市场，不仅仅因为我国还没有形成完善的研学旅行成套体系，还因为旅游企业尚未大规模推出适合学生的研学旅行产品。现有的研学旅行产品大多采取"名校游"的方式，仅停留在较低的观光旅游层次，且由于缺乏政府部门引导而纯粹交由中介进行市场操作，研学旅行变成了普通的观光旅游，失去了其教育性。当前，中国的大、中、小学生人数有2~3亿，庞大的市场和良好的时机给中国的研学旅行带来了巨大的市场机遇。旅游企业要想抢占商机，就要拓展思路，了解不同地区、不同层次学生的需求，深入发掘研学旅行的内涵，抢先制定游戏规则，凸显差异化个性，开发丰富多彩的研学产品。

5. 培养高素质的研学旅行专业人才

由于研学旅行的特殊性，对提供研学旅行服务的人才素质要求比较高。研学旅行服务者除要具备旅游专业的服务要领外，还要善于把握教师、学生、家长的研学心理，充分了解教育的规律和需求，掌握组织学生活动的方式方法等。然而，目前这类高素质人才在中国旅游市场上十分缺乏，需要加强对研学旅行专门人才的培养。此外，服务机构还可以聘请研学目的地的教师、专业技术人员、学者承担讲解或接待任务，以提高服务机构的服务质量，更好地满足研学市场需求。①

 **任务拓展**

请你认真梳理我国研学旅行的发展历程，通过思维导图的方式归纳研学旅行发展的四个阶段，以及各个阶段发生了哪些重要的事件。

 **任务实训**

请按下列步骤，调研并解读本省出台的研学旅行相关政策。

第一步，通过查阅本省教育厅或文化和旅游厅网站，熟悉本省已经颁布的研学旅行相关文件；

第二步，请你选择一个最重要的研学旅行文件仔细阅读，并记录文件的主要内容和文件精神；

第三步，请你用 PPT 展示本省颁布的研学旅行文件，并对其中的一个文件进行重点解读。

---

① 祝胜华，何永生. 研学旅行课程体系探索与实践［M］. 武汉：华中科技大学出版社，2019.

项目一　认知研学旅行

任务二　研学旅行的概念内涵

 **任务导入**

每年暑假，市场上都会出现各种类型的研学项目，如参观博物馆、科技馆，感受天文、地理、历史的奥秘；走进知名学府，接受知识的洗礼；深入户外营地，体验徒步探险的精彩。在注重学生综合素质培养的当下，集沉浸式探究、学习、体验于一体的研学项目深受家长和学生的欢迎。作为一个研学旅行管理与服务专业的学生，你认为这些研学项目属于研学旅行的范畴吗？

 **任务分析**

上述研学项目是否属于研学旅行？要弄清这个问题，需要明确举办研学旅行的主体是谁，在什么时间举办，参加的群体和方式有哪些？也就是要了解广义研学旅行与狭义研学旅行的区别，了解研学旅行与夏令营研学项目的异同。暑假举办的研学项目属于文旅视野下的广义研学旅行，不属于教育视野下的狭义研学旅行。本任务学习研学旅行的概念内涵，厘清广义研学旅行和狭义研学旅行的区别，掌握研学旅行的本质、特征、原则，明确开展研学旅行的目标、意义及任务，有助于正确认识哪些活动属于研学旅行。

 **任务知识**

一、研学旅行的定义

关于研学旅行的定义，目前并没有统一的说法。文旅部门和教育部门的两个文件分别给出了定义，可以代表广义和狭义的两种界定方式。以下分别从文旅和教育两个视角进行阐述。

·023·

（一）文旅视野下的研学旅行（广义）

文化和旅游部于 2016 年 12 月发布《研学旅行服务规范》，把研学旅行定义为："研学旅行是以中小学生为主体对象，以集体旅行生活为载体，以提升学生素质为教学目的，依托旅行吸引物等社会资源，进行体验式教育和研究性学习的一种教育旅游活动。"在这里，强调研学旅行是一种教育旅游活动，中小学生是研学旅行的主体对象，但不是唯一对象，是从广义的角度给研学旅行下的定义。

《中国研学旅行发展报告 2022—2023》指出：自 2016 年教育部等 11 部门联合发布《关于推进中小学生研学旅行的意见》以来，人们对研学旅行的认知不是一成不变的，而是不断演化、不断深化的。研学旅行的参与者从狭义的中小学生不断扩展到包括学龄前儿童、大学生以及成年人、老年人等全生命周期群体，呈现出更加广阔的发展空间。

（二）教育视野下的研学旅行（狭义）

2016 年，教育部等 11 部门《关于推进中小学生研学旅行的意见》中明确指出："中小学研学旅行是由教育部门和学校有计划地组织安排，通过集体旅行、集中食宿的方式开展的研究性学习和旅行体验相结合的校外教育活动，是学校教育和校外教育衔接的创新形式，是教育教学的重要内容，是综合实践育人的有效途径。"在这里，研学旅行是一种校外教育活动，是教育教学的重要内容，研学旅行的对象是唯一的，就是"中小学生"。

中小学综合实践活动课程指导纲要

《关于推进中小学生研学旅行的意见》中具体规定："学校根据教育教学计划灵活安排研学旅行时间，一般安排在小学四到六年级、初中一到二年级、高中一到二年级，尽量错开旅游高峰期。学校根据学段特点和地域特色，逐步建立小学阶段以乡土乡情为主、初中阶段以县情市情为主、高中阶段以省情国情为主的研学旅行活动课程体系。"

中小学德育工作指南

此后，国家教育部关于研学旅行的论述进一步充实和完善。2017 年 8 月教育部印发的《中小学德育工作指南》中指出，研学旅行是实践育人的优先途径，要把研学旅行纳入学校的教育教学计划，要促进研学旅行与学校课程、德育体验、实践锻炼有机融合。同年 9 月教育部发布《中小学综合实践活动课程指导纲要》，明确了研学旅行作为综合实践活动课程的具

项目一　认知研学旅行

体实施方向和细则，规范了实践育人的课程设置和教学行为，提升了综合实践活动课程在学校的地位。至此，研学旅行实现了以课程化方式嵌入学校日常教育。

综合以上观点，教育视野下的研学旅行内涵至少有以下五个方面。

1. 研学旅行的主体部门是教育主管部门和学校

研学旅行由学校有计划地安排实施，学校制订研学旅行方案并报教育主管部门审批后方可进行，是学生在校期间组织开展的一种校外活动。研学旅行的组织实施方主体是学校，其实施过程可以委托有资质、信誉好的旅行社、文化公司、教育公司承办。

2. 研学旅行的组织形式是集体旅行、集中食宿

研学旅行不是一个人或某几个人结伴出游的私人活动，而是学校组织的以整个班级或年级为单位的集体活动。研学旅行也不是周末、节假日、寒暑假的外出旅游，而是安排在正常教学时间内、由老师带领、以集中食宿同吃共住方式进行的教育活动。

3. 研学旅行的性质是校外教育活动

研学旅行要"纳入中小学教育教学计划"，是中小学综合实践活动的一种形式，是教育教学的重要内容，需要有计划地组织安排。国家文件政策中的定性描述，表明研学旅行本质上是一种教育活动。研学旅行以培养学生的综合素质、社会责任感、创新精神和实践能力为导向，引导学生走出校园，走进自然、走进社会，通过旅行实践的方式实现教育目标。在研学活动过程中，政府统筹保障，产业提供服务，借助社会资源，共同为学生上一门课，让学生走进社会实践大课堂，接受一种完全不同于学校教育的校外教育。

4. 研学旅行是一种研究性学习和旅行体验相结合的学习

研学旅行的学习方式是研究性学习、旅行体验。研究性学习是我国基础教育课程改革倡导的学习方式，研究性学习要围绕一定的主题开展活动，做到有主题（课题）、有目的（目标）、有方案（课程）、有流程（过程）、有收获（作业）、有评价（成果）。旅行体验主要体现在参与性、实践性，研学旅行活动中要引导学生主动参与、乐于探究、勤于动手，让学生全程真正地参与其中，有动手、动脑、动口的机会，从而实现在实践中行动、在自然中行走、在社会中体验。校外兴趣小组、俱乐部活动、技艺比赛等不包括在研学旅行的范畴内。周末结伴出游、节假日外出等，也不是研学旅行。

5. 研学旅行是基础教育的创新形式

研学旅行在我国基础教育课程改革深入探索的背景下诞生，是落实基础教育改革的新尝试，是学校教育和校外教育有效衔接的创新形式，是立德树人和实践育人的创新途径，是实践课程的一种新形式。

2016年4月，时任国务院副总理的刘延东在驻日使馆"日本中小学修学旅行及其对我的启示和相关建议"上做出批示："将修学旅行纳入中小学教育是方向""对于孩子了解国情、热爱祖国、开阔眼界、增长知识、实现全面发展十分有益"。推行中小学生研学旅行，把研学旅行与寻访红色足迹活动、弘扬中华传统美德活动、开展中国梦实践活动，以及亲近祖国山水、感受美好大自然活动等相结合，拓展视野、丰富知识，加深与自然界的亲近感，丰富对集体生活方式和社会公共道德的体验，培养中小学生的自理能力、创新精神和实践能力，而这些正是素质教育的目标所在。

总之，就目前研学旅行在全国推进和应用过程中，各地普遍采用的还是教育视野下的研学旅行（狭义）定义，这个定义使用最普遍，也最权威。本教材也基于此定义，从教育的视角对研学旅行进行详尽而科学的论述，强调旅行主体为中小学生，强调旅行的目的为探究学习，强调旅行时间上的安排为学期之中，强调旅行方式为集体旅行、集中食宿，强调旅行性质为校外教育活动，强调学习效果的评价反馈。由此认为，中小学研学旅行是由教育部门和学校有计划地组织安排，通过集体旅行、集中食宿的方式开展的研究性学习和旅行体验相结合的校外教育活动，是学校教育和校外教育衔接的创新形式，是教育教学的重要内容，是综合实践育人的有效途径。

（三）研学旅行与易混淆概念的辨析

1. 研学旅行与传统旅游的区别

（1）参与主体不同。研学旅行与传统旅游的参与主体不同，它体现在两个方面。一方面，研学旅行的参与主体是中小学生，而传统旅游的参与主体可以是任何个人。另一方面，参与主体的组织形式不同。根据相关政策规定，研学旅行必须要以集体的形式进行组织，必须是以班级、年级甚至是以学校为单位，而传统旅游对其参与主体的组织形式则没有做出特殊的要求，既可以是个人出行，也可以是集体出行。

（2）需求目的不同。研学旅行的目的是"立德树人"，开展活动是为了"让广大中小学生在研学旅行中感受祖国大好河山，感受中华传统美德，感受革命光荣传统，感受改革开放伟大成就，增强对坚定'四个自信'的理解与认同；同时学会动手动脑，学会生存生活，学会做人做事，促进身心健康。形成正确的世界观、人生观、价值观。把他们培养成为德智体美劳全面发展的社会主义的建设者和接班人"。研学旅行更加强调教育性和体验性。旅游的主要特点是"游览"而非"学习"。旅游的目的因人而异，包括以愉悦身心增长见闻

项目一 认知研学旅行

为目的的游览观光、以宗教朝觐为目的的宗教旅游、与重大体育活动联系在一起的体育旅游、以参加会议为目的的会议旅游等，更加强调休闲性、享受性和愉悦性。

（3）地点线路不同。研学旅行属于教育活动，其地点、线路等都有特定的要求。《关于推进中小学生研学旅行的意见》对各地建立中小学生研学旅行基地、开发研学旅行精品线路，包括对研学基地蕴含的价值观念、教育功能等都有明确的要求，以保障研学旅行的地点、路线规范化。传统旅游的旅游目的地的选择更具有开放性和灵活性，旅游地点可以根据个人的旅游需求随意选择。既可以去风景秀美的自然风景区，也可以选择具有底蕴的人文旅游景区；既可以是已经开发的景区，也可以是未开发的自然风光，没有特定的要求。

（4）时间要求不同。研学旅行在时间安排方面，国家政策文件是建议学校根据教育教学计划灵活安排，一般安排在小学四到六年级，初中一到二年级，高中一到二年级。对于具体的开展时间明确规定要尽量错开旅游高峰期，一般选择在周一到周五，不安排在寒暑假和节假日。这样的时间安排可以保障研学旅行的安全性、时效性、教育性和体验性。传统旅游在时间安排上没有限制性要求。在条件允许的情况下，可以在生命的任何阶段来一场说走就走的旅行，而在出行的具体时间上要根据个人的情况而定。旅游的时间长短则是根据个人安排而定，可以是几个小时、几天、几个月或者更长时间。

（5）组织管理不同。研学旅行是一项非常复杂的教育活动。在活动前、活动中和活动后都要组织管理者制订严密详细的组织方案。活动前需要学校的活动策划和教育主管部门的审批备案，以及相关部门进行协调配合的方案；活动中需要专业的研学导师对学生的活动进行讲解指导；活动结束后，需要学校教师组织学生汇报研学收获。传统旅游活动则没有特定的领导组织者，既可以是个人在旅游之前查阅资料，制作旅游攻略，自己购买吃、住、行、游、购、娱旅游业6大要素的相关旅游产品，也可以参加旅行社进行策划和组织的包价旅游。

2. 研学旅行与夏（冬）令营的区别

夏令营是暑假期间提供予儿童及青少年的一套受监管的活动，参加者可在活动中寓学习于娱乐，具有一定的教育意义。过去大多数夏令营是由教育部门赞助，开放给来自特定学校或特定地区的学生。现今，越来越多的民营机构会组织开展夏令营活动，让来自不同成长背景的孩子们参与。冬令营是指在冬天组织的很多人一起旅游和训练的活动，可以磨炼参加者的意志，训练参加者的野外生存技能，锻炼和发展自己的人际关系的活动。近年来随着冬令营的逐渐兴起，越来越多的家长选择在寒假把孩子送往营地。由此可知，冬、夏令营是利用学生的寒暑假开办的学习和训练营地。它在知识传授、能力培养、素质养成等方面与研学旅行区别不大（见表1-1），但目的性、教育性不同，它不具备研学旅行的组织形式，不在上学期间进行，也没有被纳入中小学教育教学计划，更没有研学旅行的课程开发体系，只有少数学生参加，费用比较高，在很多方面不符合研学旅行的定义、意义、特点、内容。因此，冬、夏令营活动不是真正意义上的研学旅行。

表1-1 研学旅行与夏（冬）令营的区别

比较点	冬（夏）令营	研学旅行
时间	寒、暑假	学期中
参与度	自愿参加	全班必修
组织方	家长或学校选择	学校选择
目标	旅游为主	教育为主
学校参与度	无、少	大于90%
评价	无	素质分数（必需）

3. 研学旅行与春（秋）游的区别

自近现代以来，学校教育大量兴起，班级授课出现，以班级等集体形式组织的春（秋）游活动比较普遍。春（秋）游就是指春游和秋游。春天，万物复苏，百花齐放，十里春风，一派好风光；秋天，秋高气爽，暑热渐消，硕果累累，秋风习习，呈现的是一个彩色的世界。学校老师带着学子亲近自然，放飞心情，其乐融融。春（秋）游的组织形式是这样的：时间方面，一般是半天到一天，当天往返；交通工具方面，一般是集体乘车前往，也有自行前往目的地的；人数方面，一般都是学校全校出动，或者以年级、班级为单位出游；用餐方面，一般都是学生自带干粮、饮用水；旅游方面，沿着景点路线，分小组活动，限定游览时间，固定集合时间与地点；学习方面，一般没有严格的学习任务，有的可能布置现场竞赛类体验任务、发现类合作性任务，有的要求旅游归来后撰写观后感等。可见，春（秋）游与研学旅行有较大的差别（见表1-2），前者在学习要求方面比较松散，不用集中食宿，以活动形式组织而不是以课程形式组织。

项目一 认知研学旅行

表1-2 研学旅行与春（秋）游的区别[①]

比较点	比较项	
	春（秋）游	研学旅行
时间长度	半天至一天	1~7天不等
交通工具	集体租车或自行前往	集体乘坐大巴车、飞机或火车
人数	人数多，可以是全校或全年级、全班	人数有限定，一般以年级、班级、社团、特定团队为单位
食宿	一般自带干粮，不住宿	集体食宿
旅游体验	踏青、郊游、摄影、小型竞赛或游艺活动等，当天往返	长途旅行，有丰富的教育活动和体验活动
学习	相对松散，以小课题、小观察、小制作、小发现、写观后感等为主	比较严格，有专门的各种课程学习，学习方式以研究性学习为主

图1-6 中小学春游、秋游以游乐为主，与研学旅行有较大区别

---

① 叶娅丽，李岑虎.研学旅行概论[M].南宁：广西师范大学出版社，2020.

4. 研学旅行与北京社会大课堂的区别

2008 年，北京市为营造全社会共同育人的教育环境和育人机制，利用首都丰富的资源优势，面向全市启动社会大课堂工作，创新了北京独具特色的校外教育形式。社会大课堂活动一共统筹了北京市 1300 多家博物馆、工厂、社区、农村、院校等资源单位成为学生素质实践教育的场所，使得社会大课堂成为学校教育的延伸，是校内教育和校外教育的有效衔接。社会大课堂的特点是课程开发特色化，有学校校本课程、网络课程、社区课程和资源单位课程；组织形式立体化，校级组织、家委会组织、社团组织、资源单位组织、旅行社第三方参与；时间安排多样化，周内开展、周末开展、假期开展均可；经费保障政府化，社会大课堂有专项经费。但社会大课堂不是必修课程。

相比而言，国家推行的研学旅行指导思想更突出，意义更明确，目标更具体，内容更丰富，要求更细致，可以看作北京社会大课堂活动的升级版。

二、研学旅行的本质

（一）研学旅行的基础本质是教育

研学旅行作为综合实践育人的有效途径，将学校教育和校外教育相衔接，将研究性学习和旅行体验相结合，在落实立德树人根本任务、提高学生综合素质、促进学生全面发展方面发挥着积极作用。开展研学旅行活动，教育是本质，旅行是载体，课程是重点，教师是关键，安全是前提。实践表明，研学旅行必须首先坚持教育原则，遵循教育本质，抓住实践育人特征，才能确保研学旅行的育人效果。

1. 从教育事业立德树人的根本目的理解研学旅行的教育本质

立德树人是新时代教育事业的根本任务，是培养德智体美劳全面发展的社会主义建设者和接班人的本质要求。开展中小学研学旅行，是贯彻党的教育方针落实新时代立德树人根本任务的重要举措，有利于促进学生培育和践行社会主义核心价值观，激发学生对党、对国家、对人民的热爱之情；有利于推动全面实施素质教育，创新人才培养模式，引导学生主动适应社会，促进书本知识与生活经验的深度融合；有利于加快提高人民生活质量，满足学生日益增长的旅游需求，从小培养学生文明旅游意识，养成文明旅游行为习惯。我们应站在全面育人、实践育人的高度，把握研学旅行的根本目的和本质要求，遵循其教育本质，抓

新时代党的教育方针

住其实践育人特征，充分发挥研学旅行在立德树人中的重要作用。

2. 从基础教育课程改革创新的角度理解研学旅行的教育本质

任何一个国家的教育战略都要随着时代的发展不断进行改革。2001年，我国启动实施第九次基础教育课程改革，课改的核心理念是要实现六个转变：一是改变课程过于注重知识传授的影响、强调形成积极主动的学习态度；二是改变课程结构过于强调学科本位、门类过多的现状，使课程结构具有均衡性、综合性和选择性；三是改变课程内容繁、难、偏、旧和偏重书本知识的现状，加强课程内容与学生生活及现代社会科技发展的联系；四是改变课程过于强调接受学习死记硬背、机械训练的现状，倡导学生主动参与、乐于探究、勤于动手等综合能力；五是改变课程评价过分强调评价的甄别与选拔功能，发挥评价促进学生发展、教师提高和改进教学实践的功能；六是改变课程管理过于集中的状况，实行国家、地方、学校三级课程管理体系，增强课程对地方、学校及学生的适应性。这六个转变落实到课堂，主要表现为教学方式和学习方式的变革，而研学旅行正是符合这六个转变课改理念的新的教学方式和学习方式。从这个意义上讲，研学旅行是教育改革创新的不断探索。

教育部2017年《中小学综合实践活动课程指导纲要》中，将研学旅行作为综合实践活动的一种主要方式，明确界定了研学旅行的课程性质：从学生的真实生活和发展需要出发，从生活情境中发现问题，转化为活动主题，通过探究、服务、制作、体验等方式，培养学生综合素质的跨学科实践性课程。明确界定课程目标为：让学生能从个体生活、社会生活及与大自然的接触中获得丰富的实践经验，形成并逐步提升对自然、社会和自我之内在联系的整体认识，具有价值体认、责任担当、问题解决、创意物化等方面的意识和能力。从综合实践教育的角度讲，研学旅行是衔接学校教育与校外教育、开展实践教育的创新形式。

3. 从研学旅行活动育人的优势特征理解研学旅行的教育本质

研学旅行有很多独特的优势能很好地实现新课改理念：一是学习知识更立体化。学校里学习的课本知识都是文字描述转化的，而研学是场景化的，鲜活的"知识"摆在那里，看得见、摸得着；二是学习环境更现实化。研学中的知识不是独立呈现的，而是在环境中和周围有联系地存在，给综合性和多维度分析学习提供了条件；三是学习空间更有张力。学生可以有足够的空间形成各种组合，进行合作学习、实践操作；四是教学双方更易实现交互。学生是学习的主体，学习是一个与知识、与自己、与同学、与老师交互的过程，场景学习让交互更便捷；五是学习导入更为快捷。在具体的生活场景中以真实可触摸的问题导入，学习进程让学习变得更有趣味和务实；六是获得的行为素养更多。在场景中，学生学习知识的同时要规范自己的行为，比坐在课桌前更需要自己待人接物，也就是学会学习，学会生活，学会管理自己。

这些优势使研学旅行彰显出在培养学生综合素质、提高实践能力和创新精神方面的独特价值和意义。

（二）研学旅行的活动具有多个双重性

研学旅行强调寓教于游，是旅游与教育跨界融合的新生事物，形成了特有的"教育＋旅游"的双重属性。

1. 研学旅行目的的双重性

研学旅行寓教于游、游学相伴的活动形式决定了其具有观光休闲与学习探究的双重目的。学生在研学活动中不仅能获得旅游带来的新鲜、轻松和娱乐，满足求新、求异、审美等心理需求，还能获得知识的增长，完成相应的教学内容，研学活动行程与课程实施步骤同步，游程与课程相融，更易实现生动活泼、形象直观的实景高效课堂。

2. 研学旅行功能的双重性

研学旅行目的的双重性决定了研学活动兼有旅游与教育的双重功能。《关于推进中小学生研学旅行的意见》规定，要让广大中小学生"在研学旅行中感受祖国大好河山，感受中华传统美德，感受革命光荣历史，感受改革开放伟大成就，增强对坚定'四个自信'的理解与认同；同时学会动手动脑，学会生存生活，学会做人做事，促进身心健康、体魄强健、意志坚强，促进形成正确的世界观、人生观、价值观，培养他们成为德智体美全面发展的社会主义建设者和接班人"。由此可见，学校组织开展研学旅行活动不仅要满足学生的旅游需求，更要服从学校的教学计划和国家意志。

3. 研学旅行策划设计的双重性

从旅游的角度来说，研学旅行是一种专业性很强的教育旅游产品；从教育的角度来说，研学旅行是一门实践性很强的主题活动课程。这种双重属性决定了研学旅行活动的策划设计应尊重游与学的双向标准，既要考虑游学者的身心特点、学习需求及教育规律，突出专业性、知识性、教育性，又要满足游乐、新奇、审美、愉悦等旅游心理需求。要做到这点，策划者不仅要懂得旅游产品的构成要素、组合设计的原则及方法，也要掌握课程、教材、教学法等教育理论，对应好"游"与"学"的核心要素，做好旅行目的与教学目标、旅行线路与课程实施、研学手册与学校教材、研学指导师与学校教师等方面的衔接。

项目一 认知研学旅行

4. 研学指导师职业素质的双重性

研学指导师是研学旅行活动的关键要素，其不同于一般意义上的导游，也不是一般意义上的教师，他们是旅游活动中的教师、教学活动中的导游，是会上课的导游、懂旅游的老师。他们陪护旅游活动的全过程，要求知识渊博，讲解流畅，热诚周到，认真细致，无论是在景区还是在研学基地和营地，他们以旅游和教育的双素质肩负导游和教师的双重任务。①

三、研学旅行的特征

研学旅行强调"读万卷书，行万里路"，注重"游中学，学中游"。研学旅行活动中学习是目的，旅行是手段，通过在旅行中开展的各种教育活动和学生亲身体验，实现综合实践育人的目标。它具有如下基本特征。

（一）校外活动

研学旅行强调的是学生走出校门，走进自然和社会去学习，接受一种完全不同于学校教育的学习方式。学生在校内开展的兴趣小组实验、俱乐部活动、体育活动、校园文化活动等都不属于研学旅行的范畴。

（二）主体固定

广义的教育旅游的主体可以是任何抱着学习求知目的的旅行人，并不一定是学生，但研学旅行的主体明确为中小学生。因此，在进行研学旅行前期设计、课程开发、服务机构与研学营地基地选择时，都要结合青少年学生的兴趣爱好和身心特点，科学编制研学内容、时间安排、活动距离、线路规划等。

（三）目的明确

研学旅行以"以立德树人，培养人才"为根本目的，与一般的旅游活动不同，它是有目的、有意识地作用于学生身心变化的教育活动。学校组织研学旅行活动一定要围绕鲜明的主题来开发课程和设计线路，一定要有活动主题、活动目的，精心设计活动方式，切实起到培育学生社会责任感、创新精神、实践能力和核心素养的作用。

---

① 杨崇君. 研学旅游产品的"五双"特性及其对应要素［N］. 中国旅游报，2015.10.23.

（四）学校组织

研学旅行主要是由学校组织的集体教育活动，它不同于家长自发组织或其他社会团体组织的群体活动。研学旅行以年级或班级，乃至以学校为单位进行，"活动有方案，行前有备案，应急有预案"，学生在研学指导师的带领下一起活动，共同体验，相互研讨。

（五）产品多样

随着研学旅行的不断完善和深入，研学产品越来越多元化。除知识科普、自然观赏、体验考察、励志拓展、文化康乐等主题研学产品频频出现外，现代动漫、影视、体育、科技、文学、历史、生物、探秘等特色研学产品正成为研学旅行的热点。

（六）互动体验

研学旅行在学习过程中强调学生必须要有体验和互动，不是停留在看一看、玩一玩的走马观花形式上，而是要有动手制作、动脑思考、动口表达互动的机会。由此，研学旅行活动的开展应该让学生全程真正地参与其中，寓教于乐，寓游于教。

（七）跨界融合

研学旅行需要学校、培训机构、旅行社、基地（营地）、政府相关部门及研学旅行服务机构等多个行业、多种机构跨界融合，共同推动。只有各行各业彻底整合，才能推进研学旅行快速高质量发展。例如，研学与科技融合，可以将各类展馆、科技园区等打造成科技体验研学基地；研学与农业结合，可以将现代化农业示范区打造成研究型或体验类农业研学基地。据有关研究报告，未来3~5年中国研学旅行市场总体规模将超千亿元，届时研学旅行跨界融合的特点将更加凸显。

（八）多方联动

研学旅行工作是一项系统工程，需要国家宏观层面的政策支持、中观层面的学校与行业的支持、微观层面的专业服务机构与企业的支持等，同时还需要政府统筹协调、社会多方支持、各行各业联动的良性机制才能整体推进中小学生研学旅行的全面实施。①

---

① 薛兵旺，杨崇君.研学旅行实用教程［M］.武汉：华中科技大学出版社，2020.

项目一　认知研学旅行

四、研学旅行的原则

教育部等 11 部门《关于推进中小学生研学旅行的意见》中指出，研学旅行要坚持教育性原则、实践性原则、安全性原则、公益性原则。

（一）教育性原则

研学旅行要结合学生的身心特点、接受能力和实际需要，通过学习研究和旅行体验的有机结合，寓教育性、知识性、科学性、趣味性于研学旅行活动中，以生动直观、形象有趣、现场操作、亲身体验的方式实现教育目标。在活动内容上，要注重联系社会发展，联系学生的生活实际，联系各学科教学内容，推动中小学生自主、多样、可持续发展。

（二）实践性原则

研学旅行要纳入学生综合实践课的重要内容，因地制宜，呈现地域特色，引导学生走出校园，在与日常生活不同的环境中拓宽视野、丰富知识、了解社会、亲近自然、参与体验。

（三）安全性原则

由于研学旅行一般在校外场所进行，需要集体宿营，因此学生的吃、住、行必须得到切实可靠的保障，所有的活动过程必须坚持"安全第一"的原则，努力做到万无一失。如果遇到恶劣天气或特殊情况，应及时暂停或取消研学旅行活动。

（四）公益性原则

开展研学旅行所需经费由学生个人承担的，只能收取成本费用，收费项目必须经当地财务和物价部门核准，学校不得借研学旅行开展以营利为目的的经营性活动。对特困家庭的学生要减免费用，由当地政府根据有关规定给予必要的补助。在推广普及阶段要将研学旅行费用逐步纳入公用专项经费之中。

在推进实施研学旅行过程中，一些地方根据各自特点又增加了其他的原则，如安徽省增加了规范性原则，湖南省增加了规范性原则、惠普性原则，陕西省增加了协同性原则。这些为丰富研学旅行原则、保障研学旅行的顺利开展提供了政策性支持。

五、研学旅行的目标

（一）研学旅行的根本目的

研学旅行的根本目的是"立德树人、培养人才"，可以从以下四个方面理解。

1. 立德树人是党的教育方针的规定

党的教育方针是"坚持教育为社会主义现代化建设服务、为人民服务，把立德树人作为教育的根本任务，全面实施教育素质教育，培养德智体美劳全面发展的社会主义建设者和接班人，努力办好人民满意的教育"。习近平总书记在党的二十大报告中指出，"育人的根本在于立德。全面贯彻党的教育方针，落实立德树人根本任务，培养德智体美劳全面发展的社会主义建设者和接班人"。办好人民满意的教育，落实立德树人的根本任务是教育工作者必须遵守并且必须坚守的，研学旅行作为教育的一种形式，也必须落实立德树人任务。

2. 立德树人是基础教育改革的必然要求

《基础教育课程改革纲要（试行）》提出新课程的培养目标应体现时代要求，要使学生具有爱国主义、集体主义精神，热爱社会主义，继承和发扬中华民族的优秀传统和革命传统；具有初步的创新精神、实践能力、科学素养和人文素养以及环境意识；具有健壮的体魄和良好的心理素质，养成健康的审美情趣和生活方式等。研学旅行实践教育活动的开展可以全方位地体现基础教育的要求，能较好地实现上述目标。

3. 立德树人是素质教育的根本任务

素质教育强调提高学生各个方面的核心素养，它重视人的思想道德素质、能力培养、个性发展、身体健康和心理健康教育。研学旅行就是通过与学生平常不同的学习方式，来拓宽视野、丰富知识，加深与自然文化的亲近感，增加对集体生活方式和社会公共道德的体验，提升中小学生的自理能力、创新精神、实践能力。

4. 立德树人是践行社会主义核心价值观的体现

开展研学旅行，有利于促进学生培育和践行社会主义核心价值观，激发学生对党、对国家、对人民的热爱之情。通过研学旅行让学生走进自然，融入社会，不断增强开拓创新意识，培育团结友爱品质，维护公平正义环境，树立报效国家的理想。[1]

---

[1] 王晓燕，韩新. 研学旅行来了[M]. 西安：陕西人民教育出版社，2019.

（二）研学旅行的工作目标

1. 获得"四个感受"

让广大中小学生在研学旅行活动中感受祖国的大好河山，感受中华传统美德，感受革命光荣历史，感受改革开放伟大成就。例如，带领学生参加自然生态教育主题研学，引导学生感受祖国的大好河山，能够培育爱护自然、保护生态的意识；带领学生参加优秀传统文化教育主题研学，有助于学生传承中华优秀传统文化核心思想理念和中华传统美德；带领学生开展革命传统教育主题研学，能够引导学生了解革命历史，学习革命斗争精神，培育新的时代精神；带领学生参加国情教育主题研学，能够引导学生了解基本国情及中国特色社会主义建设成就，激发学生的爱党爱国之情。

2. 增强"四个自信"

通过研学旅行活动，增强中小学生对坚定中国特色社会主义道路自信、理论自信、制度自信、文化自信的理解与认同。开展红色教育主题研学可以回顾党的艰苦卓绝历程，开展工业教育主题研学可以感受新中国在党的领导下的沧桑巨变，开展传统文化教育主题研学可以敬仰先人的智慧伟大，开展国情乡情主题教育研学可以激发爱国爱民情怀。开展研学活动，有利于让学生增强"四个自信"，更加坚定沿着中国特色社会主义道路不断前进的信心和决心。

3. 达到"三个学会"

研学旅行最明显的特征是实践性，培养学生的实践能力，能够让学生在研学旅行中"学会动手动脑，学会生存生活，学会做人做事"。研学旅行应遵循教育规律，把学习与旅行实践相结合，把学校教育和校外教育有效衔接，强调学思结合，突出知行合一。"行万里路"，就是要让学生的眼、耳、鼻、手、脚、脑等动起来，使学生在润物细无声中对自然与社会有一个全方面、立体式的直观了解。"三个学会"有助于培养学生的社会责任感、创新精神和实践能力，是落实立德树人根本任务、提高教育质量的重要形式。

4. 实现"两个促进"

通过研学旅行，让学生走出校园，拓展他们的视野，丰富他们的知识，锻炼他们的实践能力；在集体活动中培养学生的团队合作意识，通过集体旅行、集中食宿充分提高学生的自理能力，促使其积累生活常识；通过快乐研学，培养学生的学习兴趣。通过一系列的研学旅行活动，促进学生身心健康、体魄强健、意志坚强，促进学生形成正确的世界观、人生观、价值观。

5. 保证"一个培养"

党的二十大报告指出："教育是国之大计、党之大计。培养什么人、怎样培养人、为谁培养人是教育的根本问题。育人的根本在于立德。全面贯彻党的教育方针，落实立德树人根本任务，培养德智体美劳全面发展的社会主义建设者和接班人。"开展研学旅行，将课内知识与社会实践相衔接，将培育动手能力与创新精神相结合，将立德树人与培养人才相融合，是办好人民满意教育的得力之举。

六、研学旅行的意义

（一）教育视野下的研学旅行意义（狭义）

国家推行中小学研学旅行的根本目的在于立德树人、培养人才，其重要意义在《关于推进中小学生研学旅行的意见》中被表述为"三个有利于"：有利于促进学生培育和践行社会主义核心价值观，激发学生对党、对国家、对人民的热爱之情；有利于推动全面实施素质教育，创新人才培养模式，引导学生主动适应社会，促进书本知识和生活经验的深度融合；有利于加快提高人民生活质量，满足学生日益增长的旅游需求，从小培养学生的文明旅游意识，养成文明旅游行为习惯。"三个有利于"是国家教育意志在基础教育中的具体体现，它表述了教育部门界定的狭义的研学旅行的意义。

（二）文化旅游视野下的研学旅行的意义（广义）

广义的研学旅行除其拉动内需、促进消费的产业价值意义毋庸置疑以外，它对于发展人类多元文化、提升人们文化素质、培养学生全面发展能力也影响深远。大力发展修学旅游，对内，可提高国民素质，建设人力资源强国；对外，可输出中华文化，促进文化交流，提升我国的旅游品位，提高文化旅游竞争力，强化民族的世界地位，乃国家战略。[①]

朱立新教授认为广义的研学旅行，一是可以寓教于乐，激发学习兴趣。青少年学生生性好动，研学旅行是采用比较符合他们天性的方式对他们进行潜移默化的教育，能收到较好的效果。二是可以引导学生更健康地利用闲暇时间，减少他们对闲暇时间消极利用的机会。三是大多数"旅行"或多或少是跨越空间的，跨越空间也就意味跨越文化，让孩子从小进行跨文化训练，让他们亲身感受不同地区、不同国家、不同民族、不同种族的文化，有助于他们养成更宽阔的文化胸襟，懂得这个世界需要不同文化群体和谐相处的道理。

---

① 陈非.产业发展与理论缺失：修学旅游价值形态研究［J］.企业改革与发展，2010（8）.

项目一　认知研学旅行

概言之，广义的研学旅行的意义表现为以下四点。一是增加旅游收入，促进旅游业可持续发展。研学旅行的大力实施不仅能直接增加旅游消费，还会带动旅游系统各部分全面受益，实现旅游经济的综合效益。二是具有培养潜在客户的长远意义，可以促进旅游业的持续稳定发展。三是升级旅游产品，创新区域旅游发展模式。发展研学旅行首先要研发、升级研学产品，如此不仅有利于旅游资源整合，促进产品优化升级，还将带来区域旅游经济发展模式的创新。四是促进文化传播与交流，提升区域文化旅游形象。研学旅行是文化、教育与旅游的完美融合，最能表达文化旅游的内涵和魅力、实现旅游的户外教育功能。发展好研学旅行，有利于丰富区域的文化，传承、传播、交流本土文化，促进各地各民族及各国的文化交流与融合，从而树立自身良好的文化旅游形象。

拓展知识

日本修学旅行：行走中的"必修课"

日本的修学旅行，类似于我国推出的研学旅行，是日本中小学教育和学校活动中的重要一环，由教职员工带领学生以团体宿泊的形式、以参观和研修为宗旨的一种远程旅行。

日本修学旅行的历史最早可追溯至江户时代，但真正意义上的修学旅行应是1882年日本栃木县第一初级中学组织学生赴东京参观上野第二届实业发展促进博览会。历经百余年的发展，日本修学旅行日臻完善，构建起了一整套完备的实施体系。如今，修学旅行已经成为日本教育中的"必修课"。

为修学旅行赋予法律保障

日本是一个法律至上的国家，将中小学修学旅行纳入法治轨道。素有日本教育母法之称的《教育基本法》（2006年）在其第二条教育的目的中载明："培育尊重生命、珍爱自然，保护环境的态度。培育尊重传统和文化、热爱祖国和乡土以及为国际和平与发展作出贡献的态度。"可以说，此法条是日本修学旅行活动开展得最上位的法律依据。

为达成上述《教育基本法》所规定的教育培养目标，作为下位法的日本《学校教育法》做了比较详尽的阐述：促进学校内外自然体验活动，培养尊重生命和自然的精神与保护环境的态度；正确理解本国和乡土的现状与历史，尊重传统和文化；在培育对自己的国家和乡土的态度的同时，还要培养理解国外文化、尊重别国以及对国际社会的和平与发展作出贡献的态度。

为全面落实《教育基本法》和《学校教育法》中有关"培育尊重传统和文化、热爱祖国和乡土以及为国际和平与发展作出贡献的态度"的教育目标,1969年的日本初中学习指导要领和1970年的高中学习指导要领就把修学旅行作为落实教育培养目标的重要载体之一,分别写进学习指导要领有关内容中。

2017年3月日本修订的《小学学习指导要领》和《初中学习指导要领》对修学旅行的意义进行了拓展。其中言明,修学旅行的形式以远足和宿泊体验学习为主。组织开展修学旅行,旨在让学生在与平时不同的集体住宿活动中,在与大自然接触及了解乡土文化与历史的过程中,增长见闻,开阔视野,同时建立良好的人际关系。概言之,日本修学旅行,旅行是形式,重点在"修学",既突出教育性,又彰显体验性。

以"实施基准"严格规范

日本公益财团法人全国修学旅行研究协会最新调查结果显示,2015年,全日本公立初中组织国内修学旅行学校共9137所,参加学生人数106万人,公立高中共4286所,参加学生人数73万人;日本公私立初中组织海外修学旅行学校共119所,参加学生人数9074人,公私立高中共790所,参加学生人数13.8万人。

从上述调查可以看出,日本中小学修学旅行组织学校多,参与学生面广,修学旅行已成为常态。那么,日本是靠什么来保障如此大规模的修学旅行活动做到安全有序开展呢?其中的"利器"之一就是日本各地教育委员会制定的适用于本地的"修学旅行实施基准"。此基准分为国内与海外两种。各级学校若要组织学生修学旅行,必须要达到此基准的要求,否则修学旅行将难以成行。

日本都、道、府、县所制定的国内和海外修学旅行实施基准大同小异。以国内修学旅行为例,基准内容主要涵盖学校类型、修学旅行时间、旅行费用、实施年级、学生参与人数、带队教师的配备、修学旅行地点选择等。这些基准每年都进行修订并向社会公布,一是让所属的各级学校按照此基准组织开展修学旅行活动,二是便于接受社会的广泛监督。

宫城县国内修学旅行实施基准(2016)规定,县立初中修学旅行时间为3天2晚,费用53 000日元,一般在初三年级实施;高中生修学旅行时间为5天4晚,费用88 000日元,原则上全体学生参加。对于修学旅行地的规定,爱知县要求小学生主要以了解乡土文化为主题,选择邻近的府县,初中修学旅行地主要在日本中部、近畿和关东地区。

项目一　认知研学旅行

总体来说，海外修学旅行实施基准的要求大体与国内修学旅行实施基准相当，但还有一些附加条件。譬如，北海道要求学校实施修学旅行前要与教育长进行协商。枥木县规定，要求学校选择修学旅行的国家及地区政治稳定、治安良好、清洁卫生。

举社会之力"铺路垫石"

1955年，在日本岩手县境内曾发生过学生修学旅行大巴翻车事故，导致12人死亡，30人重伤。从此，日本政府十分重视中小学修学旅行交通安全工作。

为保障学生修学旅行途中的交通安全，在20世纪70年代，日本政府为中小学修学旅行开通了专列。此后，日本拥有了新干线列车（高铁），为保障学生修学旅行的安全与快捷，新干线列车公司以优先和优惠的方式开设部分专用车厢，为学生开展修学旅行提供便利与服务。

日本修学旅行的开展，除了依靠政府通过立法将此活动纳入课程范畴，还专门成立了修学旅行研究协会等专业组织机构，对全日本中小学修学旅行进行细致的管理、具体的监督和悉心的指导。日本财团法人修学旅行研究协会经常组织相关人员对修学旅行展开研究；每年发布有关修学旅行的调查统计；为学校和家长提供信息咨询服务；为修学旅行有序开展进行市场化、科学化的管理等。

在日本财团法人修学旅行研究协会之下，日本各地还成立有当地的修学旅行研究协会，譬如有关东地区公立初中修学旅行委员会、东海三县初中修学旅行委员会等。这些常设机构经常组织当地学校召开有关修学旅行的研讨会，开展修学旅行专项调查，公告修学旅行专用交通工具时刻表，召开修学旅行体验学习成果分享会等。

为减轻学生家庭因修学旅行带来的经济负担，自1969年起，日本中小学生的修学旅行费补助大幅增加，此后还新设了校外活动专项补助金。

如今，日本社会上下联动整合资源，已建立起能满足学生修学旅行的多个基地，供各地中小学生选择。日本政府在东北、关东、甲信越、北陆、东海、近畿、四国和九州都建设有各具特色的修学旅行基地。参观历史遗迹，学习历史文化知识，学生们主要去京都、奈良和东京等地；如果要开展以防灾教育为目的的修学旅行，阪神大地震受灾地神户是最佳选择。

图1-7　日本某小学的一次修学旅行

（资料来源：罗朝猛.中国教育新闻网.）

七、研学旅行的任务

教育部等11部门在《关于推进中小学生研学旅行的意见》中明确规定了研学旅行的主要任务。

（一）纳入中小学教育教学计划

各中小学要结合学校教育教学实际，把研学旅行纳入学校教育教学计划，与国家综合实践活动课程统筹考虑，把研学旅行和学校课程有机融合，成立研学旅行教研小组，精心设计研学旅行活动课程，做到立意高远、目的明确、活动生动、学习有效。学校要把研学旅行安排在教学时间以内，在国家规定的教学时间内完成研学旅行任务。明确研学旅行负责部门为学校德育处，设计开发小学阶段以乡土乡情、初中阶段以县情市情、高中阶段以省情国情为主要内容的研学旅行活动课程。

（二）加强研学旅行基地建设

各地研学旅行相关部门密切合作，根据研学旅行的育人目标，结合域情、校情、生情，依托自然和文化遗产资源、红色教育资源和综合实践基地、大型

项目一 认知研学旅行

公共设施、知名院校、工矿企业、科研机构等，着力建设、培育一批安全适宜的中小学生研学旅行基地，打造一批示范性研学旅行精品线路，让研学旅行在基地较好地开展。

（三）规范研学旅行组织管理

各地教育行政部门和中小学要探索制定中小学生研学旅行工作规程，做到"活动有方案，行前有备案，应急有预案"。学校组织、委托开展研学旅行，都要报教育行政部门备案，加强与家长的沟通，加强学生和教师的研学旅行事前培训和事后考核。

（四）健全经费筹措机制

采取多种形式、多种渠道筹措中小学生研学旅行经费，探索建立政府、学校、社会、家庭共同承担的多元化经费筹措机制。交通部门对中小学生研学旅行公路和水路出行严格执行儿童票价优惠政策，铁路部门可根据研学旅行需求，在能力许可范围内积极安排好运力。文化、旅游等部门要对中小学生研学旅行实施减免场馆、景区、景点门票政策，提供优质旅游服务。保险监督管理机构会同教育行政部门推动将研学旅行纳入校方责任险范围，鼓励保险企业开发有针对性的产品，对投保费用实施优惠措施。鼓励通过社会捐赠、公益性活动等形式支持开展研学旅行。

（五）建立安全责任体系

研学旅行要制订科学有效的中小学生研学旅行安全保障方案，探索建立行之有效的安全责任落实、事故处理、责任界定及纠纷处理机制，实施分级备案制度，做到层层落实，责任到人。学校活动方案（含保单信息）和应急预案要报送教育部门审核。学校要做好行前安全教育工作，负责确认出行师生购买意外险，必须投保校方责任险，与家长签订安全责任书，与委托开展研学旅行的企业或机构签订安全责任书，明确各方安全责任。旅游、交通、公安、食品药品监管等部门要加强对研学旅行的管理，并制定出与之相关的各部门的制度与管理条例。

 任务拓展

请列表归纳总结研学旅行与传统旅游、研学旅行与冬夏令营的区别。

 **任务实训**

请就近调研一所中学的研学旅行工作,重点了解以下内容。
1. 该校开展研学旅行工作的组织架构及工作制度。
2. 该校各年级开展研学旅行活动的课程及实施情况。
3. 该校老师和学生对参与研学旅行活动的感受及满意度。

项目一 认知研学旅行

任务三　中小学研学旅行运行机制

 **任务导入**

研学旅行已经成为中小学综合实践活动课程的重要内容，不仅可以拓宽学生的知识面，增长见识；还能够锻炼学生的实践能力和团队协作精神。然而，研学旅行涉及大量人员、活动课程、服务保障等多个行业、多个部门，如何确保研学旅行顺利开展？

 **任务分析**

研学旅行运行机制的重要性不言而喻，只有健全的管理机制，才能有效达成研学旅行教育目标。那么研学旅行活动涉及哪些行业、部门？研学旅行管理机制及市场机制是如何运行的？这是接下来需要解决的问题。

 **任务知识**

一、研学旅行的活动要素

（一）研学旅行活动的要素分析

1. 旅游活动的基本要素

研学旅行是教育旅游发展到现阶段的一种新形式，谈论研学旅行基本要素有必要先了解旅游活动的要素理论。美国学者罗伯特·麦金托和夏希肯·特格波特认为，旅游活动是由游客、旅游企业、目的地政府和目的地居民在吸引和接待旅游及其游客的过程中产生的现象与关系之和。雷帕（Leiper）旅游系统模型则包括旅游者、旅游业、客

微课：研学旅行的活动要素

源地、旅游通道和目的地 5 个要素。

一般来讲，旅游活动的开展有三个要素，即旅游者、旅游吸引物和旅游业。旅游者是旅游主体，旅游吸引物是旅游客体，旅游业为前两者的中介，而旅行社、旅游交通和以饭店为主的住宿业又被称为旅游业的三大支柱。如图 1-8 所示。

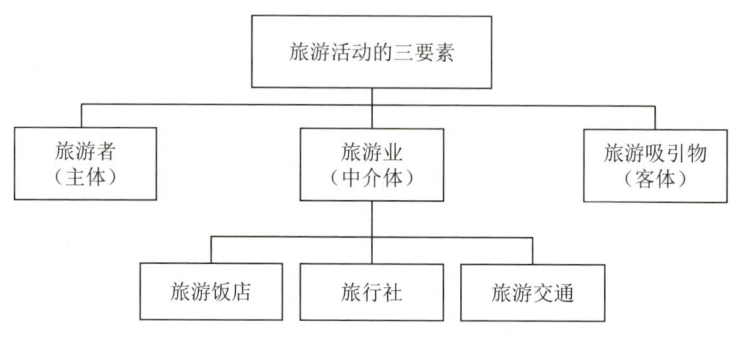

图 1-8　旅游活动的三要素

2. 研学旅行活动的基本要素

探究我国中小学研学旅行的目的、性质、范围和特征等因素，运用旅游活动三要素理论进行推理，研学旅行活动中的学生是特定的旅游者（主体）；研学课程是旅游吸引物（客体）唯一的呈现形式；负责管理的政府各部门和服务研学的相关产业则构成研学旅行活动的保障要素（中介体）。如图 1-9 所示，中小学生、研学课程、管理服务构成了研学旅行活动的基本要素或体系。

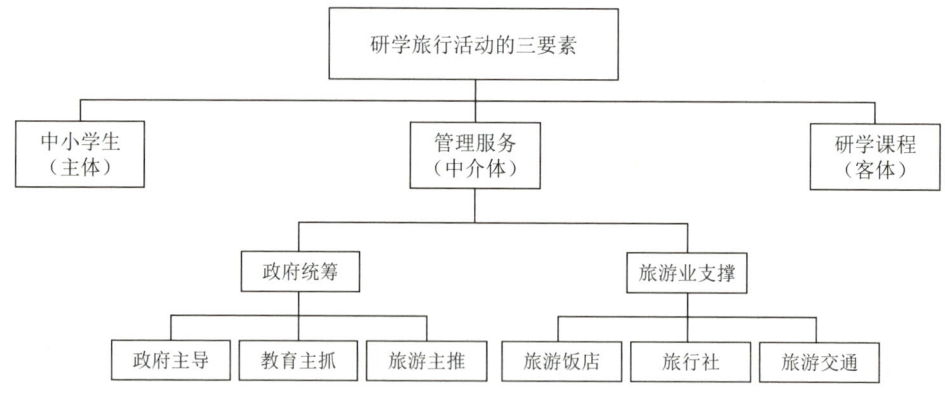

图 1-9　研学旅行活动的三要素

相较于其他旅游业态，研学旅行活动的旅游者（主体）表现出单一性等特征，旅游吸引物（客体）表现出课程性等特征，管理服务这一中介体则更多表现出教育部门的主导性倾向。

项目一 认知研学旅行

（二）研学旅行活动的三要素

1. 中小学生是研学旅行活动的主体要素

旅游者是构成旅游活动的主体，没有旅游者，旅游便无法实现。在我国研学旅行活动中，旅游者特指中小学生。这是由研学旅行的定义决定的，教育部等 11 部门《关于推进中小学生研学旅行的意见》中明确："中小学生研学旅行是由教育部门和学校有计划地组织安排，通过集体旅行、集中食宿方式开展的研究性学习和旅行体验相结合的校外教育活动，是学校教育和校外教育衔接的创新形式，是教育教学的重要内容，是综合实践育人的有效途径。"研学旅行活动主体的特定性是研学旅行与其他旅游业态的一个重要区别。

相较于一般旅游者，研学学生的旅游行为既不受支付能力、闲暇时间等客观条件限制，也不取决于个体的旅游动机，研学旅行活动主体表现出鲜明的群体特征。

（1）单一性

教育部等 11 部门《关于推进中小学生研学旅行的意见》明确要求将研学旅行纳入中小学教育教学计划，实施学段分为小学四到六年级、初中一到二年级、高中一到二年级三个学段。研学旅行还作为综合实践活动课程的重要形式，被列为小学、初中、高中 12 个年级的必修课。这些政策规定让全体中小学生成为研学旅行活动的特定主体，也使研学旅行活动主体呈现出单一性特征。

（2）客源的稳定性

根据有关数据统计，近几年我国中小学生人数稳定在 2 亿人左右。随着研学旅行活动的深入推进，这个庞大的群体将成为生生不息的研学旅行生源，这种稳定性是其他任何一种旅游业态无法比拟的。

（3）旅行动机出于客观的教育需求

研学旅行是贯彻党的教育方针的迫切要求和落实立德树人根本任务的重要环节，是新时代育人理念的新要求和培养学生创新思维和实践能力的重要措施，是学校教育教学的重要内容，是综合实践育人的有效途径，因此研学旅行的实施取决于学校教育教学目标的需要。

分析研学旅行活动主体的特征，我们可以看出，实施研学旅行是学校集体行为，与学生个人主观动机关联不大，其营销策略应由激发个体旅行动机调整为研究关注中小学生的群体特征及学校的研学旅行需求。

2. 研学旅行活动课程是研学旅行活动的客体要素

研学旅行活动的实施，实质是在校外给学生上一门课程，是多个群体、多个部门、多个行业共同联手，借助社会资源，给学生上一堂主题活动课程。这门课程不同于校园里的语文、数学、物理、化学、历史、地理等学科课程，它是通过设计一个活动主题来选择和组织教学内容，是一门跨学科的融合性很强的综合实践活动课程。

在研学旅行中，一切有教育价值的社会资源以课程形式呈现给学生，成为研学活动得以开展的基础或凭借，研学课程构成研学旅行活动的客体要素，也是最关键的要素。对比其他旅游业态中资源产品的丰富多样性，研学旅行的客体要素表现出鲜明的课程性特征，这是研学旅行与其他旅游业态的又一个重要区别。

（1）旅游资源必须转换为课程资源

在旅游学中，旅游资源是旅游活动三要素中的客体，是旅游业的基础，它是指能够造就对旅游者具有吸引力环境的自然事物、文化事物、社会事物或其他任何客观事物，[1]旅游资源理论的核心是吸引力。

在研学旅行活动中，旅游资源进入研学旅行活动，一是该旅游资源要具有教育的效用和价值，二是该旅游资源要经过开发设计转换成课程资源，二者缺一不可。一切有教育价值的社会资源都应该开发设计为研学课程，发挥其教育功能，为建立覆盖全社会的良好教育生态赋能。

（2）研学旅行活动课程的基本概念

作为中小学综合实践活动课程的重要内容，研学旅行活动课程要充分体现以下基本理念。

①研学旅行活动课程目标以培养学生的综合素质为导向。研学课程强调学生综合运用各学科知识，认识、分析和解决现实问题，提升综合素质，着力发展核心素养，特别是社会责任感、创新精神和实践能力，以适应快速变化的社会生活、职业世界和个人自主发展的需要，迎接信息时代和知识经济的挑战。

②研学旅行活动课程开发面向学生的个体生活和社会生活。研学课程面向学生完整的生活世界，引导学生从日常学习生活、社会生活或与大自然的接触中提出具有教育意义的活动主题，使学生获得关于自我、社会、自然的真实体验，建立学习与生活的有机联系。

③研学旅行活动课程的实施注重学生主动实践和开放生成。研学课程鼓励学生从自身成长需要出发，选择活动主题，主动参与并亲身经历实践过程，体验并践行价值信念。在实施过程中，随着活动的不断展开，在教师的指导下，学生可根据实际需要，对活动的目标与内容、组织与方法、过程与步骤等做出动态调整，使活动不断深化。

---

[1] 李天元.旅游学.3版［M］.北京：高等教育出版社，2011.

④研学旅行活动课程的评价主张多元评价和综合考查。研学课程要求突出评价对学生综合发展的价值，充分肯定学生活动方式和问题解决策略的多样性，鼓励学生自我评价与同伴间的合作交流和经验分享，提倡多采用质性评价方式，避免将评价简化为分数或等级。要将学生在研学实践活动中的各种表现和活动成果作为分析考查课程实施状况与学生发展状况的重要依据，对学生的活动过程和结果进行综合评价。

（3）管理服务是研学旅行活动的保障要素

研学旅行由"教育+旅游"跨界融合而生，作为一种成长中的旅游新业态，其快速发展需要文化旅游市场的导入和推进，但作为我国深化素质教育改革的重要举措，其启动和实施源自政府的政策推动。也就是说，我国研学旅行的发展具有政府主导和市场推动的双动力源，不仅有文化旅游及相关产业以市场化方式的推动，政府职能部门和学校也扮演着重要角色，发挥着统筹、管理、组织、监督的重要作用。换言之，在旅游活动三要素中，推动旅游活动开展最积极、最活跃的因素——旅游业，并不能完全左右研学旅行市场，研学旅行在很大程度受制于政府行政部门的政策导向，这也是研学旅行与其他旅游业态的主要区别之一。

①政府统筹保障。研学旅行的政府统筹保障主要体现在政策统筹、规划统筹和资源统筹三个层面，如图1-10所示。

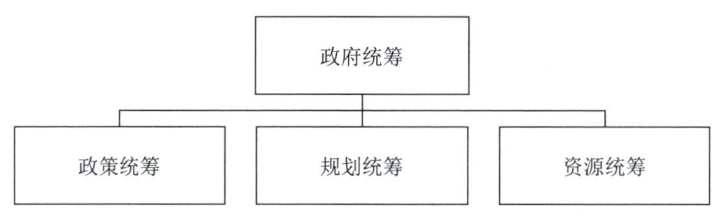

图1-10 政府统筹保障内容

②产业提供服务。在研学旅行活动中，除教育和文化旅游产业为其提供升级版、内涵式服务产品外，还有工业、农业、科技、体育、康养、保险等产业也为其提供产品内容及支持服务，充分表现出研学旅行集教育、旅游、文化等多业态于一体的特点。

二、研学旅行的管理机制

中小学研学旅行在基础教育领域发挥着实践育人的重要作用，其参与群体的特殊性也对研学旅行活动的组织和管理提出了特殊要求，这些都事关基础教育的质量和安全，需要政府统筹协调和管理指导。为此我国确立了政府统筹、部门协作、教育行政部门主导、学校组织实施、家长支持的研学旅行工作协调推进机制，以及政府主导、市场主体的研学旅行运行机制。

（一）政府统筹

政府统筹是政府实施宏观管理的一种方式。研学旅行的政府统筹，是指政府从全局利益出发，为了保障研学旅行的有序、健康开展，在宏观层面上对研学旅行所作的战略决策和通盘规划，也泛指为研学旅行发展提供有利条件和资源保障，同时还指解决区域研学旅行发展中出现的各种各样的矛盾和问题，使城乡、区域研学旅行达到协调发展的状态等工作。总之，政府统筹研学旅行就是利用政策、规划等手段最终落到资源要素的分配和使用上，促进研学旅行的价值发挥。从内容上来看，政府对研学旅行的统筹保障主要体现在政策统筹、规划统筹、资源统筹三个层面。

1. 政策统筹，做好立法者

随着中央和地方关于研学旅行政策文件的密集发布，研学政策一片利好，研学旅行行业得以迅速发展。但是相伴而来的各种问题也应引起足够的重视，如国家层面的相关政策文件多为对研学旅行的宏观论述，微观层面的标准化以及可操作性规范较少，关于研学旅行的内容规定也较为简单和笼统，各省市关于研学旅行的指导性文件缺乏统一规范的结构内容等。这些都需要政府制定相应政策法规加以解决。

（1）要在组织上建立研学旅行综合协调机制

让每个职能部门都制定相应的政策，形成合力，共同建构研学旅行政策法规体系。政府通过完善的政策法规体系来实现对研学旅行的综合管理，营造良好的产业发展环境，进而保障研学旅行的健康发展。

（2）要在内容上完善教育质量标准及行业规范

政府要发挥立法和政策的引导、协调和控制作用，建构关于研学旅行全面、系统、科学的顶层设计，推动研学旅行工作的科学性和规范化：一方面制定和完善关于研学旅行教育教学方面的政策法规，如研学旅行教育质量、研学课程及教学、研学评价等；另一方面研究制定促进研学旅行发展的行业规范和标准，如关于研学旅行市场进入、监管及退出机制，关于研学旅行指导师、研学旅行基地营地、研学安全保障和安全事故处置等方面的政策法规。

（3）要重点建构责任明晰的安全保障体系

在安全保障和安全事故处理方面，政府应统筹制定专门的法律法规或处置办法，合理界定研学旅行各方的责任，保障各方权利，确保研学旅行活动不因

项目一 认知研学旅行

安全事故个案而导致整个课程实施的停顿。

2. 规划统筹，做好规划者

"凡事预则立，不预则废"，目前我国研学旅行处于发展的初期阶段，政府应根据基础教育和研学旅行发展的形势要求，做好规划统筹，描绘研学旅行近期、中期、远期的目标蓝图，确定工作任务和相应措施，明确研学旅行"做什么""怎么做""做到什么程度"，从宏观调控、中观区域布局、微观研学旅行产品统筹考虑，一体化规划，构建科学合理的研学旅行产业体系。规划层面的统筹，需要做好研学旅行的现状和发展研判，整合研学旅行资源，做好研学旅行的发展定位，统筹规划研学旅行的人才培养，以及研学旅行指导师的认定，统筹规划研学旅行基地营地开发、研学旅行产业构建、研学旅行发展保障体系等。

3. 资源统筹，做好协调者

研学旅行资源统筹是政府以促进研学旅行发展和价值实现为目标，利用行政、法律、管理、技术等多种手段，对研学旅行资源及其功能定位、发展方向、发展标准、保障服务等进行统筹安排并促进实施的过程。这里的资源统筹立足于广义的研学旅行资源的视角，包括研学旅行活动所涉及的人员、资金、技术、设备等各资源要素。

（1）政府应建立健全经费筹措机制

研学旅行离不开政府的资金支持，《关于推进中小学生研学旅行的意见》已明确，各地可采取多种形式、多种渠道筹措中小学生研学旅行经费，探索建立政府、学校、社会、家庭共同承担的多元化经费筹措机制。交通部门对中小学生研学旅行公路和水路出行严格执行儿童票价优惠政策。铁路部门可根据研学旅行需求，在能力许可范围内积极安排好运力。文化和旅游部门要对中小学生研学旅行实施减免场馆、景区、景点门票政策，提供优质旅游服务。保险监督管理机构会同教育行政部门，推动将研学旅行纳入校方责任险范围，鼓励保险企业开发有针对性的产品，对投保费用实施优惠措施。鼓励通过社会捐赠、公益性活动等形式支持开展研学旅行。[①] 今后，政府还需要进一步出台明晰经费筹措机制的具体举措，加大力度统筹整合各相关职能部门的资源，共同支持研学活动的开展。

（2）政府应统筹调动社会资源促进教育公平

教育公平是社会公平的重要基础，研学旅行是面向全体中小学生的必修课，对于因为贫困不能参加研学旅行的家庭或地区的学生，政府可以采取优

---

① 《教育部等11部门关于推进中小学生研学旅行的意见》.

惠、减免、资助，或鼓励社会专项基金支持等措施，共同帮助解决贫困家庭或地区的研学资源公平问题，促进贫困家庭中小学生的健康成长。同时，建立不同地区的区域协调和教育资源共享机制，推动区域间教育资源共建、共享，以保障教育公平。

（二）教育牵头主导

推进研学旅行工作需要多个部门协同合作、共同发力，必然需要一个部门牵头主导。另外，研学旅行本质上是一种校外教育活动，由教育部门来牵头主导研学旅行工作，与研学旅行各环节、各要素的相关部门协作，能更好地实现研学旅行的教育目标。

1. 组建工作协调小组，建立政府统筹协调机制

《关于推进中小学生研学旅行的意见》要求各地要成立由教育部门牵头，发改委、公安、财政、交通、文化、食品药品监管、旅游、保监和共青团等相关部门、组织共同参加的中小学生研学旅行工作协调小组（以下简称协调小组），加大对研学旅行工作的统筹规划和管理指导，各部门要指派一定级别的联络员或办事机构设在教育部门，负责协调日常管理工作。[①]

2. 制订工作方案，统筹规划区域研学旅行

协调小组要结合本地实际情况制订研学旅行工作方案，将职责层层分解、落实到相关部门和单位。[②] 为保障研学旅行实施的科学性和规范性，协调小组需要明确的内容包括：中小学研学旅行工作日常管理；设计开发研学旅行课程；研学旅行指导师人才培养与评价；研学旅行基地营地建设，研学旅行示范基地创建，示范性研学旅行精品线路开发，研学旅行平台网络构建；公路、水路、铁路出行的学生票价优惠政策；减免场馆、景区、景点门票政策；保险企业开发针对研学旅行的个性化服务产品，对投保费用实施优惠政策；安全出行保障机制；宣传引导，培养先进典型等。

3. 加强督查评价，保障研学旅行安全和质量

督查评价是实现对研学旅行科学管理、高效实施、好事办好的有效手段。要围绕研学旅行工作开展实践，健全完善督查规章制度，尤其是安全督导制度，不断规范工作流程。要充分发挥综合协调工作机制，加强部门沟通、协调和配合，合理调度各单位发挥专业优势，共同开展督促检查，增强督查督办工作的权威性。要对研学旅行的科学开展进行指导和帮助，以督促管，以督促改，以督促进，以更好地实现研学旅行目标。要建立健全中小学生参加研学旅

---

① 《教育部等11部门关于推进中小学生研学旅行的意见》.
② 同上.

项目一 认知研学旅行

行的评价机制,把中小学组织学生参加研学旅行的情况和成效作为学校综合考评体系的重要内容。学校要在充分尊重个性差异、鼓励多元发展的前提下,对学生参加研学旅行的情况和成效进行科学评价,并将评价结果逐步纳入学生学分管理体系和学生综合素质评价体系。

4. 做好宣传指导,为研学营造良好的社会环境

各地要在中小学广泛开展研学旅行试验区和示范区创建工作,充分培育、挖掘和提炼先进典型经验,以点带面,整体推进。要面向家长和社会积极宣传研学旅行活动对培养学生的重要意义和作用,倡导鼓励资源单位积极参与研学、全域开展研学、全民支持研学的良好社会环境。①

(三)部门协同合作

研学旅行具有跨界融合、多方联动的突出特征。面对研学旅行行业的综合性与部门管理的分割性矛盾,政府明确提出了组建由教育部门牵头、多个部门参与的协调工作小组,通过政府统筹协调机制合力推动研学旅行工作。例如,《湖北省中小学生研学旅行试点实施意见》的"附件2"《湖北省中小学生研学旅行协调小组成员单位职责》中,对湖北省参与研学旅行工作的省教育厅、省发展和改革委员会、省旅游发展委员会、省财政厅、省公安厅、省交通运输厅、省文化和旅游厅、省食品药品监督管理局、省物价局、省卫生和计划生育委员会、省体育局、省保监局、共青团省委、武汉铁路局等14家单位进行了明确的职责分工。

拓展知识

湖北省中小学生研学旅行协调小组成员单位职责

湖北省教育厅:负责加强与教育部、省级相关部门联系沟通,明确政策要求;牵头制定相关落实文件,组织召开联席会议;安排部署工作任务,协调解决有关具体问题;将研学旅行纳入学校课程计划,纳入教育督导项目,形成工作常态;组织开展相关督导检查,汇总情况、上报信息、定期通报,指导试点地区完成试点任务。

湖北省发展和改革委员会:负责将研学旅行、营地建设纳入教育事业发展规划,给予政策支持。

---

① 《教育部等11部门关于推进中小学生研学旅行的意见》.

湖北省旅游发展委员会：负责将研学旅行纳入旅行社业务管理，引导旅游相关单位开辟绿色通道、优惠减免景点门票，做好研学旅行服务、接待工作，确保行业诚信。

　　湖北省财政厅：积极支持研学旅行工作，配合相关部门探索建立政府、学校、社会、家庭共担的经费筹措机制，逐步发挥政府引导作用。

　　湖北省公安厅：负责指导、监督、协调研学旅行相关安全管理工作，积极支持学校对师生研学旅行进行安全教育。

　　湖北省交通运输厅：负责加强对参与研学旅行服务工作的运输企业、交通运输工具、交通运输从业人员进行规范管理。

　　湖北省文化和旅游厅：负责博物馆、纪念馆、美术馆等公益性文化场所对学生免费开放。

　　湖北省食品药品监督管理局：负责对研学旅行实践基地的食品安全加强监管，防止食物中毒。

　　湖北省物价局：负责加强对研学旅行收费工作的事中、事后监管，督促落实交通、旅游等方面价格优惠政策，查处违规乱收费行为。

　　湖北省卫生和计划生育委员会：负责加强对研学旅行医疗救护、疾病防控等工作的指导，协调做好相关工作。

　　湖北省体育局：积极整合体育运动资源支持中小学生研学旅行工作，负责指导研学旅行体育文化等相关活动。

　　湖北保监局：负责加强对宜昌保监分局、各保险行业协会、保险公司的指导，监督各公司认真履行保险合同，维护参保师生的合法保险权益。

　　共青团湖北省委：积极支持研学旅行工作，负责开展社会捐赠、公益支持研学旅行活动。

　　武汉铁路局：负责研学旅行车辆调度和车票优惠政策。

　　（资料来源：湖北省教育厅）

三、研学旅行的市场机制

（一）研学旅行市场需求

1. 研学旅行市场空间大

　　数量庞大的中小学生是推进研学旅行的市场基础，研学旅行主体——中小

项目一 认知研学旅行

学生的数量基数大，表明研学旅行需求空间大。2022年，全国普通小学在校人数约10 732万人，初中在校人数约5120万人，普通高中在校人数约2713万人，见表1-3。

表1-3 全国中小学在校学生数

指标	2022年	2021年	2020年	2019年	2018年	2017年
普通高中在校学生数（万人）	2173.8747	2605.0291	2494.4529	2414.305	2375.3709	2374.5
初中在校学生数（万人）	5120.5965	5018.4373	4914.0893	4827.1362	4652.5854	4442.1
普通小学在校学生数（万人）	10 732.059	10 779.935	10 725.353	10 561.236	10 339.254	10 093.7

（数据来源：国家统计局）

随着教育观念的提升，越来越多的学校和家长开始认识到研学旅行对于中小学生综合素质发展的重要性。研学旅行能够提供实践和体验的机会，帮助学生巩固课堂知识，培养创新思维、团队合作和社会适应能力。

政府对研学旅行的支持力度逐渐加大。教育部等相关部门出台了一系列政策措施，鼓励学校积极开展研学旅行活动，为中小学生提供更多的实践机会。这些政策的出台为研学旅行市场提供了有力的政策环境。

随着社会经济的发展，家庭经济条件普遍改善，家长们有能力为孩子提供更多的教育资源和机会。研学旅行成为家庭教育投资的一部分，中小学生研学旅行市场因此得到了进一步扩大。

2. 研学旅行的需求多样性

研学旅行的需求方包括学校、家长和学生等多个群体，他们对研学旅行产品的需求各不相同。学校是研学旅行的主要需求方之一，学校通常会根据教学目标和课程设置，选择适合的研学旅行主题和目的地，以帮助学生加深对课程知识的理解和实践；家长是学生的监护人，也是研学旅行市场中的一个重要需求方。家长通常会考虑孩子的安全和健康、研学旅行的质量和效果等因素，来选择合适的研学旅行产品；学生是研学旅行的最终受益者和参与者。学生的需求包括对目的地和活动项目的兴趣、对研学旅行的期望和期待、对参与体验和收获的评价等。

不同地区的需求差异，不同地区的学校、家长和学生之间，对研学旅行的需求可能存在较大的差异。例如，城市和农村地区可能对研学旅行的主题和目的地有不同的偏好和需求。

不同年龄段的需求差异，研学旅行的需求方包括不同年龄段的学生，他们对研学旅行的需求也可能存在较大的差异。例如，小学生可能更注重亲近自然和体验感，而高中生则更关注学术研究和专业素养等方面。

研学旅行需求方的多样化在市场机制中起着重要作用，研学旅行供给方需要考虑到不同需求方的需求特点，来提供更加精准和个性化的研学旅行服务。同时，学校、家长和学生也应该了解市场机制和服务质量，选择合适的研学旅行产品，以达到更好的教育和实践效果。

（二）研学旅行市场供给

研学旅行是一门活动课程，但从产业的角度来看，它是基于"旅游＋教育"的新型教育产品，它脱离了传统文化旅游产品的范畴，也超出了一般的教育服务体系，许多与教育和文化旅游相关的产业集聚组成了一个综合性极强的研学旅行产业。

研学旅行活动涉及教育产业、旅行社、交通运输、餐饮、旅馆、商业等多个产业的服务支持，这些产业所提供的课程、指导师、基地、交通、住宿、餐饮等服务被整合为研学旅行产品，提供给学校及学生，共同服务于研学旅行活动的顺利开展。研学旅行产业经过近几年的发展，逐渐形成一个环节众多的链条，虽然并不成熟，但产业运行体系已基本形成。

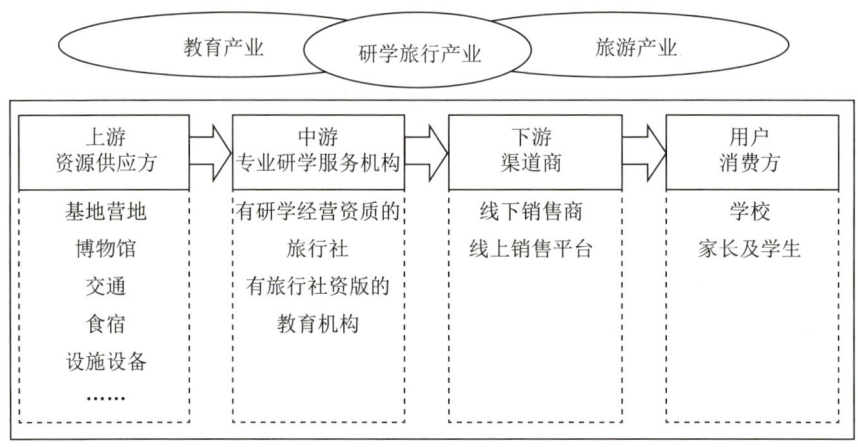

图 1-11　研学旅行产业运行体系

从研学旅行产业运行体系来看，基地营地、博物馆、交通、食宿、教学设施设备等资源供应方处于产业链上游，研学旅行服务机构处于产业链中游，销售渠道商处于产业链下游，学校、家长及学生为用户消费方，即终端用户。在产业运行过程中，上游、中游环节通过下游渠道商，向终端用户输送研学旅行服务产品。

1. 上游资源供应方

上游资源包括研、食、住、行等实施研学旅行活动的要素资源，这些资源主要为研学旅行学生提供研学场所、载体和设施设备，为研学旅行服务机构进行课程研发和整合产品提供内容和资源。其中，研学旅行基地营地因自身或周边具有优质的研学课程资源、专业的设计团队和运营团队、科学的管理制度以及完善的安全保障措施，拥有良好的餐饮住宿条件、必备的配套设施，主要为研学学生提供良好的学习、实践、生活的活动场所，是上游的重要资源供应方。教学设施装备生产业也为顺利开展研学旅行活动和学生体验提供支持。另外，还有保险、服装、咨询、研究、媒体、营销等资源供应单位，从不同领域为开展研学旅行活动提供服务。

2. 中游专业研学旅行服务机构

处于产业中游的专业研学旅行服务机构起着重要的支撑作用，它主要包括具有研学经营资质的旅行社和具有旅行社资质的教育机构。从研学旅行实施过程看，它属于活动的组织实施环节，其盈利点在于整合产品、销售产品和提供服务。旅游旅行服务机构与研学旅行基地营地等资源供应方达成合作，将其教育资源研发设计为研学旅行活动课程，并整合旅行交通、餐饮等供应方的服务产品，与学校合作或自行寻找研学旅行指导师，从而形成完整的研学旅行产品，直接为学校及学生提供具体服务。本教材项目四将专门阐述研学旅行服务机构的内涵、服务内容和服务流程。

3. 下游渠道商

研学旅行服务机构完成产品整合和开发设计之后，可以选择直接销售给用户群体即学校及学生，也可以选择下游渠道商进行销售。渠道商主要包括两类。第一类是以传统旅行社为代表的线下销售商，其商务模式与提供一般产品的旅行社相似，通过自己的渠道和广阔的客源市场销售研学旅行产品，从中赚取差价。第二类是以携程、去哪儿、同程等为代表的互联网电商企业，其商务模式是通过互联网线上销售研学旅行产品，如去哪儿是发挥其垂直搜索的优势，方便游客在平台上进行产品比较，选择性价比高的产品，其主要盈利模式仍然是收取佣金。

 **任务拓展**

研学旅行运行机制是一个庞大的系统，涉及多方相关因素，除以上相关内容外，还涉及哪些因素？请分小组就研学旅行机制涉及哪些因素展开讨论。

 **任务实训**

请按下列要求，收集并分析一份研学旅行行业报告。

1. 收集一份近五年的研学旅行行业报告；
2. 用思维导图展现报告的主要内容；
3. 重点分析报告中的"问题与对策"部分，并提出自己的优化建议。

项目思考与练习

一、判断题

二、单选题

三、多选题

四、思考题

1. 简述我国研学旅行的历史渊源。
2. 国外研学旅行对我国开展研学旅行有何启示？
3. 简述研学旅行活动的三要素。
4. 教育部门牵头主导研学旅行工作的具体内容是什么？
5. 政府对研学旅行的统筹保障主要体现在哪三个方面？
6. 研学旅行的产业运行体系由哪些构成？

随堂测验及答案

项目二

认知研学旅行活动课程

全国中小学生研学实践教育基地——成都武侯祠博物馆

项目导读

本项目探讨了研学旅行活动课程的内涵、特性，阐述了研学旅行活动课程及线路课程设计的基本原理、构成要素、设计策略及整体框架，并对研学旅行活动课程评价的目的、对象、原则、标准及实施手段进行了剖析。其目标在于引导学生掌握研学旅行活动课程的基础理论，明晰研学旅行活动课程设计的根本原则和一般步骤。

学习目标

知识目标	1. 掌握研学旅行活动课程的概念及特征，理解其在我国基础教育课程体系中的地位和作用； 2. 掌握研学旅行活动课程及线路课程设计的基本原理与方法； 3. 熟悉研学旅行活动课程评价的基本内容和要求。
能力目标	1. 能设计一般的研学旅行活动课程； 2. 能编制一般的研学旅行活动课程评价方案。
素质目标	1. 激发学生对研学旅行活动课程的兴趣和价值认同； 2. 在设计研学旅行活动课程的实战中培养学生的综合能力和跨学科思维。

思维导图

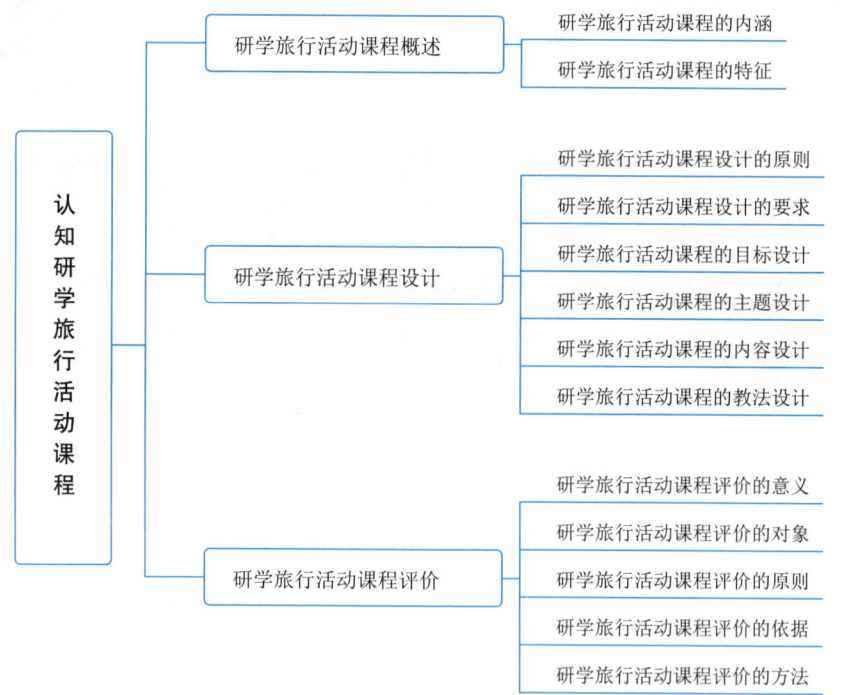

项目二　认知研学旅行活动课程

任务一　研学旅行活动课程概述

任务导入

某学校组织一次以"历史文化探究"为主题的活动，在这次活动中，学生们将前往当地的历史文化遗址或博物馆进行参观学习，通过听取专家讲解、观看文物展示、参与互动体验等方式，深入了解当地的历史文化和传统习俗。同时，学生们还需要完成一些与主题相关的研究性学习任务，如撰写调研报告、进行文化交流等。通过这次活动，学生们不仅可以学习到丰富的历史文化知识，还可以锻炼自己的实践能力、团队合作能力和创新思维能力。请你根据自己的理解判断这个活动是否属于研学旅行活动课程，并说明理由。

任务分析

要解决上述问题，需要弄清楚什么是研学旅行活动课程？研学旅行活动课程有哪些特征？教育部等11部门发布《关于推进中小学生研学旅行的意见》指出，研学旅行是一种"研究性学习和旅行体验相结合的校外教育活动"，要求各地结合实际，促进研学旅行和学校课程有机融合。作为学校教育和校外教育衔接的创新形式，研学旅行能让学生们在"行走的课堂"中增长见识、收获新知。

任务知识

一、研学旅行活动课程的内涵

（一）研学旅行是一门活动课程

2016年11月，教育部等11部门《关于推进中小学生研学旅行的意见》中明确:"中小学生研学旅行是由教育部门和学校有计划地组织安排,通过集体旅行、集中食宿方式开展的研究性学习和旅行体验相结合的校外教育活动,是学校教育和校外教育衔接的创新形式,是教育教学的重要内容,是综合实践育人的有效途径。"这个文件把研学旅行定义为一种教育活动,是一种有组织、有计划、有目的的教育活动,这种教育活动要为实现特定的培养目标选择特定的教育内容、设计特定的活动形式,究其实质,研学旅行是一门活动课程。

(二)研学旅行是综合实践活动课程的一种重要形式

2017年9月,教育部颁发《中小学综合实践活动课程指导纲要》,把研学旅行纳入综合实践活动课程的考察探究类,指出综合实践活动是从学生的真实生活和发展需要出发,从生活情境中发现问题,转化为活动主题,通过探究、服务、制作、体验等方式(见表2-1),培养学生综合素质的跨学科实践性课程。综合实践活动课程是国家义务教育和普通高中课程方案规定的必修课程,与学科课程并列设置,是基础教育课程体系的重要组成部分。

表2-1 综合实践课程活动方式的分类

学段 \ 活动方式	考察探究	社会服务	设计制作	职业体验
1~2年级	学习习惯调查等	争当集体劳动小能手等	我有一双小巧手——手工纸艺、陶艺等	入队仪式等
3~6年级	跟着节气去探究等	我做环保宣传员等	创意设计与制作(玩具、小车、垃圾箱等)	进立法、司法机关等
7~9年级	带着课题去旅行等	农事季节我帮忙等	我是平面设计师等	军事技能演练等
10~12年级	研学旅行方案设计与实施等	做农业科技宣传员等		创办学生公司等

值得注意的是,综合实践活动方式的划分是相对的,虽然研学旅行被纳入综合实践活动课程,把研学旅行与野外考察、社会调查、公益活动、陶艺制作、学工、学农等实践活动并列提出,但并不意味着采用野外考察等实践活动就不是研学旅行了,并不意味着研学旅行仅能成为综合实践活动课程中一种活动方式下的一个小类。相反,研学旅行不反契合"探究考察",与其他活动方式也有极高的契合度,完全可以彼此融合、整体设计、综合实施。因此,在设

项目二 认知研学旅行活动课程

计研学旅行课程时可以有所侧重，以某种方式为主，兼顾其他方式；也可以整合方式实施，使不同活动要素彼此渗透、融会贯通。

二、研学旅行活动课程的特征

（一）跨学科性

研学旅行是一门综合性极强的课程，不仅超越学科，还超越领域、超越文理之分。研学路线的设计一般兼顾科学教育与人文教育，兼顾地理、生物、历史、政治。研学旅行既可以是单一的主题，也可以是综合性教育。在确定了研学的活动主题和旅行的目的地及路线之后，应该根据目的地资源特点，找到与各学科相关的知识点，设计每个单元的学习主题和研学课题。经历从研学主题统领到学科教师合作设计，再到活动内容整合实施、评价方式面向学生发展的综合性过程。在研学旅行中，学生不仅能更多地运用课堂上学到的学科知识，实现学以致用，还能印证、拓展、深化学过的学科知识。

（二）综合性

综合性是活动课程的基本特征。这是由综合实践活动中学生所面对的生活世界决定的。学生的生活世界是由个人、社会、自然等基本要素互相交融的复杂关系构成的有机整体。研学实践活动立足于生活世界的综合性和个性的整体性，着眼于学生整体、健全的发展，打破教材、课堂和学校的局限，向自然环境、学生的生活领域和社会活动领域延伸，从而使综合实践活动课程具有了综合性的特点。

研学旅行活动课程的综合性，不仅表现在课程内容及其组织形式上，而且表现在教师教学方法与学生学习方式上。课程内容主要源于学生的现实生活，强调学科教育、社会教育、品德教育、艺术教育、劳动技术教育等多方面的有机融合；活动空间上以学生周围的自然环境、社会环境和人际环境为背景展开；课程目标关注学生的兴趣、态度、能力、知识等多方面的内在整合，注重各方面素质的全面发展；学习方式上注重把观察、访问、调查、实验、制作等多种方式有机结合起来。

（三）实践性

有谚语说："我听到的会忘记，我看到的能记住，我做过的才真正学会。"因此，研学旅行活动课程特别强调学生亲历实践、亲身体验。它鼓励学生通过生活实践、社会实践、科学实践等直接的实践活动进行自主学习，要求学生从实践活动中选择主题及相应的内容，通过专题讨论、课题研究、方案设计、模拟体验、实验操作、社会调查等形式，在"做""考察""调查""实验""探究""设计""创作""想象""服务""劳动""反思""体验"等一系列的活动中去发现和解决现实生活中的问题，体验和感受生活，培养创新精神及实践能力，它实现了课程内容与学生的实际生活，以及学生的学习活动与实践体验二者之间的联系。

（四）活动性

活动是研学旅行活动课程最基本的实施方式。在考察探究、设计制作、职业体验过程中，有很多动手做的机会、现场体验的机会、角色扮演的机会等。

例如，在西安碑林考察可以亲手体验拓片；在景德镇瓷都研学可以体验制作瓷器；在非遗基地研学可以体验制作各种传统工艺；在风景名山考察要登临山峰挑战体力极限等。在研学旅行中，学生运用触觉、动觉、嗅觉、味觉等多感官学习的机会很多，既需要动脑，也需要动手、动脚、动嘴、动眼。在研学旅行中，学生也有听讲活动。听讲是向研学基地的专家学习，不同于教室里的听讲，是结合现场生动的历史文化资源、科技创新设备、职业现场状况等来讲解的。在研学旅行中，学生还有阅读活动，但阅读的不是课本，而是专题资料、展馆的文字、数据、图表、故事、照片等。无论是听讲还是阅读，其本质都是一种实践学习，而不是对照书本学习。

图 2-1　三明市示范性综合实践基地内的研学课程——植物拓印，让学生亲自体验、创作

项目二 认知研学旅行活动课程

（五）体验性

体验学习是指人在实践活动过程中，通过观察、实践、练习，了解某些知识，掌握某些技能，养成某些习惯，形成正确的情感、态度、观念的过程。在中小学，体验学习主要包括运用于情感态度的学习和技巧学习，如体育、艺术、品德教育等都包含大量体验学习的内容，而社会实践活动，包括与自然、社会联系广泛的学科教育活动，也都需要通过体验学习来形成或深化其学习成效。体验学习的另一种表述就是美国教育家杜威提出的"做中学"的思想。体验学习需要获得直接经验，尤其是对于小学生，直接经验越丰富，越有利于后续对间接性经验的接受。研学旅行活动课程实施需要不断游走式地学习，这表现在随处可在的课堂、各学科的高度融合和在全方位感悟中成长。因此，体验学习是研学课程设计时不可忽视的一种学习方式，也是设计课程时必须考虑的一个着力点。

查阅相关资料、文献，对研学旅行活动课程的概念、特点、目的等进行梳理和总结，形成一份2000字的关于研学旅行概念的课程论文。

请录制一段解读研学旅行概念的短视频，具体要求如下。

1. 视频内容主要围绕研学旅行活动概念、特征、与学科课程的区别等进行编辑；

2. 视频时长为8~12分钟，视频要配有音乐、文字和字幕等元素；

3. 录制完成的视频上传作业平台、视频网站或者社交媒体平台。

任务二 研学旅行活动课程设计

任务导入

自党的十八大以来，我国航天事业蓬勃发展，"问天"成功升空、"嫦娥"成功登月、"北斗"精准导航、"祝融"火星探索、"羲和"逐日而行、"天和"翱翔星海，再到"悟空""慧眼"深入揭秘宇宙，一系列重大航天项目相继取得突破性进展。载人航天、卫星通信、火箭技术及深空探测等领域不断刷新纪录，推动我国航天科技实现质的飞跃，为从航天大国向航天强国迈进奠定了坚实基础。探索浩瀚宇宙，发展航天事业，建设航天强国，是我们不懈追求的航天梦，这一梦想已在众多中小学生心中悄然播种。请您以海南文昌火箭发射基地为依托，为某小学五年级学生设计一项关于火箭科普的研学旅行活动课程方案。

任务分析

航天科技是科技进步和创新的重要领域，航天科技成就是国家科技水平和科技能力的重要标志。建设航天强国，是建设创新型国家、加强自主创新能力、加快科技自立自强的内在要求。自党的十八大以来，从探月工程"三步走"圆满收官到"天问一号"迈出行星际探测第一步，从北斗全球卫星导航系统建成开通到中国空间站建设全面开启，一系列国家科技重大专项接续实施，推动空间科学、空间技术、空间应用全面发展，形成"箭、弹、星、船、器"完整体系，我国航天事业自主创新能力显著增强，科技自立自强水平持续提升。不断刷新的中国航天高度，充分彰显了新型举国体制的巨大优势，极大地增强了全国人民的民族自信心与自豪感。要制订这个研学旅行活动课程方案，需要在深入挖掘航天主题知识的基础上，掌握设计研学旅行活动课程的基本原理和方法。相关知识如下。

项目二　认知研学旅行活动课程

一、研学旅行活动课程设计的原则

根据《关于推进中小学生研学旅行的意见》中关于研学旅行工作的基本原则和要求，研学旅行活动课程设计应遵循以下原则。

（一）教育性原则

研学旅行是研学旅行活动的组成部分，本质上是教育活动，所以研学旅行活动课程设计必须首先体现课程的教育性。

教育性原则要求课程设计要体现课程的四个基本要素，即课程目标、课程内容、课程实施、课程评价等。

课程目标必须依据国家课程标准关于研学旅行活动标准中与研学旅行相关的规定，并结合研学旅行具体资源的性质科学确定。课程内容的选择要有明确的教育主题，内容的呈现要能够引领学生进行深度的思考和体验，研究问题或作业的设置要引领学生对学习、参观、游览、体验的旅行资源进行更加系统和深入的分析和认识，对学生选定的研究课题提供课题研究的材料和思维启发，要有助于学生获得研究的成果，或者有助于学生获得预期的情感体验和价值倾向。课程实施就是把课程计划、教学方案付诸实践的过程，它是达到预期课程目标的基本途径。一般来说，课程设计得越好，实施起来就越容易，效果也就越好。课程评价是指检查课程的目标、编订和实施是否实现了教育目的，实现的程度如何，以此判定课程设计的效果，并据此做出改进课程的决策。

（二）安全性原则

在研学旅行的实施过程中，存在着诸多的安全隐患，要尽可能地避免。因此，在课程设计时要充分考虑课程的安全性。旅游企业组织和操作研学旅行产品应该坚持安全优先的原则，防止过度降低成本、使用劣质的要素产品等不良现象，要做好研学旅行产品的安全风险评估，强化日常风险预防。线路设计上，尽量不要选择没有开发的景点，以免因安全设施不到位而出现意外；也应适度避开人流量大的景区或人流量大的马路，以免因拥挤推搡而发生事故。如涉及跨省等长线旅程，尽量减少学校与目的地省份之间的换乘次数，不建议采

研学旅行概论

用长途大巴送至目的地省份。这些问题在研学旅行课程设计中要尽量考虑周全，并对相关安全问题做好应急预案。

拓展知识

内江39名学生研学返程食物中毒

2019年7月15日、16日，内江市第二中学700余名师生分两批从成都火车站出发前往北京参加为期8天的研学旅行，研学主题为："一朝千年京华梦 十载万里研学行"，团队从21日开始陆续返程。

2019年7月22日晚，内江市第二中学的368名学生和20名带队老师，乘坐北京西开往重庆西Z95次列车返程，晚饭后，24名学生出现呕吐、恶心、拉肚子等症状。晚餐为旅行社准备的方便食品及列车上的水果等。

7月22日深夜，列车抵达郑州站，24名学生被紧急移交郑州火车站，随后送往市内5家医院进行救治。列车从郑州火车站发车后，又有15名学生陆续发病，先后在汉口站、恩施站移交救治。至此，团队共有39名学生出现不适症状。经卫生部门初步诊断，发病学生为细菌性集体食物中毒。

7月23日中午1点，中国铁路微博刊载映象网消息，称"晚餐为旅行社准备的方便食品。Z95次列车上其他旅客包括在车上用餐的带队老师，未出现上述症状"。

7月23日晚9点，内江市教育局通过官方微博发布事件通报，称获知消息后有关部门派出3个小组分赴郑州、汉口、恩施协调处理相关事宜。

7月25日凌晨，涉事旅行社官网公告称，39名学生陆续出现了恶心、呕吐、腹泻等症状后，公司第一时间启动应急预案，截至25日凌晨0点，所有发病学生体征平稳并已陆续康复出院，返程。同时，公司配合相关部门开展后续调查及善后工作。

分析：教育部要求研学旅行要遵循教育性原则、实践性原则、安全性原则、公益性原则。近年来，伴随着研学旅行行业的火爆，市场乱象丛生。需要我们思考以下三个问题。

一是研学旅行的安全防线谁来守？学生研学途中食物中毒，食物由谁提供？经过了怎样的把关？把关人为何失守？背后的原因何在？当一查到底，依法依规，对有关责任方严惩不贷。

项目二 认知研学旅行活动课程

二是研学旅行为何难保质量？规范研学旅行组织管理迫在眉睫，教育主管部门和中小学生所在的学校为第一责任主体，谨防沦为商业机构的代理人，用自身教育支配权裹挟学生和家长"消费"。

三是研学旅行的督查评价如何落到实处？各地建立健全中小学生参加研学旅行的评价机制，把中小学组织学生参加研学旅行的情况和成效作为学校综合考评体系的重要内容，是推进研学旅行健康发展的有力举措。学校提前拟定活动计划并按管理权限报教育行政部门备案，通过家长委员会、致家长的一封信或召开家长会等形式告知家长活动意义、时间安排、出行线路、费用收支、注意事项等信息，加强学生和教师的研学旅行事前培训和事后考核，考核对象不仅要覆盖学生、教师，也要覆盖学校与政府相关参与部门，借助督查评价倒逼研学旅行活动的合法合规、健康有序开展。

资料来源：39名学生食物中毒："三问"研学旅行乱象．搜狐网．

（三）综合性原则

研学旅行是一门多学科综合的跨学科课程。在课程设计时要充分挖掘旅行资源的学科课程属性，让学生在研学实践中体验、巩固、深入理解学科知识，拓展学科知识的外延。通过体验现实问题的复杂性和综合性，让学生学会综合运用学过的知识分析解决现实问题，把书本上的知识变成现实中的知识，把"死的知识"变成"活的知识"，通过知识的综合运用形成问题解决方案。

（四）模块化原则

课程设计要有总的研学主题。总的课程由若干模块组成，每一个景点就是一个课程模块，也就是一个课程单元。每一个模块或单元应该突出体现课程主题的一部分或几部分内涵，各个模块或单元组成完整的课程体系，表达完整的教育主题。由景区或研学实践教育基地基于自己的资源打造的课程可以自成一个模块，但要结合周边区域的景区资源打造适合不同的旅行线路主题的模块表达形式，以便能够植入不同的旅行线路中去。

（五）体验性原则

研学旅行是通过旅行体验达成课程教学目标，通过多感官刺激，在场景化、情境化的教学场景中实施教学的特殊课程。课程的教学方式不是以传授为主，课程目标的达成以通过体验自主生成为主要途径。所以在课程设计时要考虑调动学生多种感官的综合运用，让学生通过对情境化知识的体验形成正向的情感和正确的态度与价值观。

二、研学旅行活动课程设计的要求

研学旅行活动课程的开发策略应该依据国家教育方针、德育工作指南、综合实践课要求、研学旅行的目的等进行设计。

（一）遵循中国学生发展核心素养的人才培养理念

2016年9月13日，教育部课题组发布《中国学生发展核心素养总体框架》，确定中国学生发展核心素养以培养"全面发展的人"为核心，分为文化基础、自主发展、社会参与三个方面，表现为人文底蕴、科学精神、学会学习、健康生活、责任担当、实践创新六大素养，细化为国家认同等十八个基本要点，研学旅行高度契合学生核心素养培育的主题要义，是培育学生核心素养的重要路径，开发设计研学旅行活动课程要渗透核心素养的理念、目标和要求。

（二）依据中小学综合实践活动课程理念和要求

2017年9月25日，教育部印发《中小学综合实践活动课程指导纲要》指出，综合实践活动是从学生的真实生活和发展需要出发，从生活情境中发现问题，转化为活动主题，通过探究、服务、制作、体验等方式，培养学生综合素质的跨学科实践性课程。综合实践活动课程的培养目标是让学生能从个体生活、社会生活及与大自然的接触中获得丰富的实践经验，使其形成并逐步提升对自然、社会和自我的内在联系的整体认知，具备价值体认、责任担当、问题解决、创意物化等方面的意识和能力。研学旅行是综合实践活动课程的重要活动形式，开发设计研学旅行活动课程理应遵循中小学综合实践活动课程的目标、原则和要求。

（三）融合中小学德育工作

2017年8月17日，教育部发布《中小学德育工作指南》指出，培养学生爱党爱国爱人民，增强国家意识和社会责任意识，教育学生理解、认同和拥护国家政治制度，了解革命文化、社会主义先进文化，增强中国特色社会主义道路自信、理论自信、制度自信、文化自信，引导学生准确理解和把握社会主义核心价值观的深刻内涵和实践要求,养成良好政治素质、道德品质、法治意识和行为习惯,形成积极健康的人格和良好的心理品质,促进学生核心素养提升和全面发展,为学生的成长奠定坚实的思想基础。同时指出,研学旅行是实践育人的优先途径,要促进研学旅行与学校课程、德育体验、实践锻炼有机融合。开发设计研学旅行活动课程,要研究中小学德育工作的内容、形式和需求,主动融入中小学开展的理想信念教育、社会主义核心价值观教育、生态文明教育、心理健康教育等德育课。

(四)融合中华优秀传统文化教育

党的二十大报告提出,"坚持以文塑旅、以旅彰文,推进文化和旅游深度融合发展",强调要"传承中华优秀传统文化"。教育部2019年颁布的《加强和改进中小学中华优秀传统文化教育工作方案》也明确提出,"充分利用校外优秀传统文化资源,鼓励文物保护单位以及博物馆、非遗场所等资源单位,研发中华优秀传统文化研学课程和线路"。因此,中小学校及相关单位在开发设计研学旅行活动课程时,可以充分挖掘、整合文化和旅游资源、文物资源,开展丰富多彩的中华优秀传统文化主题的研学旅行活动。

(五)融合劳动教育

中小学研学旅行强调在实践中学习,在体验中成长,这与劳动教育所倡导的通过动手实践,培养尊重劳动、热爱劳动、善于劳动的精神风貌不谋而合。二者都可以借助真实的生活情境,引导学生在亲身体验中深化对知识的理解,提升解决问题的能力,形成良好的劳动习惯和品质。在研学旅行活动过程中,可以根据基地营地的资源特色设计丰富的劳动实践活动,如农业科普基地的农耕体验、传统文化基地的手工艺制作等,让学生亲身参与,感受劳动的价值和乐趣。

(六)结合省情、市情、乡情、校情

开发设计研学旅行活动课程应结合省情、市情、乡情、校情,凸显地域资源优势和文化特色,让学生在研学旅行活动中激发爱国热情、激发求知欲望、激发劳动愿望,把社会主义核心价值观教育真正落到实处。

三、研学旅行活动课程的目标设计

研学旅行活动课程是一门行走中的课程,是没有教室、没有课本的课程,

这些不同于学科课程的特点，决定了研学旅行活动课程的目标不同于学科课程。研学旅行活动课程的目标可以从多个维度说明。

（一）研学旅行的培养目标

研学旅行的培养目标就是把培育学生的核心素养贯穿于研学旅行活动全过程，培养全面发展的人。核心素养是当今时代发展对教育目标的重新定位，从根本上回答了"立什么德，育什么人"的问题。培育学生的核心素养，归根结底要通过课程建设和教学改革来实现，课程化研学旅行作为一种新的综合实践活动课程，倡导学生在行动中探索，在实践中体验和感悟，从而获得知识和经验，契合了学生核心素养培育的主题要义，是培育学生核心素养的一条重要路径。通过参加研学旅行这种独特的教学实践活动，学生们能够在自主学习、合作学习中学到适应终身发展和社会发展需要的必备品格和关键能力。研学旅行从人文底蕴、科学精神、学会学习、健康生活、责任担当、实践创新六个方面，提升了学生的核心素养。

（二）研学旅行活动课程的四维目标

作为中小学综合实践活动课程的重要内容，研学旅行活动课程要认真遵循《中小学综合实践课程指导纲要》中的课程总目标和学段具体目标。

1. 总目标

学生能从个体生活、社会生活及与大自然的接触中获得丰富的实践经验，形成并逐步提升对自然、社会和自我之内在联系的整体认识，具有价值体认（一维）、责任担当（二维）、问题解决（三维）、创意物化（四维）等方面的意识和能力。

2. 学段目标

（1）小学阶段具体目标

价值体认：通过亲历、参与少先队活动、场馆活动和主题教育，参观爱国主义教育基地等，获得有积极意义的价值体验。理解并遵守公共空间的基本行为规范，初步形成集体思想、组织观念，培养对中国共产党的朴素感情，为自己是中国人感到自豪。

责任担当：围绕日常生活开展服务活动，能处理生活中的基本事务，初步养成自理能力、自立精神、热爱生活的态度，具有积极参与学校和社区生活的意愿。

问题解决：能在教师的引导下，结合学校、家庭生活中的现象，发现并提出自己感兴趣的问题。能将问题转化为研究小课题，体验课题研究的过程与方法，提出自己的想法，形成对问题的初步解释。

创意物化：通过动手操作实践，初步掌握手工设计与制作的基本技能；学会运用信息技术，设计并制作有一定创意的数字作品。运用常见、简单的信息技术解决实际问题，服务于学习和生活。

（2）初中阶段具体目标

价值体认：积极参加班团队活动、场馆体验、红色之旅等，亲历社会实践，加深有积极意义的价值体验。能主动分享体验和感受，与老师、同伴交流思想认识，形成国家认同，热爱中国共产党。通过职业体验活动，发展兴趣专长，形成积极的劳动观念和态度，具有初步的生涯规划意识和能力。

责任担当：观察周围的生活环境，围绕家庭、学校、社区的需要开展服务活动，增强服务意识，养成独立的生活习惯；愿意参与学校服务活动，增强服务学校的行动能力；初步形成探究社区问题的意识，愿意参与社区服务，初步形成对自我、学校、社区负责任的态度和社会公德意识，初步具备法治观念。

问题解决：能关注自然、社会、生活中的现象，深入思考并提出有价值的问题，将问题转化为有价值的研究课题，学会运用科学方法开展研究。能主动运用所学知识理解与解决问题，并做出基于证据的解释，形成基本符合规范的研究报告或其他形式的研究成果。

创意物化：运用一定的操作技能解决生活中的问题，将一定的想法或创意付诸实践，通过设计、制作或装配等，制作和不断改进较为复杂的制品或用品，发展实践创新意识和审美意识，提高创意实现能力。通过信息技术的学习实践，提高利用信息技术进行分析和解决问题的能力以及数字化产品的设计与制作能力。

（3）高中阶段具体目标

价值体认：通过自觉参加班团活动、走访模范人物、研学旅行、职业体验活动，组织社团活动，深化社会规则体验、国家认同、文化自信，初步体悟个人成长与职业世界、社会进步、国家发展和人类命运共同体的关系，增强根据自身兴趣专长进行生涯规划和职业选择的能力，强化对中国共产党的认识和感情，具有中国特色社会主义共同理想和国际视野。

责任担当：关心他人、社区和社会发展，能持续地参与社区服务与社会实践活动，关注社区及社会中存在的主要问题，热心参与志愿者活动和公益活动，增强社会责任意识和法治观念，形成主动服务他人、服务社会的情怀，理解并践行社会公德，提高社会服务能力。

问题解决：能对个人感兴趣的领域开展广泛的实践探索，提出具有一定新意和深度的问题，综合运用知识分析问题，用科学方法开展研究，增强解决实际问题的能力。能及时对研究过程及研究结果进行审视、反思并优化调整，建构基于证据的、具有说服力的解释，形成比较规范的研究报告或其他形式的研究成果。

创意物化：积极参与动手操作实践，熟练掌握多种操作技能，综合运用技能解决生活中的复杂问题。增强创意设计、动手操作、技术应用和物化能力。形成在实践操作中学习的意识，提高综合解决问题的能力。

（三）研学旅行活动课程的三维目标

对于研学旅行活动课程来说，设计课程目标是很重要的事情。这个课程目标是需要我们写在研学手册上的，是很重要的一个目标。课程目标是依据课程的资源属性设计的，不同线路课程的资源属性不同，课程的具体目标也不同，课程在实施过程中学生的学习结果也各不相同。根据教育心理学，教学目标是学生预期的学习结果。即使在同一线路同一团队的课程实施过程中，由于研学旅行学习资源的情境化和多元化，每个学生观察分析问题的角度不同，原有的能力基础和生活价值认同基础不同，每个学生的学习结果也一定是不同的。所以在设定课程的具体教学目标时必须考虑这一特征，不宜设置僵化的课程具体目标。

基础教育的学科课程目标一般采用三维目标表述，即知识与技能目标、过程与方法目标、情感态度与价值观目标。基础教育课程改革确定的新课标的三维目标是知识与技能（一维）、过程与方法（二维）、情感态度与价值观（三维）。

1. 知识与技能

知识目标，主要指学生要学习的学科知识（教材中的间接知识）、意会知识（生活经验和社会经验等）、信息知识（通过多种信息渠道获得的知识）。技能是指通过练习形成的完成某种任务所必需的活动方式。

2. 过程与方法

过去的教学方式重结论轻过程，现在的教学要求学生不仅知道简单的结论，更要了解过程。过去重教法，现在重学法。过程的本质是以学生认知为基础的知、情、意、行的培养和发展过程，是以智育为基础的德智体美劳全面培养和发展的过程，是学生的兴趣、能力、性格、气质等个性品质全面培养和发展的过程。方法，是指学生在学习过程中采用并学会自主学习的方法（或问题探究的方法，或问题的观察方法，或思维发散的方法，或合作交流的方法，或解决问题的方法等）。

3. 情感态度与价值观

情感，是指人的社会性需要得到不同程度满足时所产生的态度体验。态度，这里不仅指学习态度和对学习的责任，还包括乐观的生活态度、求实的科学态度、宽容的人生态度等。价值观，指学生对教学中问题的价值取向或看法。价值观不仅强调个人价值，更强调个人价值与社会价值的统一；不仅强调科学价值，更强调科学价值与人文价值的统一；不仅强调人类价值，更强调人类价值与自然价值的统一，从而使学生从内心确立起对真、善、美的价值追求及人与自然和谐共生的发展理念。

三维目标是相辅相成、相互促进的一个有机联系的整体。三维目标不是三个目标，而是一个问题的三个方面，三位一体，不可分割。概言之，在落实三维目标的过程中，要以"知识与技能"目标为主线，渗透"情感态度与价值观"，并将其充分体现在学习探究的"过程与方法"中。

四、研学旅行活动课程的主题设计

（一）主题设计分类

研学旅行必须有明确的主题。由于研学旅行没有课程标准和教材，因此活动主题显得更为重要。活动主题决定了整个活动的内容和方向，研学课程设计的第一步就是活动主题的设计。按照主题的类型，可以分为单一主题、综合主题和分类主题三大类。

1. 单一主题设计

研学旅行中以某个明确的主题作为学习的核心目标或内容展开活动，该主题被称为单一主题。单一主题的特点是主题突出，内容明确，目的性强，研究性学习的实践操作性强。单一主题的研学旅行比较适合短期的科学探究类和自然考察类研学。例如，关于中草药主题的研学旅行。无论是对医学研究院所、药用植物园、制药厂的参观，还是对药用植物的栽培实验，抑或对药用植物生长环境的考察，都是针对"中草药"这个明确的主题开展的研学。

> **拓展知识**
>
> **中草药传统文化研学旅行**
>
> 北京市海淀区青龙桥学区以学习"中草药传统文化"为主题，组织学区内中小学生开展了海南、贵州、东北三条线路的研学旅行活动。海

南中草药传统文化研学旅行以"南药文化"为主题,借助中国医学科学院药用植物研究所海南分所的资源,鼓励学生深入考察,通过聆听南药专家的讲座了解南药的概念和范围,能够辨认一些南药;通过参观香药种植园、南药荫生园和参观香药种植馆了解四大香药;通过参观海南省中药标本馆了解中药标本类型;通过参观沉香产业园,了解沉香这一名贵中药材及香料的种植技术和药用功效,体验沉香结香操作和香道香艺;通过探秘南药基因资源库,知道种植资源库的作用和意义,感受南药的神奇,提升学生对中草药的兴趣;通过游览走访当地的风景名胜和地质公园,了解当地的风土文化以及适宜南药培养的环境气候。一趟南药主题的研学旅行,让学生在自然课堂中,拓展书本上的植物学知识,扩充自己在生物、地理、历史等学科的知识,亲身触碰中草药、观察中草药、种植中草药。

资料来源:吴颖惠.研学旅行学校指导手册[M].北京:北京师范大学出版社,2018.

2. 综合主题设计

综合主题,顾名思义,是多个单一主题的融合。综合主题的研学旅行内容是并列的、独立的,不存在逻辑和顺序先后的关系,可根据开展活动的时间长短进行内容上的添加和删减,并不会影响整体研学旅行活动的开展。一般情况下,会依托地域特色设置研学综合主题,如陕西研学旅行活动中,陕西省有中国地理南北的分界线秦岭,可以作为自然地理类的探究学习;陕西作为秦汉文明的发源地,有多彩的民俗艺术,可以作为艺术赏析的资源地;省会西安市作为十三朝古都,有丰富的历史人文考察资源。这种没有明确区分主次的,多角度、多方式、多内容的主题设计研学就是综合主题的研学旅行。

3. 分类主题设计

分类主题设在综合主题之下,是针对不同类别,侧重某方面内容的一种综合主题设计。从大的方向来看,可以分为历史文化类、科技创新类、自然教育类、艺术审美类、体育健康类、职业体验类和可持续发展类等。不同类别的研学旅行主题需要运用的学科知识和能力不同。例如,历史文化类主题的红色文化研学旅行,需要学生亲临爱国主义教育基地,了解红色文化,体会革命先烈在战争年代经历的艰难困苦和峥嵘岁月,提升民族自信和爱国热情。在这样的主题中,主要涉及学生的历史知识、地理知识、文学知识等,通过参观展览、实地观察、交流心得等学习形式完成活动。

（二）研学旅行活动课程主题设计原则

1. 源于生活

源于生活是指给学生确立的研学课题应来源于他们周围、生活中所发生的事情，而非远离他们的生活及事件。只有把学生当作学习的主体，对学生的自主性给予充分的尊重，才有利于学生个性，尤其是学生的独立性、积极性和创造性地发展；只有着眼于学生生活，让学生有更多的机会自己去活动、体验乃至创造，使其享受探究的乐趣、活动的愉悦、服务的充实，才能使其获得并增强社会责任感。

2. 指向现实

指向现实是指给学生确立的课题是对学生自身、家庭、社区、社会等方面有一定实际意义的主题。许多活动主题都基于学生具体问题的解决。研学旅行活动主题的确定，要考虑活动的现实指向性、可行性。在确定活动主题时，我们要注意选择对学生自身、家庭、学校及所在地区具有实际意义的、有价值、值得去研究、内容积极、对学生的成长有利的活动及课题。例如，"生活中的发现与创新"这一主题活动，通过引导学生去留心观察生活，在生活中发现问题，想办法解决，进行发明创造。这样一来，通过自己的辛勤劳动，解决生活中的实际问题，学生也会乐意去做，觉得他们的劳动有价值。例如，有的学生出于新奇，想去研究"鬼"，很显然，这样的活动主题是违背科学真理的，也没有现实价值，反而会给学生带来消极的影响，这时教师就应及时引导。

3. 活动可行

活动可行也应是选题时要考虑的一个问题。综合实践活动需要有一定的条件和经费为基础，有的主题虽然很有研究的意义和价值，但如果条件不允许，教师就要引导学生调整方案。此外，活动主题切口要小。著名学者张力曾提出："应该写小题目，不要搞大题目，小题反而能写出大文章，大题目倒容易写得很肤浅，没有价值。"学生由于受年龄特点，知识经验的限制，在满足活动可行的同时，更要选择切口较小，容易操作的主题。在自主选题时，许多学生只是从个人的兴趣出发，或者是为了追求新奇，要么题目范围很大，没有明确指向；要么不切实际，无可行性。所谓科学性是指主题经得起推敲，观点正确；有价值是指值得去研究，其内容是积极的，对学生的成长有利；切口要小是指研究的课题要从小处着手，深挖掘。

4. 立足特色

对任何一所学校而言，研学旅行活动是其学校文化的有机组成部分，集中体现了学校的特色，因此研学旅行活动内容的开发要立足于每所学校的特色。

主题确定要着眼本校、本地实际情况。《综合实践活动课程指导纲要》关于实践活动内容的选择原则强调，要体现每一所学校的特色，要反映每一所学校所在社区的特色。

五、研学旅行活动课程的内容设计

教育部等 11 部门《关于推进中小学生研学旅行的意见》对中小学研学旅行活动课程内容有了明确的说明，小学阶段以乡土乡情为主要内容，初中阶段以县情市情为主要内容，高中阶段以省情国情为主要内容，因此设计开展研学旅行活动课程，既要结合乡情、市情、省情等，也要结合域情、校情、生情，依托优秀传统文化、革命传统教育、国情教育、国防科工、自然生态、劳动实践等相关资源设计研学旅行活动课程。

（一）优秀传统文化类

包括以文物保护单位、博物馆、非遗场所、优秀传统文化教育等为核心的场所，能够为学生提供传承中华优秀传统文化实践、传承中华传统美德、中华人文精神的教育，坚定文化自觉和文化自信。各校可结合当地丰富的人文资源，让学生体验民俗文化、地域文化、历史文化、建筑文化等，在与平常不同的生活中丰富知识，树立正确的文化观念。同时，还可通过与市内外、省内外、国内外友好学校交流互访等方式，使学生领略不同地方的文化，开阔视野，提升文化修养。

（二）革命传统教育类

包括爱国主义教育基地、革命历史类纪念设施和遗址等资源单位，能够教育引导学生了解革命历史，增长革命斗争知识，学习革命斗争精神，培育新的时代精神。各校可利用爱国主义教育基地、革命历史类纪念设施和遗址等资源，开展革命传统教育，并依据学生的年龄特点、学科特点和教育培养重点，开展各种主题研学教育活动，如爱国主义教育、缅怀革命先烈等专题研学旅行，以达到实践体验教育、提升综合素质的目的。

（三）国情教育类

包括体现基本国情和改革开放成就的美丽乡村、传统村落、特色小镇、大型知名企业、大型公共设施、重大工程等单位，能够引导学生了解基本国情及中国特色社会主义建设成就，激发学生的爱党爱国之情。各校可通过研学活动,让广大学生在研学旅行中感受我国改革开放的伟大成就,增强对坚定"四个自信"的理解与认同,形成正确的世界观、人生观、价值观。

(四)国防科工类

包括国家安全教育基地、国防教育基地、海洋教育基地、科技馆、科普教育基地、科技创新基地、高等学校、科研院所等单位,能够引导学生学习科学知识、培养科学兴趣、掌握科学方法、增强科学精神,树立总体国家安全观,树立国家安全意识和国防意识。各校在研学活动中,可通过考察安全教育基地、科技馆、天文馆、航空航天馆、科普教育基地等,让学生学习安全知识、军事知识,加强国防教育,参与军事训练,接受组织纪律教育;探究科学技术在生活、生产实践和科学实践领域的应用,培养学生的科技实践创新能力。

(五)自然生态类

包括自然景区、风景名胜区、世界自然遗产地、生态保护区、野生动物保护基地等资源单位,能够教育引导学生感受祖国大好河山,树立爱护自然、保护生态环境的意识。各学校可以当地乃至全国特殊地区地理、地形、地貌考察为目标,以特殊地区动物、植物、生态专题探究为主线,让学生用双手去触摸,用眼睛去观察,用智慧去思考,了解独具特色的地理文化,激发他们热爱祖国、热爱家乡、热爱自然、热爱生活的情感。

(六)劳动教育类

包括具有农业生产、工业体验、商业和服务业实习等劳动实践功能的职业院校、高等学校、农业基地、企事业单位等,能够教育引导学生树立正确的劳动观,养成尊重劳动的情感,形成热爱劳动的良好习惯,学习基本劳动技能。各校可通过研学旅行活动,让学生深入农村、企事业单位、职业院校、高等学校,按照学科开展主题实践活动,各年级和班级可开展考察探究、设计制作、社会服务、职业体验等活动。引导学生树立正确的劳动观、养成尊重劳动的情感,学习基本劳动技能。

图 2-2 八桂田园研学中,学生在劳动中体验收获的快乐(摄影:张程美)

六、研学旅行活动课程的教法设计

研学旅行作为一种融合了教育与旅行的创新课程模式,旨在借助实地体验实现既定的教学目的,在多元感知互动的情境教学环境下落实课程内容。不同于传统的讲授型教学,该课程更强调通过亲身体验来激活学生自主学习的过程,进而实现目标。这种教学形式巧妙地将课堂延伸至广阔的社会实践和自然天地中,从而催生出区别于常规课堂的独特教学手段。在研学旅行过程中,会运用一系列适应户外环境与实践主题的教学策略,如情境模拟与角色扮演、实地考察与问题导向研究、互动式展示与解说、小组合作探究与项目制学习、直接感知与动手操作、参与式文化体验与社会调查等。

(一)课程引入设计

1. 环境诱导:利用真实的环境特点,激发学生的好奇心,如介绍一个与目的地相关的故事或历史背景。

2. 情境模拟:通过角色扮演、故事情节设计等方式,让学生深入体验所学内容。

(二)管理纪律设计

1. 固定队形:比如,"两人一行"或"小组前进",以确保学生在移动中不会散乱。

2. 口号与手势：制定简单的指令或口令来进行集结、注意等行动。

3. 规则制定：出发前，与学生共同商定活动规则，并强调其重要性。

（三）安全管理设计

1. 事前培训：包括环境适应、紧急情况应对等。

2. 安全装备：如身穿反光背心、每人配备哨子等。

3. 紧急联系方式：确保每位学生和老师都有学校和家长的紧急联系方式。

4. 定期点名：确保学生人数完整。

（四）教学手段设计

研学旅行提供了一个完美的平台，将不同的学科知识整合在一起。例如，在一次地理考察中，可以融入历史、生物和艺术等多个学科的内容。因此，老师要利用研学旅行的场景，鼓励学生对所观察到的事物进行深入探究，发挥他们的主动性和创造性。学生可以通过团队合作，进行分组探究、讨论与交流，这不仅能够培养他们的团队合作能力，还可以提高他们的沟通和解决问题的能力。具体可以采用下列方法。

1. 分组探究：根据景点特点或学科内容，将学生分为小组进行任务导向（PBL）的探究。

2. 项目制学习：设计长周期的研究项目，如生态考察、文化研究等。

3. 手册或日志：让学生记录自己的所见所闻，培养他们的反思能力。

4. 数字工具辅助：使用平板、智能手机等工具，辅助学生进行数据记录、信息查询等。

5. 互动游戏：设计与目的地或学科内容相关的游戏，如宝物寻找、线索猜谜等。

（五）学习评估设计

1. 现场展示：要求学生就自己的探究成果进行现场报告或展示。

2. 反思日志：学生在活动后撰写自己的学习和体验心得。

3. 小组讨论与分享：鼓励学生分享自己的观点、发现和学习成果。

每次研学旅行活动课程设计的主题和目的可能会有所不同，因此在实际操作时，教师需要根据具体情况进行灵活调整和应用。

此外，目前研学旅行活动课程方案没有统一的模板，各个主办方、承办方在设计课程时采用的方式会有些差异。但活动主题、活动对象、课程目标、课程内容、课程实施、课程评价、安全保障等是必备要素。

> **拓展知识**
>
> **宜昌市樵湖岭小学研学旅行课程方案**
>
> **一、研学旅行课程主题**
>
> 　　恰同学少年，游潇湘大地。作为祖国的未来，广大中小学生一方面需要铭记历史、爱国、感恩；另一方面要学会动手动脑，学会生存生活，学会做人做事，培养社会责任感、创新精神和实践能力。本次研学旅行追溯长沙最具代表性的传统文化、红色革命历史，展望世界未来格局、科技发展；同时通过专业的行程安排和标准的体验式教育课程体系使学生们不忘历史，不畏将来。
>
> **二、课程目标**
>
> 1. 丰富知识，开阔眼界。
> 2. 培养协作意识，锻造自立品格。
> 3. 参观革命圣地，缅怀革命先烈，感恩幸福生活。
> 4. 感受多彩世界，展望世界发展。
> 5. 博物致知，了解湖湘文化。
>
> **三、课程目的地及参加人员**
>
> 1. 课程目的地：长沙。
> 2. 参加人员：五、六年级学生51人，老师4人。
>
> **四、课程内容及实施**
>
> 1. 课程一
>
> （1）课程名称：博物———简牍历史。
>
> （2）课程目标：了解简牍的起源、价值及其特殊的历史。
>
> （3）课程内容：参观简牍博物馆。
>
> （4）课程实施：老师引导开场，介绍简牍历史；参观简牍博物馆，深入了解简牍历史。学生们在研学旅笔记本上记录所学内容。
>
> （5）课程反馈：以提问的方式让学生们回答简牍博物馆中的关键历史事件、人物等。
>
> 2. 课程二
>
> （1）课程名称：历史遗迹———天心阁。
>
> （2）课程目标：了解长沙唯一现存古城楼天心阁的历史发展，感悟历史。

项目二　认知研学旅行活动课程

（3）课程内容：户外课堂，参观天心阁，通过老师的引导了解长沙的发展与变革。

（4）课程实施：参观长沙古城楼天心阁，通过老师讲解长沙城的发展历史，了解长沙的历史变革。

（5）课程反馈：以提问的方式让学生们回答长沙发展的历史。

3. 课程三

（1）课程名称：历史名胜——岳麓山。

（2）课程目标：登岳麓山，访岳麓书院，观新民学会旧址，了解岳麓山的历史发展。

（3）课程内容：户外课堂，通过老师对岳麓山的讲解以及实地走访岳麓山中的历史名胜，加深对湖湘文化的理解和记忆。

（4）课程实施：老师在带领学生们参观的同时进行详细讲解，学生们在研学旅行笔记本上记下所学内容。

（5）课程反馈：通过讨论，分享所学所感；在日记中记录所学所得。

4. 课程四

（1）课程名称：人文景观——橘子洲。

（2）课程目标：在青年毛泽东雕塑下追忆开国领袖毛主席，感受青年时代的毛主席笔下的橘子洲以及湖湘文化，牢记历史。

（3）课程内容：伴随老师的讲解，参观橘子洲景区，感受橘子洲，见证毛主席笔下的湘江与橘子洲。

（4）课程实施：老师带领六年级学生参观的同时，实现书本知识与实景课堂的对接。由六年级的学生为五年级的学生进行橘子洲头景观的讲解，在雕塑下，五年级、六年级学生集体诵读毛主席的诗词。

（5）课程反馈：以提问的方式让学生们分享身临橘子洲头的感受。

5. 课程五

（1）课程名称：博物二——湖南省博物馆。

（2）课程目标：了解湖湘文化的发展历史，培养历史责任感。

（3）课程内容：参观湖南省博物馆，并分组完成定向任务。

（4）课程实施：老师在带领学生们参观的同时进行详细讲解，学生们在研学旅行笔记本上记下所学内容。

（5）课程反馈：以提问的方式让学生们分享自己最感兴趣或最感到震撼的博物馆展品。

五、安全保障

学校教师及家委会成员具体分工：校长负责带队，主任负责协调组织，601 班、602 班班主任以及学生家长负责学生的安全。

六、时间安排

1. 5 月 8 日—5 月 11 日

5 月 8 日宜昌至长沙：G1034，8:37—13:07。

5 月 11 日长沙至宜昌：G1032，18:26—22:29。

2. 每天安排

第一天：宜昌—长沙—开营仪式—简牍博物馆—天心阁

上午：乘坐高铁前往长沙，开启研学之旅。在车上介绍行程，宣布营规。

下午：举行开营仪式，组建营队并进行团队文化建设。在简牍博物馆了解、学习中国独特的简牍文化历史。

晚上：在研学笔记本上模仿古人写简牍的方式，记录一天的学习。

第二天：营地—岳麓山—岳麓书院—橘子洲

上午：从住宿地出发，前往岳麓山和岳麓书院。

下午：去往橘子洲，观看长沙市标志性建筑。

晚上：分享行走岳麓山、橘子洲的感想。

第三天：营地—湖南省博物馆—研学毕业典礼

上午：参观湖南省博物馆，了解湖湘文化，完成定向任务。

下午：举办一场难忘的研学分享毕业典礼。

第四天：长沙—宜昌

七、工作要求（含活动准备及注意事项）

1. 学生进行行前课程学习：以"走近课文中的伟人们"为单元主题学习，诵读伟人诗词，并举行相同主题的手抄报展示活动。

2. 学生以小组形式分别以长沙的历史名人、景点名称由来及美食的逸闻趣事为蓝本，开展丰富多彩的情景剧表演。

3. 为了对景区有更深入的行前了解，学生们手绘景区地图，将长沙山川了然于胸。

4. 行前，班主任对班上学生进行研学旅行安全、文明教育，让学生争做文明的研学旅行者。

资料来源：祝胜华，何永生. 研学旅行活动课程体系探索与践行[M]. 武汉：华中科技大学出版社，2019.

项目二　认知研学旅行活动课程

请以"研学旅行课程设计"为主题，从中国知网上搜索 15 篇相关论文进行分析研究，然后以"研学旅行活动课程设计的原则与方法"为题完成一篇不少于 2000 字的课程论文。

请运用本任务知识，为家乡的博物馆设计一个接待小学五年级学生半日研学的研学旅行活动课程方案，具体步骤如下。

第一步，调研博物馆的资源条件、场馆设施及小学五年级学情及教学要求；

第二步，挖掘博物馆资源特色，确定课程主题与目标、遴选课程内容、设计行程安排、安全保障等；

第三步，编制博物馆半日研学旅行活动课程方案，并用 PPT 展示分享。

任务三　研学旅行活动课程评价

任务导入

你是某研学旅行活动机构的课程设计老师,现在家长提出,想要了解课程结束以后是否会有书面的评价报告,要求能够包含学生在此次研学过程中的能力提高、知识收获情况以及照片记录,请你设计一份评价报告,要求图文并茂、设计精美,同时可以放在线上平台进行宣传。

任务分析

研学旅行活动评价报告既是研学旅行成果的重要载体,也是能够配合研学手册体现研学旅行知识性的重要工具,应该体现出研学旅行活动的跨学科性、综合性、实践性、体验性等特性。同时,也要体现出较好的科学性和审美性,能够在市场上脱颖而出。

任务知识

教育部等 11 部门《推进中小学生研学旅行的意见》中强调,要建立健全中小学生参加研学旅行的评价机制,学校要在充分尊重个性差异、鼓励多元发展的前提下,对学生参加研学旅行的情况和成效进行科学评价,并将评价结果逐步纳入学生学分管理体系和学生综合素质评价体系。本节将阐明研学旅行活动课程评价的意义、对象、原则、标准和方法。

一、研学旅行活动课程评价的意义

(一)对学生的激励作用

研学旅行要建立评价机制,通过科学评价,激发学生参加研学旅行活动的

项目二　认知研学旅行活动课程

兴趣。教师要充分认识到评价对激发学生参与活动兴趣的作用，通过评价把自己组织的活动变成学生喜欢的活动。

（二）对学生的引导作用

有人说："人的潜能犹如一座有待开发的巨大金矿，蕴藏丰富，价值连城。"每个人都有不同的潜能，有着很大的发展空间。教师应在研学旅行活动中坚信学生有属于自己的发展潜力，要帮助他们发掘自己的潜能。因此，对学生的评价应该具有导向性。教师在评价学生时，要根据其各自的潜能，从对他们的人生发展有重要意义的方面，有意识地向他们提出希望、建议，使学生明确自己今后的前进方向，从而发挥评价的积极导向作用，这同时也体现了教师对学生的激励与关怀。教师可以根据学生在参与活动过程中所表现出来的优点有针对性地进行鼓励、表扬，使学生认识到自己的长处，为其终身发展指明方向。

（三）对学生的自我警示作用

采用"自我参照"标准，引导学生对自己在活动中的各种表现进行"自我反思性评价"，鼓励师生之间、同伴之间对彼此个性化的表现进行评定、鉴赏。因此，学生评价本身就是一个教育过程，通过学生对研学旅行过程进行评价和对研学旅行过程中的学生进行评价，让学生学会实践和反思、发现自我、欣赏别人。这种评价同时也是学生与他人协商共建、互助关怀的发展过程。

二、研学旅行活动课程评价的对象

（一）对学生的评价

课程评价的对象首先是学生。对学生进行课程评价是为了判定预设的教育目标经过课程实施在多大程度上得以实现；学生是否产生了预期的行为变化，在多大程度上发生了这种变化。研学旅行活动课程是行走的课程，是实践的课程。教育目标，即预期的学习结果是多元化的。学生由于知识的拓展而引起的认知结构的变化、思维的变化、探究能力的变化，以及在真实情境中学习得到刺激与体验，从而产生的情感态度与价值观的变化，都可以通过课程评价来判断这些行为或倾向所发生的程度。

（二）对课程本身的评价

对课程本身的评价，包括对课程理念、课程结构，以及课程目标的确定、课程内容的选择、课程实施的计划等进行评价，主要在于判断课程设计的合理性、系统性和科学性。通过对课程内容结构进行评价，判断课程是否具有系统性，通过对课程理念、课程目标、课程内容进行评价来判断课程的科学性，通过对课程实施进行评价来判断课程的合理性与规范性。在对课程本身进行评价时，通过对学生学习结果的分析评价，判断学习结果与预期目标的吻合程度，也就是目标的达成度。如果吻合度较差，课程目标的达成度就较差。通过评价发现目标达成度较差的时候，就要分析是课程实施过程的问题，还是目标设定的问题，从而可以根据评价所发现的问题对课程进行改进。所以课程评价既依托于课程目标，也可对课程目标的科学性和合理性进行反馈。

（三）对课程实施者的评价

研学旅行的课程实施者由两部分人员组成，即主办方派出的带队教师和承办方派出的研学旅行指导师。主办方的带队教师承担着代表学校监督承办方实施课程的责任，所以就双方的关系而言，主办方的带队教师是评价者，而承办方的研学旅行指导师是被评价者。主办方的带队教师则由学生和学校主管部门进行评价。

三、研学旅行活动课程评价的原则

研学旅行活动课程评价的原则是指在进行研学旅行活动课程评价时必须遵循的基本要求和准则，它体现了研学旅行活动的目的和价值，体现了评价的指导思想，是指导思想的具体化。研学旅行活动课程评价应该遵循主体性原则、发展性原则、过程性原则、综合性原则、真实性原则。

（一）主体性原则

主体性原则就是在研学旅行活动课程中自始至终地贯彻教育的主体性思想，即以学生为出发点，在评价中把学生的主体地位落到实处，发挥学生的主体作用，强调以学生自评为主，在评价中不断增强学生的自我意识，不断提升学生的主体性。

学生是研学旅行活动的主体，活动的主要动力来自学生的自主性，学生对自己在研学旅行活动中的表现具有绝对的发言权。因而在活动评价中，必须体现学生的主体性原则。研学旅行活动课程评价的主体是多元的，但最具意义的是学生的自我评价。主体性评价原则不仅表现为评价者与被评价者的一种新型的关系，而且也尽可能地在评价中做到主客观的高度统一，评价结果被评价者所认同。教育的宗旨在于发展学生的主体性，只有学生才能真实地评价研学旅行活动的内容，评价其实施过程是否满足自己的需要，其他主体的评价只有被学生认同才会促进学生的发展，否则既无任何意义，又不能发挥评价应有的功能。因而，在研学旅行活动中要重视学生的自我评价，重视自我接受性评价，必须体现以学生为主的原则。

（二）发展性原则

发展性原则指研学旅行活动课程评价的目的是促进学生的发展，重视评价的发展功能，主要看学生现在与过去相比有无进步，有哪些进步，旨在建立能促进具有个性差异的每一位学生的全面发展和提高的评价。通过课程评价，让学生找到自己智能系统的强项和弱项，然后及时调整课程，让各种智能都在研学旅行活动中得以利用和发挥，从而促进学生创造性地发展，逐步实现学生的全面发展。识别出学生的优势智力领域，为学生提供发展自己优势领域的机会，或者鼓励优势不明显的学生努力发展其他潜力较大的优势领域。

（三）过程性原则

过程性原则就是以过程为评价的价值取向，评价指向教育过程本身，关注教育活动的内在价值，要求评价贯穿整个教育过程，进行全程评价。研学旅行活动课程的评价不仅关注学生活动成果的质量，更关注学生的参与态度、解决问题的能力和创造力，以及获得的直接经验与教训，更关注学生参与整个活动的过程。研学旅行活动课程目标的重点在于培养学生的情感态度和能力而不是知识，故不应过多地看重所获知识的对与错、作品的优与劣等结果，不以成败论英雄，而应着重于整个活动的过程，对其进行全程评价。过程性原则要求评价贯穿综合实践活动的整个过程，在各个阶段均可以对学生进行评价。研学旅行活动课程的评价，既是对过程的评价，也是在过程中进行评价。

（四）综合性原则

综合性原则就是评价内容要兼顾认知、情感与动作技能各个方面，进行综合整体的评价，要综合考虑各评价主体所需和各种方法的综合运用。从目标上看，研学旅行活动非常强调态度、能力、知识综合性的培养，不仅关注学生知识技能的习得和智力的发展，而且关注学生情感的体验、态度的养成和价值观的确立；从内容来看，研学旅行活动课程不以单一的学科知识为中心，而是强调学科间的联系、知识的综合运用及综合能力的培养，更注重知识的综合性、广泛性和超前性；从活动方式来看，研学旅行活动课程强调一切有利于学生活动的积极性和探索欲望的活动形式，强调各种感官的参与和各种心理能力的投入，强调活动形式的丰富多样与灵活多样。由于研学旅行活动课程在目标、内容和活动方式上的设计安排并不是单一的而是综合的，因而研学旅行活动课程的评价要遵守综合性原则，综合运用各种方法对其进行评价，达到开设研学旅行活动的目的。

（五）真实性原则

真实性原则就是要求研学旅行活动把学生在真实情况中的真实表现作为评价的基础，并对学生将来在真实生活中的表现有一定的预见价值。真实性评价对学生自我的塑造、对学生的生存和发展具有重大的意义。真实性评价特别重视研学旅行活动整体目标在学生身上的真实实现情况，特别重视学生的特殊发展领域，通过真实评价情境的设置和对学生真实性的全面把握，对学生的实际情况做出精细的分析，从而促进教师在坚持统一目标的前提下，对不同的学生提出不同的要求，使具体的活动安排和指导更有针对性和有效性。

四、研学旅行活动课程评价的依据

研学旅行要求学生积极参与到各项活动中去，在"做""考察""调查""实验""探究""服务""劳动"等一系列的活动中发现和解决问题，体验和感受生活，体现对所学知识的综合运用，培养学生的创新精神和实践能力，使学生学会认知，学会做事，学会生存，学会与他人共同生活。研学旅行活动课程目标的重点在于培养学生的态度和能力。

研学旅行评价的内容是由课程目标决定的，它是一个开放性的实践课程，其目标包括知识与技能、过程与方法、情感态度与价值观三个维度。所以，评价研学旅行质量的高低，评价学生的发展状况，绝不应该把对书本知识和技能的掌握当作考查指标，而应当重视学生在实践过程中的态度、兴趣、情感以及解决问题的方法应用、各种实践表现，通过肯定他们的活动价值来营造体验成功的情境。研学旅行有以下三个评价标准。

（一）学生参加研学旅行活动的态度

它可以通过学生在活动过程中的许多外显行为表现出来，可分为以下三点。

1. 出勤意识

参加每项具体活动时，学生们能否做到准点集合、正常参观、按时乘车，以及按点提交学习任务等。

2. 学习意识

根据学生是否能认真参加每一次课题组活动，努力完成自己所承担的任务，做好资料收集和分析处理工作，主动提出活动设想、建议，在学习中不怕困难和辛苦等行为进行判断。

3. 团队意识

根据学生在活动中的合作精神及行动进行判断，主要是根据对学生在参与小组及班级活动中的合作态度和行为表现进行评价，如是否乐于帮助同学、主动和同学配合、认真倾听同学的意见，以及对班级和小组做出积极的贡献等。

研学手册封面

（二）学生创新精神和实践能力的发展

在研学旅行活动中，学生从发现提出问题、分析问题到解决问题的全过程所显示出的探究精神和实际操作的能力，既可以根据学生在研究性学习过程和结果中的实际表现给予全面和客观的评价，也可以根据比较学生参与研究性学习活动前后的状态和几次活动中的表现来评价其发展状态。

研学手册内文

（三）学生对学习方法和研究方法的掌握

主要评价学生掌握和运用查阅资料、实地观察记录、调查研究、整理材料、处理数据、运用工具等方面的方法、技能水平。

五、研学旅行活动课程评价的方法

（一）自我评价

学生自我评价是学生学习过程中的一个重要组成部分，要引导学生采用一系列的方式对自己的进步、成果以及不足加以记录。自我评价有助于学生认识活动目标以及自我调控进程，增强学习的自信和责任感。

（二）小组评价

研学旅行活动强调合作，活动的过程与结果离不开小组的集体力量，因此各评价项目首先由小组根据评价原则进行评价。

（三）老师或研学旅行指导师评价

带队老师或研学旅行指导师在研学旅行活动过程中虽然不是中心，但无论在哪一阶段，带队老师或研学旅行指导师的指导都是必要的。带队老师或研学旅行指导师要根据学生的实际情况，运用发展性评价原则，给予学生评价。带队老师或研学旅行指导师的评价要有正式评价，如量化或分数等，但更重要的是非正式评价，如一句激励性的话语或一个肯定的手势等。

（四）家长和社会评价

研学旅行活动可以是跨学科、跨行业的活动，通过家长和社会人士的评价，可给予更深入或更客观的过程活动指导，评价的目的不是分等级而是对后续活动提供指导和激励。

（五）研学旅行手册记录评价

研学旅行手册是研学旅行产品设计理念最直接的体现，是凝结旅游和教育界专业经验和智慧的成果，既为学生开展研究性学习提供方向性指导，又为其提供必要的基础性资料。对一个家庭来说，它还可以成为记录孩子成长足迹的别具特色的纪念物。研学旅行手册还是整个研学活动的行动指南，是实现自我管理、自我教育的基本保障。研学旅行手册应该包括研学旅行组织架构、联系方式、课程简介、行程安排、研学课题、研学作业（活动感想）、带队老师或研学旅行指导师评价、家长评价等方面的内容。在活动过程中，带队老师或研学旅行指导师要指导学生分类、整理、遴选具有代表性的重要活动记录、典型事实材料以及其他相关资料，编排、汇总、归档，填写研学旅行手册中的各项内容，并纳入学生综合素质档案。研学旅行手册是学生自我评价、同伴互评、教师评价学生的重要依据，可作为综合评价的重要参考。在划分出评价的各种类别后，要根据评价的重点，赋予不同评价项目不同的权重系数，综合评价学生在研学旅行活动课程实施过程中的发展状况。

 **任务拓展**

请选读一本关于教育评价的教材或专著，完成一篇2000字的关于教育评价的课程论文。

项目二　认知研学旅行活动课程

 **任务实训**

请运用以下研学旅行评价表，尝试评价一次研学旅行活动。

对课程进行评价			
研学课程规划			
研学课程实施			
研学课程成果			
研学安全保障			
对学生进行评价			
出勤意识	时间观念		
	参加情况		
学习意识	学习态度		
	学前准备		
	学中思考		
	学后总结		
团队意识	合作精神		
	参与行为		
	团队贡献度		
个人能力	创新精神		
	时间能力		
	方法运用		
对课程实施者进行评价			
课程流程执行			
师资授课质量			
出行质量			
住宿质量			
交通质量			
教学过程反馈			

项目思考与练习

一、判断题

二、单选题

三、多选题

四、思考题

1. 简述研学旅行活动课程的属性。
2. 简述研学旅行活动课程设计的原则。
3. 简述怎样设计研学旅行活动的课程目标。
4. 简述研学旅行活动课程设计的要求。
5. 简述研学旅行活动课程设计的内容。
6. 简述研学旅行活动课程设计的教法设计。
7. 简述研学旅行活动课程评价的依据和方法。

随堂测验及答案

项目 三

认知研学旅行的实施主体

全国中小学生研学实践教育基地——大明宫遗址

项目导读

我国研学旅行的有效运转,倚仗以下三个方面:政府的宏观统筹,市场的内在推动,以及学校的执行落地。在以学校为主体推进研学旅行的整体工作机制中,其扮演着核心实施者的角色。本项目剖析了学校在研学旅行中的主体定位,并明确规定了学校需承担的研学旅行工作任务,涵盖课程规划、课程执行及课程保障等方面。同时,本项目也解析了学校实施研学旅行的工作环节,涉及行前的课程准备、行中的课程实施以及行后的课程评价等环节。

学习目标

知识目标	1. 了解我国中小学研学旅行的组织形式; 2. 熟悉学校组织实施研学旅行的工作任务; 3. 掌握学校组织实施研学旅行的工作环节。
能力目标	1. 能在熟知学校研学旅行活动行前、行中和行后工作要求的前提下提供教育服务; 2. 能在熟知学校研学旅行活动行前、行中和行后工作要求的前提下提供旅行服务。
素质目标	1. 培养学生对中小学研学旅行活动课程的价值认同和教育情感; 2. 激发学生对社会教育的责任感。

思维导图

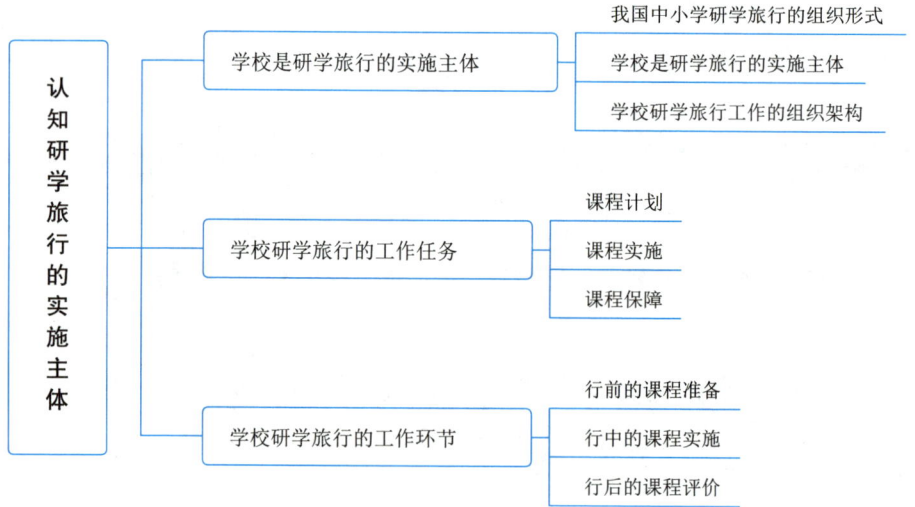

项目三 认知研学旅行的实施主体

任务一　学校是研学旅行的实施主体

 **任务导入**

本学期，根据 A 市教育局关于进一步推进中小学研学旅行的文件要求，东方红小学 4~6 年级的 6 个班 258 人，将举行一次为期 3 天的研学旅行活动。请为校长拟出工作思路，明确责任部门，配齐研学旅行人员。

 **任务分析**

教育部等 11 部门《关于推进中小学生研学旅行的意见》中明确提出："规范研学旅行组织管理。各地教育行政部门和中小学要探索制定中小学生研学旅行工作规程，做到'活动有方案，行前有备案，应急有预案'。"东方红小学要圆满顺利组织开展好本学期的研学旅行活动，校长必须理清工作思路，首先搭建东方红小学研学旅行工作的组织架构，明确责任人、责任部门、参与人员，建立研学旅行工作机制。这是接下来需要解决的问题。

 **任务知识**

一、我国中小学研学旅行的组织形式

教育部等 11 部门《关于推进中小学生研学旅行的意见》明确提出，学校组织开展研学旅行可采取自行开展或委托开展的形式。

（一）自行开展

学校自行开展研学旅行，行前要制订科学严密的研学旅行行动计划，精心策划设计研学旅行活动主题，要与研学旅行基地营地等供应方一起制订详细周密的研学旅行活动课程实施方案，要与家长签订协议书，明确学校、家长、学生的责任权利。研学旅行中要严格执行活动实施方案，做好应急处理，对各类潜在问题科学研判，防患于未然。研学旅行后要加强后续管理，及时做好研学旅行的总结工作，转化研学成果，总结经验教训，不断完善学校研学旅行课程设计和方案制订，提升研学旅行的品质。

来自试点区西安市中小学校的经验总结，学校自行开展研学旅行活动的流程可概括为"十个步骤"：[①]

一是要确定"去哪里""干什么"。明确研学旅行的目的地、研学旅行的主题，并确定参加研学旅行工作的第三方服务机构。

二是动员老师和学生，宣传开展研学旅行的意义，提出研学旅行的要求。

三是配备一定比例的学校领导、老师和安全员，也可吸收少数家长作为志愿者负责学生活动的管理和安全保障工作，与家长签订协议书，明确学校、家长、学生的责任与权利。

四是报教育部门审批，教育部门对学校研学旅行的地点、时间、主题、车辆安全、价格等进行把控审批。

五是发放《致家长的一封信》，告知家长开展研学旅行的目的、意义，有关收费的情况，采取自愿原则。对于不愿或不能去的学生，其家长要安排好学生的学习和生活。学校对贫困学生要进行费用减免。

六是学校研学旅行教研组（或综合实践活动教研组）下发研学旅行课题，指导学生做好知识准备。

七是参加研学旅行活动的班级组建安全小组、课题研究小组，完成研学旅行任务。

八是对参加研学旅行活动的老师和学生进行安全纪律教育。

九是策划并举行研学旅行活动出发仪式。

十是研学旅行活动结束后进行研学旅行成果展示、交流和分享。

（二）委托开展

教育部等 11 部门《关于推进中小学生研学旅行的意见》明确，学校委托开展研学旅行，要与有资质、信誉好的委托企业或机构签订协议书，要明确委托的企业或机构承担学生研学旅行的安全责任。

另外，学校的"委托企业或机构"在《研学旅行服务规范》中被称作研学旅行承办方，特指与研学旅行活动主办方签订合同、提供教育旅游服务的依法注册的旅行社。但本教材将学校的"委托企业或机构"统称为研学旅行服务机构

[①] 王晓燕，韩新. 研学旅行来了［M］.西安：陕西人民教育出版社，2019.

（study travel service organization），在概念上为在我国境内组织开展研学旅行教育服务活动的机构，主要包括具有研学经营资质的旅行社和具有旅行社资质的教育机构。第六章将专门阐述研学旅行服务机构的概念、服务内容及服务流程。

学校选择委托服务机构组织研学旅行，还要进行公开招投标，并对研学旅行价格进行公示。研学旅行招标属于服务项目招标，其招标公告应符合一般服务项目招标公告的基本范式，但在内容上要充分考虑研学旅行的教育性和课程性属性，符合研学旅行相关政策、标准，做到科学、严谨、准确、简明。

之所以提出研学旅行可以委托服务机构组织实施，主要基于行业分工和角色定位的约定俗成及发挥各自优势的原因。学校教师的职责是教书育人，而研学旅行的实施运行涉及多行业，教师在整合协调研学旅行开展所涉及的资源时有一定难度。因此，有必要将研学旅行活动交给专业的研学旅行服务机构开展，这样能促进研学旅行工作专业化、规范化、精细化、质量化。

二、学校是研学旅行的实施主体

（一）学校是研学旅行的实施主体

学校是研学旅行的实施主体，也可称为研学旅行活动的主办方，这种以学校为研学旅行实施主体的定位符合国际经验，如日本早在1968年就对中小学开展观光教育做出了相应规定，"如果通过有关商家和旅行服务机构组织观光教育活动，不能全部委托给商家，要以学校为主体制订计划、实施活动"。[①]也就是说，即使委托企业或机构组织观光教育活动，也应由学校负责组织，以更好地实现研学旅行的教育目标。

作为研学旅行活动的主办方，中小学校要顺利开展研学旅行活动，需要"八做到"：[②]

一是组建研学旅行领导小组。全面负责研学旅行工作，并建设学校研学旅行专题档案，由专人负责管理。

二是做好多方宣传教育工作。学校要向教师、学生、家长、社会宣传基础教育改革及开展研学旅行的重要意义，要向教师宣传如何开展研学旅行，向学生宣传"读万卷书，行万里路"的重大作用，向家长宣传中小学为什么要开展研学旅行，向社会宣传研学旅行这一基础教育改革的举措，为研学旅行工作营

---

① 田辉.日本中小学观光教育怎么做：基于日本《学习指导要领》的思考［J］.中国德育，2016（23）：27—30.

② 王晓燕，韩新.研学旅行来了［M］.西安：陕西人民教育出版社，2019.

造良好的社会环境和舆论氛围。

三是成立研学旅行教研组（或设在综合实践活动教研组）。学校要组织考察、确定能体现符合学校教育主题的研学旅行基地营地或博物馆等场所，并根据学生的不同学段、不同研学目标设计研学旅行活动课程主题。

四是召开年级教师会。学校要通过会议方式讲明研学旅行的目的意义、时间地点、组织安排、职能小组、人员分工，明确职责，落实责任。

五是遴选服务机构。学校要从旅行社或教育机构的安排计划、活动配合、车辆情况、研学旅行指导师的配合、价格、贫困学生的帮扶办法等多方面择优选取。

六是发放《致家长的一封信》。学校要让家长知晓研学旅行的目的意义、时间地点、收费情况、减免补贴政策等。

七是分享研学旅行成果。研学旅行返校后，学校要组织学生交流研学旅行照片、研学旅行体会文章等研学旅行作品，对优秀学生予以表彰奖励。

八是强化监督评价。学校应建立健全学生参加研学旅行的评价机制，通过《研学旅行手册》记录，把学生参加研学旅行的情况和成效作为学生综合考评体系的重要内容。学校要在充分尊重个性差异、鼓励多元发展的前提下，对学生参加研学旅行的情况和成效进行科学评价，并将评价结果纳入学生学分管理体系和学生综合素质评价体系。

（二）教育行政部门在学校组织实施研学旅行中的作用

在推进实施研学旅行中，教育行政部门代表政府发挥牵头主导作用。在学校组织实施研学旅行的具体工作中，教育行政部门要发挥好决策者、指导者和保障方的作用，对学校开展研学旅行活动进行把控审批。同时，要为学校的研学旅行活动保驾护航，加强对中小学开展研学旅行的指导和帮助，要制定相关制度，为学校开展研学旅行活动提供政策支持，建立研学旅行工作的长效管理机制。

拓展知识

关于开展研学旅行活动《致家长的一封信》

各位家长：

你们好！

为贯彻《国家中长期教育改革和发展规划纲要（2010—2020）》中提出的全面实施素质教育的要求，深化基础教育课程改革，让学生能在

项目三　认知研学旅行的实施主体

旅行的过程中陶冶情操、增长见识、体验不同的自然和人文环境、提高学习兴趣，全面提升中小学生综合素质，根据教育部等11部门《关于推进中小学生研学旅行的意见》的要求，经区教育主管部门批准，我校决定×××年×月×日在××年级开展研学旅行活动。

研学旅行是由学校根据区域特色、学生年龄特点和各学科教学内容需要，组织学生通过集体旅行、集中食宿的方式走出校园，在与平常不同的生活中拓展视野、丰富知识，加深与自然和文化的亲近感，增加对集体生活方式和社会公共道德的体验，培养中小学生的自理能力、创新精神和实践能力。本次我校组织的研学旅行活动课程是"×××"。活动目的地是×××。

一、活动原则

1.坚持公开透明的原则。学校开展研学旅行活动，应先公布活动的详细计划和收费标准，由学校和家长签订协议，费用收取和支出公开、透明。本次研学旅行收费××元。

2.坚持食、宿、学统一的原则。研学旅行的根本目的是让学生接触社会和自然，在体验中学习和锻炼，培养学生刻苦学习、自理自立、互勉互助、艰苦朴素、吃苦耐劳等优秀品质和精神。开展研学旅行须安排集体就餐、集体住宿、集体学习等活动，保证卫生、安全、适用、节约，不追求豪华、舒适，杜绝铺张浪费。

3.坚持安全第一的原则。在组织研学旅行活动前，针对活动内容专门对参加的学生进行安全教育，应急预案中要有详细的安全保障措施，在研学旅行活动全过程中，根据学生数量、活动需要，安排校领导、教师具体负责和组织。

二、时间安排

集合时间：×年×月×日　早7:15
返回时间：×年×月×日　晚18:00

三、注意事项

1.学生统一着校服，穿运动鞋，只允许带普通双肩背包，准备随身携带的垃圾袋，养成良好的卫生习惯。

2.学校给每人发放一瓶水，学生也可自带水；统一午餐，餐食自带；不得携带火柴、打火机、刀具等危险物品。

3.教育学生遵守乘车、参观和活动纪律，不得独自行动或自由结伴擅自离队，有事应及时向带队老师汇报。

4.活动结束后，按时回家，请家长关注孩子的到家时间，并且反馈给班主任老师。

5.指导学生及时完成《学生研学旅行指导手册》，以班为单位上交政教处。

6.请家长协同学校做好孩子外出活动的安全教育、文明礼仪教育等。

7.旅行社为每位学生购买了安全保险，配备专人对学生的活动进行统一管理，请家长放心。

感谢您对我们工作的关心和支持。

关于开展研学旅行活动《致家长的一封信》回执

×××中学：

关于开展研学旅行活动《致家长的一封信》已收悉，我们将按要求做好各方面的工作。

孩子是否参加此次研学旅行：参加　不参加

班级：_____　　　　学生：_____

家长（签名）：_____

家长联系电话：_____

×××学校
年　月　日

资料来源：王晓燕，韩新.研学旅行来了［M］.西安：陕西人民教育出版社，2019.

三、学校研学旅行工作的组织架构

作为研学旅行的实施主体，中小学校要建构研学旅行工作机构，配齐研学旅行人员，建立研学旅行工作常态。具体来说，学校组织实施研学旅行的管理人员队伍应由以下机构和人员构成。

（一）研学旅行领导小组

学校组建由校长、书记、主管德育副校长、主管教学副校长、政教处主任、教务主任、各年级组长、班主任等组成的研学旅行领导小组，全面负责学校研学旅行工作。领导小组办公室一般中学设在政教处、小学设在少队部，具体负责落实。

项目三 认知研学旅行的实施主体

（二）研学旅行教研组

学校要组织老师成立研学旅行教研组，或设在综合实践活动教研组，重点研究解决学校研学旅行活动课程问题。要与研学旅行基地营地及委托的服务机构联合起来，按照学校的教育教学计划，融合综合实践活动课程、地方课程、校本课程、劳动实践教育等，设计研学旅行主题、确立研学旅行目标，遵照课程要素进行设计，编制研学旅行活动课程方案，确保研学活动有目标、有内容、有实施办法、有评价。

（三）年级组长和班主任

研学旅行活动主要以班级为单位，年级组长和班主任在学校政教处或少队部的组织下，经学校研学旅行教研组确定并实施年级研学旅行活动课程方案。年级组长和班主任还应分工明确，与家长签订协议书，明确学校、家长、学生的责任和权利。

（四）学校老师

学校老师既是研学旅行活动的设计者、组织者和评价者，更是学生研学旅行活动的主导者，研学旅行活动课程需要在老师的参与、讲解、指导下完成，因此学校老师要深度参与研学旅行，掌握研学旅行活动课程设计与实施的目标、内容、方法和途径等，做好研学旅行活动中的学生辅导工作。

（五）安全员

学校要配置有资质的安全管理人员，在研学旅行过程中随团开展安全教育和防控工作。

（六）学生家长

家长的支持和协助对中小学研学旅行活动的顺利开展意义重大，学校与家长之间应形成良好的合作关系，有意愿的家长可以作为志愿者，和学校共同负责学生的活动管理和安全保障。

拓展知识

班主任怎样组织研学旅行

研学旅行活动主要以班级为单位，在班主任的组织下开展活动。那么，班主任该如何组织研学旅行活动呢？从全国试点的经验和我们的实际操作体会来看，有以下六个方面。

一是依照教学计划，班主任和年级组长在学校政教处的组织下，由学校研学旅行教研组确定并实施年级研学旅行活动方案，即"干什么""怎么干"。

二是按照研学旅行教研组设计的"研学小问号"（小学）或研学课题（初、高中）组建研学旅行学习小组（同时也是安全管理小组），配备年级科任老师担任研学旅行课题辅导员。

三是召开安全纪律专题会。制作班级学生乘车图表，发放《致家长的一封信》，列学生花名册，交由第三方购置保险。

四是为班级贫困学生、残障学生制定帮扶措施，真正落实研学旅行"一个都不能少"的要求。

五是活动过程中，委托第三方，协调旅行社（文化公司）和基地（营地）研学旅行辅导员，确保研学旅行方案的实施，达到研学旅行的目的，保证安全。

六是对班级研学旅行工作进行反馈评价，通过多种方式展示研学旅行成果，并且进行表彰奖励。

资料来源：王晓燕，韩新.研学旅行来了［M］.西安：陕西人民教育出版社，2019.

任务拓展

请在网络上查找任意一份有关规范中小学校组织实施研学旅行活动的文件或规范标准，并以思维导图的形式列出其要点。

任务实训

请按下列步骤，调研一所中学研学旅行工作的组织管理情况。

第一步，就近选取一所学校进行实地调研；

第二步，调研该校研学旅行工作的组织架构及规章制度等；

第三步，请完成以下表格中的信息。

项目三　认知研学旅行的实施主体

学校研学旅行工作的组织管理情况表		
调研学校		
组织架构	1	
	2	
	……	
规章制度	1	
	2	
	……	

任务二　学校研学旅行的工作任务

任务导入

新学期开始，东方红小学四年级学生，拟在 5 月进行一次为期 3 天的研学旅行活动。请问学校应从哪些方面准备这次活动？应如何组织实施这次活动？

任务分析

东方红小学要顺利、成功组织四年级的这次研学旅行活动，必须遵照"活动有方案，行前有备案，应急有预案"的总要求。首先要将此活动纳入本学期的教育教学计划，其次要整体设计研学旅行活动流程，同时要从师资、安全、经费等多方面做好课程实施的保障工作。以下是相关知识。

任务知识

一、课程计划

（一）将研学旅行纳入教育教学计划

教育部等 11 部门《关于推进中小学研学旅行的意见》明确规定，各中小学要结合当地实际，把研学旅行纳入学校教育教学计划，与综合实践活动课程统筹考虑，促进研学旅行和学校课程有机融合，要精心设计研学旅行活动课程，做到立意高远、目的明确、活动生动、学习有效，避免"只旅不学"或"只学不旅"现象的发生。

学校要根据教育教学计划灵活安排研学旅行时间，一般安排在小学四到六年级、初中一到二年级、高中一到二年级，尽量错开旅游高峰期。

学校要根据学段特点和地域特色，逐步建立小学阶段以乡土乡情为主、初中阶段以县情市情为主、高中阶段以省情国情为主的研学旅行活动课程体系。

学校要加强对研学旅行工作的评价和考核，通过学生评价、教师评价、家长评价、社会评价促进学校研学旅行工作健康开展。同时，逐步把学生研学旅行考评结果纳入学生学分管理体系和学生综合素质评价体系，真正落实学校研学旅行工作。

（二）将研学旅行融入三级课程体系

要把研学旅行纳入学校教育教学计划，可以把研学旅行融入国家课程（一级）、地方课程（二级）、学校课程（三级）等三级课程体系。换言之，每一级课程都有开发设计研学旅行活动课程的空间，具体来说：

教育部明确要求研学旅行要与综合实践活动课程统筹考虑，而综合实践活动课程属于国家课程中的必修课，研学旅行又是综合实践活动的重要形式，因此研学旅行可以设计为必修课综合实践活动课程的形式，集中使用综合实践活动课程的课时进行实施。

地方课程是地方教育部门根据地方经济、社会、文化特点，利用地方资源实施的课程。将研学旅行活动课程设计融入地方课程，可以把地方民族性、区域性资源转化为课程，体现地方的教育特色。从这个角度来讲，研学旅行是实现地域资源课程化的最佳途径，实现校外资源与课程的天然结合。

校本课程是学校自己确定的课程，体现学校办学宗旨，突出学校优势资源，满足本校学生的特别需要。把研学旅行融入校本课程，当作校本课程的实现途径，这就给了学校足够的空间，来按照自己的教育意愿设计研学旅行活动课程，体现本校的办学特色。

此外，计划、设计研学旅行活动课程还可以与学校的德育活动、团队活动、专题教育、劳动实践教育等统筹考虑，并进行合理安排。

（三）整体设计研学旅行活动课程

研学旅行是综合实践育人的有效途径，是教育教学的重要内容，中小学校应对研学旅行活动课程进行整体设计，将办学理念、办学特色、培养目标、教育内容等融入其中。要依据学生发展状况、学校特色、可利用的社会资源（如各级各类青少年校外活动场所、综合实践基地和研学旅行基地营地等）对研学旅行活动课程进行统筹考虑，形成研学旅行活动课程的总体实施方案；还要基于学生的年段特征、阶段性发展要求、社会现实发展，制订具体的"学校学年（或学期）活动计划与实施方案"，对学年、学期活动做出规划。要使总体实施方案和学年（或学期）活动计划相互配套、衔接，形成促进学生持续发展的课程实施方案。

研学旅行是学校教育和校外教育衔接的创新形式，是一种新的校外教育活动。学校设计研学旅行活动课程时，不仅要围绕小学乡土乡情、初中县情市情、高中省情国情的任务要求，设计包括目标、内容、教学、教材、教辅、评价等在内的一整套方案，同时还必须有与校外活动匹配的行程、预案、保险、安全等安排。

二、课程实施

作为研学旅行活动课程的实施主体，学校要灵活安排时间、配置人员、明确组织方式，加强过程指导和管理，做好评价，确保课程实施到位。

（一）课时安排

学校要保证研学旅行活动课程的课时，要根据每一次研学旅行活动课程的需要和活动主题的特点，灵活安排、有效使用课时。学校要给予学生广阔的探究时空环境，保证学生活动的连续性和长期性。要处理好课内与课外的关系，合理安排时间并拓展学生的活动空间与学习场域。

（二）组织管理

学校研学旅行领导小组要统筹安排各年级、各班级学生的研学旅行活动课时、主题、指导教师、场地设施等，加强与研学旅行服务机构、基地营地及校外活动场所的沟通协调。

教研组要承担研学旅行活动课程的实施规划、组织、协调与管理等方面的责任，负责制订并落实研学旅行活动课程实施方案，整合校内外教育资源，统筹协调校内外相关部门的关系，联合各方面力量，特别是加强与校外活动场所的沟通协调，保证综合实践活动课程的有效实施。

（三）人员配置

学校对每一次研学旅行活动课程的人员配置要视具体情况而定。根据教育部等11部门《关于推进中小学生研学旅行的意见》，学校自行开展研学旅行活动，既可根据需要配备一定比例的学校领导、教师和安全员，也可吸收少数家长作为志愿者负责学生的活动管理和安全保障；学校委托服务机构开展研学旅行，根据《研学旅行服务规范》规定，委托的服务机构应至少为研学旅行活动配置项目组长、安全员、研学旅行指导师、导游人员共计4人。在此种情况下，学校可以只派出一人作为代表，负责督导研学旅行活动按计划开展，同时按每20名学生配置1名带队老师，全程带领学生参与研学旅行各项活动。

也有的地方对研学旅行活动的人员配置要求更高，如西安市要求各学校每次组织研学旅行活动都要由校级领导带队，研学旅行工作领导小组相关人员参与，按年级或班级统一行动。要为每班配备不少于3名随行教师，要安排校医或聘请专业医护人员随行。

（四）组织方式

研学旅行是以集体旅行、集中食宿方式开展的研究性学习方式，在组织方式上既可以小组合作的方式为主，也可以根据实际情况灵活运用各种组织方式。要引导学生根据兴趣、能力、特长、活动需要，明确分工，做到人尽其责，合理高效。既要让学生有独立思考的时间和空间，又要充分发挥合作学习的优势，重视培养学生的自主参与意识与合作沟通能力。

（五）教师指导

在实施研学旅行活动课程中，要处理好学生自主实践与教师有效指导的关系。教师是学生活动的组织者、参与者和促进者，教师的指导应贯穿于研学旅行活动实施的全过程。

同时在实施研学旅行活动课程中，老师要注重引导学生主动运用各门学科知识分析解决实际问题，使学科知识在研学旅行活动中得到延伸、综合、重组与提升。学生在研学旅行活动中所发现的问题可以带回学校在相关学科教学中分析解决，所获得的知识在相关学科教学中拓展加深。

（六）课程评价

研学旅行活动情况是学生综合素质评价的重要内容，学校、教研组、班主任和教师要以促进学生综合素质持续发展为目的设计与实施研学旅行活动课程评价。开展科学评价，要突出发展导向，坚持评价的方向性、指导性、客观性、公正性等原则，要做好写实记录、建立档案等细致工作。

三、课程保障

在组织实施研学旅行的过程中，学校需要承担许多细致、琐碎的具体工作，但主要从师资、资源、经费、安全等四个方面确保研学旅行活动的顺利开展。

（一）师资队伍保障

学校要采取自培和送培方式，积极开展对参与研学旅行活动课程教师的培训，努力提升教师的跨学科知识整合能力，观察、研究学生的能力，指导学生规划、设计与实施活动的能力，课程资源的开发和利用能力等。

学校要积极开展校本教研活动，及时分析、解决研学旅行活动课程实施中遇到的问题，提高课程实施的有效性。学校研学旅行领导小组和教研组还要组织开展专题教研、区域教研、网络教研等，通过协同创新、校际联动、区域推进，提高研学旅行活动课程的整体实施水平。

学校还要建立研学旅行活动课程老师的考核激励机制，明确研学旅行活动课程教师的考核要求和办法，科学合理地计算教师的工作量，将参与学生研学旅行活动的工作业绩作为教师职称晋升和岗位聘任的重要依据，对取得显著成效的指导教师给予表彰奖励。

（二）社会资源保障

学校要为研学旅行活动的实施积极争取社会教育资源的支持，充分发挥校外图书馆、博物馆、展览馆、科技馆、研学旅行基地营地等各种社会资源及丰富的自然资源在研学旅行活动课程实施中的作用，建立社会教育资源的协调与共享机制，确保实施研学旅行活动有充分的社会教育资源参与。

（三）经费保障

学校可采取多种渠道筹措中小学生研学旅行经费，以确保开展研学旅行活动所需经费。

图 3-1　八桂田园研学基地研学活动的果树、花卉研学手册（摄影：张程美）

（四）安全保障

学校要设立安全风险预警机制，建立规范化的安全管理制度及管理措施，做好行前安全教育工作，负责确认出行师生购买意外险，必须投保校方责任险，与家长签订安全责任书，与委托开展研学旅行的企业或机构签订安全责任书，明确各方安全责任。教师要增强安全意识，加强对学生的安全教育，提升学生的安全防范能力，制定安全守则，落实安全措施。同时，教育行政部门要与有关部门统筹协调，建立安全管控机制，督促学校落实安全责任，审核学校报送的活动方案（含保单信息）和应急预案。

请查找、研读教育部等11部门《关于推进中小学生研学旅行的意见》，说说学校应该如何规范研学旅行的组织管理。

请按下列步骤，调研一所小学研学旅行活动的开展情况。

第一步，就近调研一所小学；

第二步，以访谈、查看等方式了解该校最近一次研学旅行活动的开展情况；

第三步，请完成以下表格中的信息。

调研学校		承办机构		研学旅行目的地	
参与年级		参加人数		研学旅行活动时长	
研学旅行活动主题					
主要课程					
特色凝练					
调研感悟					

研学旅行概论

任务三　学校研学旅行的工作环节

 任务导入

东方红小学4年级学生将于下个月举行为期3天的研学旅行活动，学校已为这次研学旅行活动做好了充分准备，并制订了活动方案。请问学校应该面向学生开展哪些行前、行中、行后的准备工作呢？

 任务分析

东方红小学要确保研学旅行活动有效开展，就应把握好行前、行中、行后每个时段中的重要环节，以下是相关知识。

 任务知识

一、行前的课程准备

无论是学校自行开展还是委托服务机构开展研学旅行，行前课程准备都是学校需要重点把控的环节，对于整个活动课程的有效实施具有重要意义。学校开展研学旅行活动课程的行前准备应重点把握以下环节。

（一）对学生的组织和动员

1. 对学生的动员

对学生进行充分动员，让学生理解研学旅行活动课程的价值和意义，做好课程实施的思想准备，端正学生对研学旅行活动课程的学习态度；同时让学生了解活动课程的实施计划、安全旅行和户外活动知识、活动课程的特点和学习方式，从而为参加研学旅行做好充分准备，更积极有效地参与活动课程的全过程。

2. 编排研学小组

以年级或班级为基础把学生编成几个小组，指定小组组长。组长负责相关信息的传达和活动人员的组织。

3. 通信与沟通渠道的建立

与委托的服务机构一起建立通信联络与信息沟通渠道，包括电话通讯录、QQ群和微信群，重要信息在群里及时发布。

（二）对家长的宣讲培训

对家长的培训要重点讲清楚国家关于研学旅行活动课程的政策，以及开设研学旅行活动课程的相关背景，让家长理解研学旅行活动课程与一般观光旅游的区别，理解研学旅行活动课程对学生健康成长和未来生涯发展的重要意义，理解研学旅行课程的价值与意义。

向家长介绍学校根据相关政策所做的准备工作，研学旅行活动课程的特点以及课程实施方法，家长应该如何配合学校和服务机构开展研学旅行工作。

学校还应该向家长说明研学旅行中可能出现的问题以及所采取的安全防范措施和各种应急预案，并解释有关安全责任的法律规定。

（三）对带队人员的培训

1. 对学校老师的培训

作为一门校外活动课程，研学旅行活动课程是对校内课程的重要补充，只有当校外教育与校内教育真正地融合互通，并围绕着同一个教育目标发挥作用，才能使教育效果达到最大化，因此研学旅行活动课程理应由学校任课老师亲自开发并参与实施。但由于研学旅行是近几年新开设的一门校外活动课程，学校老师普遍缺乏对研学旅行活动课程的了解和把握，加上激励机制不够，学校老师参与研学旅行活动的积极性、主动性并不高，甚至视其为一项额外的任务和负担，课程开发也几乎委托给校外服务机构完成。学校老师在实施活动课程中只起到组织学生的作用，不直接对学生进行教学和指导或指导较少，致使研学旅行活动课程的学习效果大打折扣。

所以，对学校教师参与研学旅行活动课程的相关培训非常重要，主要培训内容包括：开展科学研究的一般方法和研究规范；研究报告的结构和范式；研学旅行活动课程目标的制定与陈述；研学旅行活动课程内容的选择与表达；研学旅行活动课程实施的组织与方式；学生管理的技巧与规范；研学旅行活动课程的成果与评价；研学旅行的安全与防范等。此外，学校带队教师还要具备相关法律知识与合同知识，要让每一位带队教师都能够在研学导师的岗位上正确履行自己的职责，使课程实施达到应有的教育效果。

2. 对服务机构研学旅行指导师的培训

研学旅行服务机构的研学旅行指导师必须具备讲解课程资源和指导活动课程的能力。对研学旅行指导师的培训主要是让其理解研学旅行活动不同于观光旅游活动，研学旅行是一种校外教育活动，是一门活动课程，要深刻认知研学旅行的教育性，能对学生的研学旅行活动进行专业化指导。

同时，本着安全第一的原则，要对组织参与研学旅行活动的安全员、学校老师、研学旅行指导师等所有人员进行安全防范知识和技能培训，使其详细了解安全防范的注意事项和安全保障措施，掌握紧急情况下学生的疏散、转移与紧急救助以及各种应急预案的具体内容、响应条件，要让组织参与活动的每个人明确安全责任和安全岗位，防患于未然。

（四）对学生的行前课程

1. 文明旅行行为规范专题讲座

开设关于不同场所文明旅行行为规范的专题讲座，如乘坐火车与飞机的文明行为规范和相关法律规定；景区入口排队入场的秩序规范；博物馆、纪念馆等室内场馆中参观的行为规范；就餐的行为规范；酒店住宿的行为规范，等等。讲座尽可能地结合生动的正反案例，能让学生深切体会文明旅行的重要意义。

2. 户外安全专题讲座

开设专业的安全知识讲座，主要内容包括交通安全知识、饮食安全知识、住宿安全知识、户外活动安全知识、自然灾害及突发事件的紧急应对措施、个人财物安全知识等。此外，还应该包括人际交往与沟通安全，如与当地人的沟通与交流技巧和注意事项、与少数民族风俗相关的注意事项等。

图 3-2　开始研学旅行前，一定要对学生进行行为规范与安全知识教育

项目三　认知研学旅行的实施主体

3. 课题研究专题讲座

研学旅行是研究性学习与旅行体验相结合的学习方式，是带着研究学习任务的校外教育活动，学生在行前必须掌握关于科学研究的知识。不同学段的学生要求掌握的科学研究的能力程度有所不同，一般高中要求较高，初中和小学可以适当降低讲座的知识难度，参照研学旅行活动课程学段目标中关于问题解决的要求安排讲座内容，为在研学旅行过程中开展研究性学习、科学探究做好课程实施的能力准备。

4. 研学旅行活动课程内容相关专题讲座

为了激发学生对研学旅行活动课程的兴趣，也为了让学生对所要学习的课程资源有基本了解，对相关文化知识的内容和背景有总体印象，有必要安排一些与研学旅行活动课程主题以及内容有关的专题讲座，做好课程实施的知识储备，从而提高课程实施的效率，取得更好的课程实施效果。

（五）与委托的服务机构和保障方的协议

学校要与委托的服务机构签订合作协议，明确双方的责任和权益。特别要和服务机构签订研学旅行服务承诺书，明确对研学旅行过程中所发生的安全伤害事故依法承担全部责任。同时，学校还要向保险公司购买校方责任险，签订保险合同。

学校要依据招标公告的要求和合作协议，监督服务机构与学生家长签订研学旅行协议，并及时对服务机构和学生家长就筹备和课程实施中出现的各种问题做好沟通、协调、处置工作，并要监督服务机构购买相关保险。

二、行中的课程实施

行中是研学旅行活动课程实施的主要阶段，活动课程行中的实施效果，决定了课程实施的最终成效。以下从教学和学习两个方面阐述研学旅行活动课程实施中应把控的重要环节。

（一）研学旅行活动课程的教学

1. 研学旅行活动课程的老师团队

与学校学科课程的执教老师不同，研学旅行活动课程的执教老师不是一个人，而是一个团队。研学旅行教师团队由学校教师、服务机构的研学旅行指导师、基地营地的讲解员以及安全员等人员组成，他们分工协作，共同完成教学任务。另外，研学旅行教师团队由教育和旅游两个专业领域跨界组合而成，各自发挥专长和优势，共同实现研学教育目标。

2. 研学旅行活动课程的教学方式

与学校教室内的学科课程不同，研学旅行活动课程是一种真实场景中的教学，是实景教学，在这种开放、多元的教学环境下，知识的习得主要通过观察、体验等直接传授的方式。教师在学生研学旅行过程中的教学作用主要体现为对学生的指导和监管。

3. 研学旅行活动课程的学习成果

研学旅行活动课程的教学成果不以考试为评价手段，不以分数为呈现形式。研学旅行活动课程的教学与学习成果包括外显的成果和内化的成果两个方面。

外显的成果主要有文本类成果、影像类成果和制作类成果等，内化的成果主要包括学生在研学旅行中获得的知识成果、能力成果、态度成果及行为成果。研学旅行活动课程更看重学生在研学旅行过程中内化成果的价值。

4. 研学旅行活动课程中的即时评价

老师根据活动课程内容对学生的一般行为给予适时指导，并对学生的行为表现和执行情况做出即时性评价，评价结果作为最终成果认定时的参考指标。

（二）研学旅行课程的学习

1. 学习方式

研学旅行活动课程是实践中的课程，是行走中的课程，是情境化的课程，这就决定了研学旅行中学生的学习是一种自主实践学习、自主探究学习，是一种以亲身体验为主的学习。这种自主的学习方式要求学生要客观记录参与研学旅行活动全过程中的具体情况，建立相关的档案资料。

2. 学习任务

研学旅行的主要学习任务是培养学生的科学探究能力和核心素养，形成正确的态度和价值观，知识的习得是次要的学习任务。因此，研学旅行活动课程中的内容应更多指向学生能否主动与他人交往、积极参与活动，查阅了多少资料、运用了哪些方法查找，在活动中发现了哪些问题、有什么思考，有无战胜困难的经历、其过程和体验如何，等等。

3. 学习素养

在研学旅行活动过程中，学生要学会带着任务和问题去领会与体验。当研学旅行指导师或景区讲解员讲解学习资源时，学生要认真领会学习资源，学会在学习中思考，在思考中学习，并做到及时交流与咨询。学生还应养成在不同类型学习资源中应具有的素养与规范，如在博物馆和纪念馆中应保持安静，特别是进行集体解说时，保持安静是一种基本的素养。

三、行后的课程评价

研学旅行行程的结束，并不意味着研学旅行活动课程的结束。有效开展行后总结评价工作是基于行中活动课程所取得的成果的延伸，是保证研学成果巩固和提升的重要手段，主要包括成果加工、成果汇报交流、成果展示和成果评价与认定等四个环节。

（一）成果加工

研学旅行活动课程成果加工主要是指外显的学习成果的加工，主要包括文本、影像、制作等形式，一般要求学生在研学旅行活动结束后的一周内完成。

1. 文本类成果要完成文本撰写

对高中生而言，课题研究报告是研学旅行学习成果的主件，研究报告的撰写必须满足规范性、科学性、创新性、逻辑性的要求。

初中生既可以研究报告作为成果主件，但要求相应降低；也可以研究旅行活动总结作为成果主件。

小学生可以作文作为成果主件，也鼓励撰写其他文本类成果，如随笔、散文、游记等，并设置相应的成果展示类别。

2. 影像类成果完成后期的编辑加工

把研学旅行过程中拍摄的照片、视频等资料进行编辑加工，制作成视频资料用于交流展示。此外，还应做出配合成果主件汇报交流的 PPT 课件。

3. 制作类成果完成标签说明

对在研学旅行过程中参加手工活动制作的手工艺品，在研学旅行过程中采集的标本、采购及收集的有代表性的纪念品等进行筛选，选出有代表性的成果，做出文字说明，制成标签，用于展示交流。

（二）成果汇报交流

成果汇报分为以下两类，一是课题研究成果汇报交流，二是其他学习成果汇报交流。初中和小学可以不举行课题研究成果汇报，只举办学习成果汇报交流就可以了。

1. 课题研究成果汇报

学生以小组为单位进行课题成果交流，推选出优秀的研究报告参加班级课题成果交流汇报会，各班再推选出优秀成果参加学校的成果展示，学校也可以遴选优秀成果结集成册，印制或出版《学生研学旅行优秀课题成果集》。

2. 其他学习成果汇报交流

其他学习成果是指学生可以交流汇报在研学旅行中除研究报告外的、自己认为有意义的所有学习收获，既包括各类文本成果、影像成果、制作成果等外显的学习成果，也包括研学旅行途中自己所见所得的反思与感悟，个人思想与能力的提高等内化的学习成果。班内也可以结合学校的成果展示方案，利用教室的墙壁空间或建立网上学习交流平台，对成果进行分类展示，并进行优秀成果分类推选，为参加学校的展示做准备。

（三）学校的成果展示

学校可以按照不同的成果类型，分类设立展示项目。在各班交流推选的基础上，举办研学旅行活动课程成果展。展示方式灵活多样，既可以通过展厅、展台、展板等传统方式展示，也可以拓宽展示渠道，通过微信、美篇、QQ空间、视频网站等新媒体平台展示。通过对各类学习成果的展示和评比，共享成果和经验，对学生起到启发和激励的作用。

（四）学习成果的评价与认定

在各类评比与展示结束后，结合评比展示的结果，学校教师对学生研学旅行学习成果给出评价。学校根据实际情况把学习成果计入学生发展素质评价报告，予以学分认定或成绩认定与表彰。

请查找、研读教育部颁布的《中小学综合实践活动课程指导纲要》，说说研学旅行与综合实践活动课程的关系。

请按照以下步骤，调研一次研学旅行活动开展的全过程。

第一步，调研一所学校实施研学旅行活动的全过程；

第二步，了解研学旅行活动行前、行中、行后三个阶段的主要工作环节和内容；

第三步，请完成以下表格中的信息。

项目三 认知研学旅行的实施主体

调研学校		研学旅行活动主题		研学旅行目的地	
行前主要工作					
行中主要工作					
行后主要工作					

项目思考与练习

一、判断题

二、单选题

三、多选题

四、思考题

（一）简述学校组织开展研学旅行的两种形式。

（二）学校应面向学生开展哪些行前的课程准备工作？

（三）简述学校如何把研学旅行纳入教育教学计划。

（四）学生参加研学旅行活动课程的成果有哪些形式？

随堂测验及答案

· 119 ·

项目四

认知研学旅行的承办机构

全国中小学生研学实践教育基地——福建土楼（南靖）青少年社会实践活动中心

项目导读

研学旅行的承办机构又称研学旅行活动承办方,也就是研学旅行活动的服务提供商,主要指具备研学业务运营资格的旅行社和持有旅行社执照的教育服务机构。本项目以服务供给为切入点,解读研学旅行承办机构的概念内涵,对其所提供的服务内容进行解析,并对服务流程做出梳理。目的在于深入探讨承办机构在研学旅行实施过程中的职能定位、任务分工,助力学生全面理解和掌握研学旅行承办机构的内在含义及其运作机制。

学习目标

知识目标	1. 了解研学旅行承办机构的概念及资质条件; 2. 熟悉研学旅行承办机构的服务项目; 3. 掌握研学旅行承办机构的服务流程。
能力目标	1. 能够解析研学旅行承办机构的服务流程及要求; 2. 能够制订研学旅行的活动计划和行程安排,合理分配资源,确保活动的顺利进行; 3. 能够预见研学旅行活动中潜在的风险和挑战,并制定相应的预案和解决方案,包括应对突发事件、处理紧急情况、保障参与者安全等方面的能力。
素质目标	1. 培养学生的综合素养和实践精神; 2. 培养学生的教育情怀和对中小学研学旅行的价值认同。

思维导图

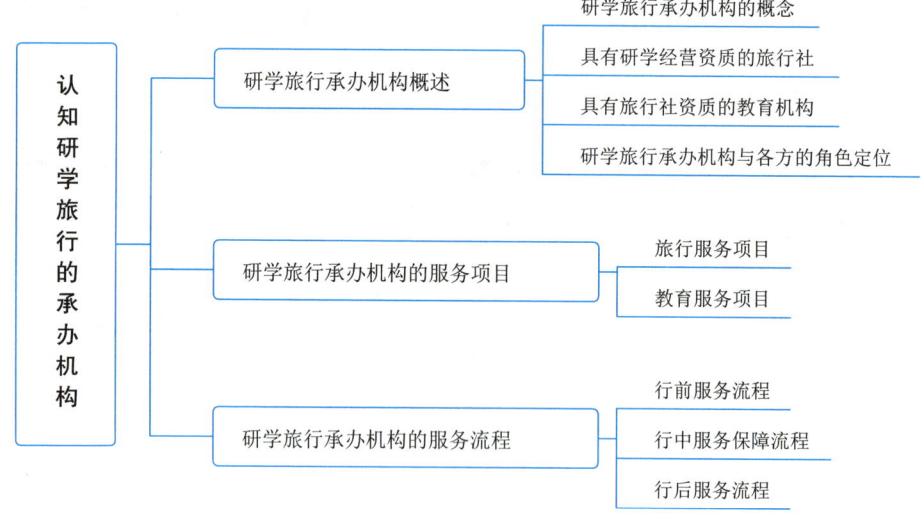

项目四　认知研学旅行的承办机构

任务一　研学旅行承办机构概述

 **任务导入**

新学年伊始，A 市教育局发布了鼓励学校积极开展认知研学旅行的通知。听闻这一好消息，阳光小学迅速决定在本学期 4 年级举行一次为期 3 天的研学旅行活动。但在推进这项研学旅行工作的过程中，关于"谁"来承办这次研学旅行活动，学校领导有点困惑和犯难了。有的说应该与教育培训机构合作，有的说要与旅行社合作，那么在我国，究竟"谁"才能承办研学旅行活动？

 **任务分析**

要解决这些问题需要弄清楚什么是研学旅行承办机构。换言之，哪些机构可以承办研学旅行活动？这些机构需要具备哪些条件？研学旅行承办机构与主办方学校之间的分工如何？教育部等 11 部门《关于推进中小学生研学旅行的意见》明确，学校组织开展研学旅行可采取自行开展或委托开展的形式，学校委托开展研学旅行，要与有资质、信誉好的委托企业或机构签订协议书。目前，在我国研学旅行市场，与学校合作的"委托企业或机构"主要包括旅行社和教育机构，我们将其统称为研学旅行承办机构。

 **任务知识**

一、研学旅行承办机构的概念

教育部等 11 部门在《关于推进中小学生研学旅行的意见》中明确指出，学校组织开展研学旅行可采取自行开展或委托开展的形式，学校委托开展研学旅行要与有资质、信誉好的委托企业或机构签订协议书。其中，"委托企业或机构"是指与学校合作开展研学旅行活动的第三方，也是提供研学旅行服务的支撑性机构。它在《研学旅行服务规范》中被称作研学旅行活动承办方，特指与研学旅行活动主办方（学校）签订合同、提供教育旅游服务的、依法注册的旅行社。但这里将"委托企业或机构"的范围仅限定为旅行社过于狭隘和局限，也不符合我国研学旅行市场的实际情况。目前，在我国研学旅行市场与学校合作的"委托企业或机构"主要有旅行社和教育机构，我们将其统称为研学旅行承办机构。

研学旅行活动从校内产生到校外开展，涉及教育和旅游两个领域。为推进其实施，一方面需要政府统筹保障，另一方面需要市场提供服务。与学校合作的"委托企业或机构"，即研学旅行承办机构是帮助主办方（学校）与各供应方之间建立服务供应关系的支撑性服务机构。它需要为学校学生提供以乡土乡情、县情市情、省情国情为主的研学旅行活动课程体系，提供研学旅行过程中的交通、食宿保障服务，需要与各供应方一起做好研学旅行课程的组织与实施，需要提供安全保障服务，等等。概括而言，研学旅行承办机构除要为学校学生提供专业的旅行引导服务外，还要提供研学旅行活动过程中的教育服务，这是研学旅行承办机构区别于一般旅行社或一般教育机构的不同之处，有必要对其进行专门界定。

当前，在国内研学旅行领域中，一般将研学旅行承办机构定义为"在中华人民共和国境内从事研学旅行服务业务的企业或机构"，其服务业务主要包括开展研学旅行活动需要的旅行服务和教育服务，其功能主要是帮助活动主办方（学校）与供应方之间建立服务供应关系，与合作方一起组织实施研学旅行活动。组织实施研学旅行活动的三方关系如图4-1所示。研学旅行承办机构是联结研学旅行实施主体的主办方（学校）和提供研学旅行服务的供应方之间的中介体，是研学旅行活动的承办方（undertaker），是处于研学旅行运行中游的支撑性服务机构，目前主要包括具有研学经营资质的旅行社和具有旅行社资质的教育机构。

二、具有研学经营资质的旅行社

（一）概念界定

具有研学经营资质的旅行社特指开展研学旅行服务、达到国家3A以上等级的旅行社。作为研学旅行承办机构的一种类型，具有研学经营资质的旅行社特别强调开展研学旅行的专业定位，能够满足研学旅行活动中多方面的教育需求，能够衔接研学旅行活动主办方（学校）和资源供应方。

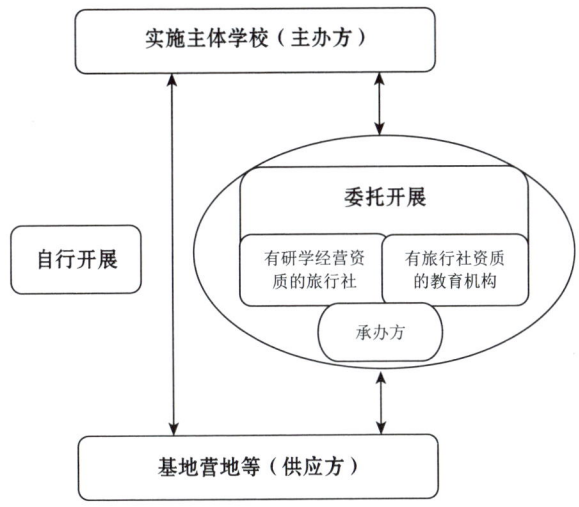

图 4-1　组织实施研学旅行活动的三方关系图

一般旅行社不能承办研学旅行活动，只有具有研学经营资质的旅行社才能与学校签订合同、提供研学旅行服务，成为研学旅行活动的承办方。原国家旅游局 2016 年颁布的《研学旅行服务规范》明确规定，作为承办研学旅行的旅行社应连续 3 年无重大质量投诉、不良诚信记录、经济纠纷及重大安全责任事故；应设立研学旅行的部门或专职人员，宜有承接 100 人以上中小学生旅游团队的经验；应与供应方签订旅游服务合同、按照合同约定履行义务。

拓展知识

西安市旅行社参与研学旅行的基本标准

一、旅行社参与研学旅行服务工作应具备以下条件

1. 注册资金不少于 200 万元（含）。

2. 经营场所不少于 200 平方米（含）。

3. 近 5 年内无责任事故和不良诚信记录。

4. 旅行社责任险必须是国家保险示范项目的产品，单次事故赔付限额应不低于 1000 万元，单人单次赔付限额应不低于 60 万元。

5. 购买意外伤害险单人单次不低于 25 万元。

6. 具有学生研学旅行活动的专业部门和专业队伍，具有校外实践活动组织工作经历，从业人员应具有应急救护的基本常识和基本技能。

二、旅行社在安排研学旅行交通运输方面必须做到以下五点

1. 要考察出行路线。尽量安排通行顺畅、安全的道路，要制定路线图。

2. 旅游车辆须选用旅游汽车公司的合法车辆，不得租用手续不全、无资质、无保险等问题车辆。租用车辆时必须签订"西安市旅游团队汽车运输合同"。

3. 从业驾驶员应具有10年以上的驾驶经验，5年以内无责任安全事故和不良诚信记录，应具有应急救护的基本常识和基本技能。

4. 出行过程中，应保证每人都有座位。

5. 涉及远途或赴境外研学旅行时，要选择安全性能高、成本低的高速列车、旅游专列、航空线路。

三、旅行社在安排研学旅行就餐方面必须做到

选择具有食品药品监督管理局颁发的"餐饮服务许可证"和工商部门颁发的"营业执照"的餐饮企业，有大型团队接待经验，从业人员均具有健康证，企业和从业人员5年内无责任事故和不良诚信记录。

四、旅行社在安排研学旅行住宿方面必须做到以下两点

1. 选择具有公安部门颁发的"特种行业许可证"和工商部门颁发的"营业执照"，且住宿价格相对较低的经营场所和营地。

2. 需要搭建户外帐篷时，营地帐篷区应建在高地，以防止暴雨、洪水、泥石流等自然灾害造成损害；同时应具有驱蚊、驱虫等措施，以防止事故发生；应有夜间值班巡逻人员，保证应急救援人员随时待命，确保营地学生的安全。

五、旅行社在安排研学旅行目的地方面必须做到以下四点

1. 应选择具有合法经营资质的接待单位或政府认可的研学旅行目的地。

2. 接待单位在近5年内无责任安全事故和不良诚信记录。

3. 接待单位有专业的接待团队，有专业的讲解人员和专业的操作人员，针对小学、初中、高中三个学段的学生准备不同的讲解词。

4. 接待单位有安全保障制度、安全应急人员和医护人员。

资料来源：王晓燕，韩新.研学旅行来了［M］.西安：陕西人民教育出版社，2019.

（二）资质条件

1. 经营资质

作为研学旅行承办机构的旅行社应在中华人民共和国境内依法注册，符合《旅行社国内旅游服务规范》（LB/T004）和《旅行社服务通则》（LB/T008）的要求，符合国家标准《旅行社等级的划分与评定》（GB/T31380–2015）中的3A及以上等级。例如，《武汉市中小学生研学旅行第1部分：服务机构评定与服务规范》中的研学旅行承办机构（study travel service organization），特指开展研学旅行服务，达到DB42/T 537 的 3A、4A、5A 级的旅行社。

图 4-2　北京市 AAAAA 级旅行社标志牌

2. 安全资质

作为研学旅行承办机构的旅行社，应连续三年无重大质量投诉、不良诚信记录、经济纠纷及重大安全责任事故，其企业法人有良好的个人征信报告。

3. 专项资质

作为研学旅行承办机构的旅行社，应独立设置研学部门，配置研学专业人员，建立研学旅行管理制度体系，有完善的研学旅行岗位作业标准。能够开展研学旅行服务业务，具有承接100人以上中小学生旅游团队的经验。

以湖北省武汉市为例，武汉市旅游发展委员会、武汉市教育局颁布《武汉市中小学生研学旅行第1部分：服务机构评定与服务规范》，其中"部门与人员要求"部分规定：应设置专门的研学管理部门，建立研学旅行管理制度体系；应有完善的研学旅行岗位作业标准；应确保师生比例达到1∶15；应为每个研学旅行团队配置服务机构研学导师、导游、安全员、研学工作人员；每团学生超过20人或特殊团队应配备一名医护人员。

4. 教师资质

作为研学旅行承办机构的旅行社，应具有开展研学旅行活动的专业师资队伍，从业人员应具有组织校外实践教育活动的经验，以及应急救护的基本常识和基本技能。

以吉林万达国旅为例，作为吉林省十强旅游企业，自有办公面积750平方米，员工150余人，其中参与社会组织培训取得研学旅行指导师证书者占1/3。连续三年无重大质量问题、不良诚信记录、经济纠纷以及重大安全责任事故。为开展研学旅行服务，专门取得教育部门批准，成为吉林省研学旅行入选旅行社。

（三）基本要求

开展研学旅行活动需要作为主办方的学校、供应方的基地营地、承办方的服务机构共同协作完成，作为服务方的旅行社只有积极介入研学旅行教育服务，旅行社自身才可能因增值而体现价值，因价值而获得发展。

1. 面对主办方和供应方

承办机构要与主办方、供应方签订旅游服务合同，按照合同约定履行义务。在与主办方学校沟通服务尤其是招投标时，需要递交旅行社营业执照、旅行社业务经营许可证、旅游责任险大保单、法人身份证（或委托书）、导游证复印件等，以确保符合主办方对研学经营资质的要求。

2. 面对学生

在研学旅行服务中，承办机构的每位工作人员都要自我定位为研学旅行指导师，愿意时时、事事服务、帮助、引导学生，树立教育服务理念。

3. 面对教育服务

承办机构应积极依托研学旅行基地营地，开发研学旅行线路，形成科普教育、历史文化、传统文化、国防教育、红色革命遗迹、农耕体验、劳动教育等特色鲜明的研学旅行精品线路课程，保障研学旅行教育服务。

以山东省莱阳市某研学旅行社为例，其借助与莱阳白垩纪国家地质公园合作，形成"学校—承办机构—营地"联合体，确保研学活动安全顺利开展。依靠国家地质公园的独特性和不可复制性的资源优势，把科考资源变成"体验＋探究＋动手做"模式的研学课程。引领中小学生穿越亿万年的白垩纪恐龙峡谷，让学生在了解地层和古生物基本知识的基础上动脑动手，让上亿年的化石"活"起来，让课本里的知识"走"出来、"动"起来，为学生们了解古生物、近距离接触科学，提供了不可替代的第二课堂。在师资上，该机构配备了专业研学指导师团队，其中主研学指导师1人，随队指导师按15∶1比例配备，同时设有后勤人员包括物料准备1人、餐饮协助4人、后勤安保3人、随行医疗人员1人、跟团摄影及直播2人。

> **拓展知识**
>
> **山东省莱阳市某研学旅行社的"学校—承办机构—营地"联合体**
>
> 为确保研学旅行活动的安全顺利开展，山东省莱阳市某研学旅行社与莱阳白垩纪国家地质公园合作，建构了"学校—承办机构—营地"的联合体。该社依托国家地质公园的独特性和不可复制性的资源优势，把科考资源变为"体验＋探究＋动手做"模式的研学旅行活动课程，通过引导中小学生穿越亿万年的白垩纪恐龙峡谷，让学生在了解地层和古生物基本知识的基础上动脑、动手，让上亿年的化石"活"起来，让课本里的知识"走"出来、"动"起来，为学生们了解古生物、近距离接触科学提供了不可替代的现实场景。在师资上，该社配备了专业研学旅行指导师团队，其中主研学旅行指导师1人，随队指导师按15∶1比例配备，同时设有后勤人员包括物料准备1人、餐饮协助4人、后勤安保3人、随行医疗人员1人、跟团摄影及直播2人。
>
> （资料来源：山东莱阳白垩纪国家地质公园官网）

三、具有旅行社资质的教育机构

（一）概念界定

具有旅行社资质的教育机构特指具有旅行社经营资质、开展研学旅行服务的教育机构。我国教育机构的类型很多，正规合法的教育机构应在中华人民共和国境内依法注册，经教育行政部门审批认定，符合《民办教育促进法》《国务院办公厅关于规范校外培训机构发展的意见》等规范要求，但一般教育机构因为没有旅行社经营资质，不能承办学校的研学旅行活动，只有通过挂靠旅行社或自行申请取得旅行社资质，才能与主办方（学校）签订服务合同，提供研学旅行服务，成为研学旅行活动的承办方。

（二）资质条件

1. 经营资质

作为研学旅行承办机构的教育机构，需要通过挂靠旅行社或自行申请取得的方式，获得3A级或以上旅行社经营许可资质，才能与主办方（学校）签订服务合同，提供研学旅行服务，成为研学旅行活动的承办方。

拓展知识

作为研学旅行承办机构的教育机构为什么要获得旅行社经营许可资质

我国《旅游法》第二十八条：设立旅行社，招徕、组织、接待旅游者，为其提供旅游服务，应当具备下列条件，取得旅游主管部门的许可，依法办理工商登记：

（一）有固定的经营场所；

（二）有必要的营业设施；

（三）有符合规定的注册资本；

（四）有必要的经营管理人员和导游；

（五）法律、行政法规规定的其他条件。

换言之，招徕、组织、接待旅游者，为其提供旅游服务，要取得旅行社经营许可证，没有取得旅游主管部门的许可，不得招徕、组织、接待旅游者，为其提供旅游服务。

研学旅行承办机构提供的服务是否是旅游服务？如何定义"旅游服务"

根据2009年5月3日实施的《旅行社条例实施细则》：

第二条 《条例》第二条所称招徕、组织、接待旅游者提供的相关旅游服务，主要包括：

（一）安排交通服务；

（二）安排住宿服务；

（三）安排餐饮服务；

（四）安排观光游览、休闲度假等服务；

（五）导游、领队服务；

项目四　认知研学旅行的承办机构

（六）旅游咨询、旅游活动设计服务。

旅行社还可以接受委托，提供下列旅游服务：

（一）接受旅游者的委托，代订交通客票、代订住宿和代办出境、入境、签证手续等；

（二）接受机关、事业单位和社会团体的委托，为其差旅、考察、会议、展览等公务活动，代办交通、住宿、餐饮、会务等事务；

（三）接受企业委托，为其各类商务活动、奖励旅游等，代办交通、住宿、餐饮、会务、观光游览、休闲度假等事务；

（四）其他旅游服务。

……

在实践中，承办机构为主办单位提供的研学旅行服务很难不涉及提供旅游服务，只有在不涉及提供旅游服务时，承办机构才可以不需要具备旅行社经营许可资质与主办单位（学校）签订研学旅行服务合同，提供研学旅行服务。一旦涉及旅游服务，建议由取得旅行业务社经营许可的机构作为承办方。

2. 安全资质

作为研学旅行承办机构的教育机构，应连续三年无重大质量投诉、不良诚信记录、经济纠纷及重大安全责任事故，其企业法人有良好的个人征信报告。

3. 专项资质

作为研学旅行承办机构的教育机构，应有固定的经营场所并设立独立的研学部门，建立研学旅行管理制度体系，有完善的研学旅行岗位作业标准，能够开展研学旅行服务业务，有承接300人以上中小学生教育活动的经验。

4. 教师资质

作为研学旅行承办机构的教育机构，应具有开展研学旅行活动的专业师资队伍，其师资要求拥有省级及以上教育行政部门或专业社会组织颁发的研学旅行指导师职业证书，从业人员应具有组织校外实践教育活动的经验，以及应急救护的基本常识和基本技能。

以北京大才精诚教育科技有限公司为例，其工商备案具备教育咨询以及组织文化交流活动资格，同时挂靠某国际旅行社开展业务合作，解决了旅行社的资质问题。以这两种运营资质混合模式，为陈经纶中学、首师大附属实验中学、深圳中学、盐田实验学校等开展的研学旅行活动提供了服务。尤其是在执行团队配置上，如为配合首师大附属实验中学山东研学活动出行，特别安排以北京大学师生为指导师队伍的执行团队，所有的指导师均有野外急救认证，部分为医学院在校研究生，全部接受过社会机构组织的研学旅行指导师认证培训并跟队见习超过3次，严格的专项资质和师资资质保障了研学活动得以顺利安全实施，连续三年零事故。

（三）基本要求

在组织开展研学旅行过程中，承办机构以自身的教育敏感性和专业视角，与供应方基地营地协力打造研学课程，为主办方（学校）提供包括课程在内的周到旅行服务。作为承办机构只有积极介入研学旅行的相关服务，才能确保研学旅行活动课程的顺利实施。具体要求如下。

1. 面对主办方

研学旅行承办机构依据主办方的招投标要求参与公开竞标，如实提供机构相关资质证明、研学旅行课程方案或研学手册、安全责任承诺书、从业人员证明以及业绩证明等。

2. 面对旅行服务

在开展研学服务方面，承办机构应重点强化研学旅行安全管理，严格选购经相关部门认可的交通、餐饮和住宿等服务产品。承办机构从业人员（含研学旅行指导师）上岗前应进行安全风险防范以及应急救助技能培训。应成立专业的应急处置部门，安排专人负责协调处置突发事件，购买文化和旅游部与中国保监会共同推广的统保示范项目的旅行社责任险，譬如承办机构需要提示参加研学旅行的师生购买人身意外伤害保险的责任旅行险，并在研学活动中购买每次人身伤亡赔偿限额不低于60万元，全年累计赔偿限额不低于1000万元。

以重庆明石教育公司组织的北京研学为例，其从自身对教育的敏感性和专业视角，与供应方协力打造专门的高校励志教育研学课程，同时为保障研学活动的安全实施，在活动开展前的一个月，与主办方一起前往北京调研，在吃、住、行等方面深度考察，严格按照主办方的要求筛选各类合作供应机构，并与供应机构签署专项合作协议，确保研学过程中实现周到的旅行服务。

四、研学旅行承办机构与各方的角色定位

组织实施研学旅行活动需要主办方（学校）、供应方基地营地、承办方服务机构共同协作完成，处于运营中游环节的研学旅行承办机构发挥着重要的支撑作用。研学旅行承办机构要协调主办方（学校）、供应方基地营地等建立研学旅行服务供应关系，并协调合作方一起组织实施研学旅行活动，共同实现研

学教育目标。

承办机构在协调合作方一起组织实施研学旅行的过程中，需要提前把握并梳理主办方、承办方、供应方三者的关系及各自的角色定位，做到各有侧重，承担共同而有区别的责任：主办方（学校）侧重于研学旅行活动中的学与研，委托研学旅行承办机构组织学生出行；承办机构侧重于研学旅行活动中的行与旅，核对供应方基地营地等单位的基础供给，辅以课程服务给主办方（学校）；基地营地等供应方侧重于研学旅行活动课程及旅行服务保障供给，维系良好的供需关系，共谋发展。研学旅行承办机构与合作方建立的服务供应关系如图4-2所示。

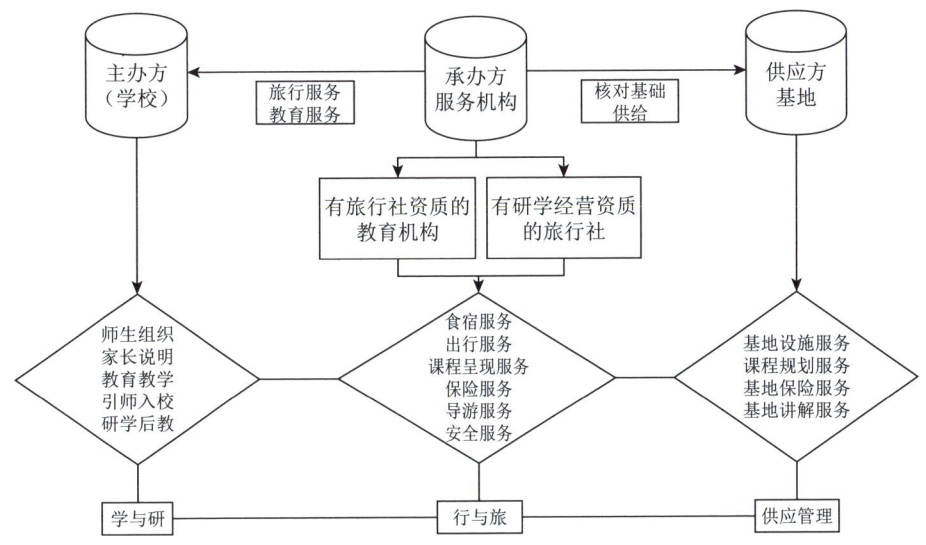

图 4-3 研学旅行服务供应关系图

请在网络上查找遴选或管理研学旅行承办机构的文件或规范标准，要求至少查找三个地方的文件，以思维导图的形式列出其要点，并总结其共性与不同之处。

请按下列步骤，调研一个研学旅行承办机构的基本情况。

第一步，收集并总结研学旅行承办机构的基本信息，如成立时间、公司规模、服务范围等；

第二步，深入了解该机构的研学旅行服务内容，包括提供的课程、活动、参观地点等，以及调查该机构的客户反馈和口碑，以了解其服务质量；

第三步，研究该机构的合作伙伴关系，如与学校、景区等的合作情况。调查该机构的价格策略和付款方式；

第四步，根据所收集的信息编写一份关于研学旅行承办机构的报告，包括机构的优势、挑战、市场地位等方面的分析。

项目四　认知研学旅行的承办机构

任务二　研学旅行承办机构的服务项目

 **任务导入**

研学旅行承办机构在研学旅行的运作中起着承上启下的支撑作用，它通过参与公开竞标的方式，与主办方（学校）建立服务供应关系，为主办方提供安全、周到的研学服务保障。张兵是某研学旅行机构的项目负责人，上周刚刚中标了 A 市东方红小学 5 年级 258 人的研学旅行项目，为期 3 天。请你为张兵设计此次的研学旅行活动方案。

 **任务分析**

要科学编制东方红小学本次研学旅行活动方案，就要厘清提供的服务项目和内容，如需要提供哪些旅行服务项目？需要提供哪些教育服务项目？这是首先需要解决的问题。

 **任务知识**

一、旅行服务项目

研学旅行承办机构提供的旅行服务项目涉及交通、餐饮、住宿、安全等，具体分述如下。

（一）交通服务

交通是出行的前提条件，作为旅游业三大支柱之一的交通客运业以其独特的资源优势在研学旅行领域同样重要，教育部等 11 部门在《关于推进中小学生研学旅行的意见》中明确了交通运输部门的职责，即负责督促取得道路运输许可证的客运企业为中小学生研学旅行优先提供符合安全要求的车辆，督促相关企业做好学生出行客运车、船等交通工具的安全检查。研学旅行承办机构要重视交通服务，秉承研学旅行交通先行的准则，把交通出行作为开展研学旅行活动的前置基础，遵照国家相关政策规定，与资质手续齐全的交通运输企业签署服务合作协议，确保研学旅行交通工具的合法化。在具体交通服务上，承办机构需要遵照《研学旅行服务规范》要求，做到以下三点。

1. 交通安全预案服务

作为研学旅行承办机构，需要向主办方提供交通安全预案服务，制定交通服务各环节的安全防范手册或指南，向学生宣讲交通安全知识和紧急疏散要求，组织学生安全有序乘坐交通工具。

2. 交通安全选择服务

（1）承办研学旅行服务，要慎重考虑车程，若单次路程在400千米以上，则优先选择铁路交通，以专列或专有车厢为服务保障基准，提前与铁路运输部门沟通备案，组织绿色通道或开辟专门的候乘区域。

（2）在沿江沿海区域，若是选择水运交通方式开展研学旅行活动，承办机构应以旅游客船为服务保障基准，与水运运输部门沟通备案。选择的水运交通工具应符合水路客运服务质量（GB/T 16890—2008）的要求，要为研学学生组织绿色通道或开辟专门的候乘区域。

（3）在低于400千米范围市辖区以及紧邻省市区开展研学服务活动，以汽车客运交通方式为服务保障基准，选用大巴车符合旅游客车设施与服务规范（GB/T 26359—2010）要求，行驶道路不宜低于省级公路等级，驾驶人连续驾车不得超过2小时，停车休息时间不得少于20分钟。

3. 交通安全宣讲服务

承办机构有义务协助主办方（学校）提供研学旅行活动交通告知服务，即提前告知学生及家长相关交通信息，以便其掌握乘坐交通工具的类型、时间、地点以及需准备的有关证件。

（二）餐饮服务

研学旅行承办机构提供餐饮服务，需要以食品卫生安全为首要前提，选择餐饮服务供应方时，应选择证照齐全、规范经营的用餐企业，为主办方提供合格的餐饮保障服务。在具体餐饮服务上，承办机构需要遵照研学旅行服务规范的要求，做到以下三点。

1. 提供餐饮服务

承办机构提供餐饮服务，有义务协助学校对涉及用餐的企业和机构的资质以及安全措施进行前置性审查，用餐企业需符合旅游餐馆设施与服务等级划分

项目四 认知研学旅行的承办机构

（GB/T 26361—2010）要求，并明确其餐饮机构应当承担的安全责任。

2. 提供餐饮安全预案

承办机构需要向主办方提供餐饮安全预案服务，制定餐饮服务各环节的安全防范手册或指南，向学生宣讲用餐礼仪及文明用餐知识。此外，还要督促餐饮提供方做好食品留样工作。

3. 提供进餐秩序方案

承办机构在具体设计餐饮服务时，应提前制定就餐座次表，组织学生有序进餐；同时在学生用餐时做好巡查服务工作，确保餐饮服务质量。

（三）住宿服务

承办机构应本着安全、卫生、舒适的基本要求，为学校提供高性价比且符合要求的住宿酒店或营地。同时还要协助学校开展学生行为规范教育，提高学生的安全防范意识，确保学生的人身财产安全，创造安全、整洁、卫生、文明、舒适、优美的住宿环境。在具体住宿服务上，承办机构要遵照研学旅行服务规范的要求，做到以下三点。

1. 提供住宿服务

承办机构应秉承安全第一、集中食宿的要求，本着便捷高效管理的原则，为学校提供住宿服务。要确保提供的酒店或营地具备完善的公共信息导向标识，符合标志用公共信息图形符号（GB/T 10001）的要求。

2. 确保住宿区域的安全通道

承办机构提供住宿服务，要考虑入住酒店或营地时承运大巴车辆能安全进出及停靠区域，尤其是确保学生在安全区域上下车。

3. 提供住宿信息及宣讲服务

承办机构应提供入住酒店或营地的信息告知与宣讲服务，详细告知学生入住的注意事项，宣讲住宿安全知识，带领学生熟悉逃生通道，以及饮食安全的保障服务。

（四）安全服务

研学旅行的活动行程呈现关联单位多、关联业态多、参与人数多、服务环节多、安全内容多、安全风险点多、安全管控难度大等特点，承办机构在安全服务单位上，涉及政府、学校、承办机构和供应方等，安全内容涉及交通安全、食品安全、住宿安全、师生身心安全、财产安全、景点安全、基地活动安全等多方面的内容，承办机构应建立相应的安全服务保障体系，高度重视安全服务保障，筑牢研学旅行安全思想防线。就具体安全服务要求，承办机构应遵照研学旅行服务规范的要求，做到以下三点。

1. 安全服务制度构建

承办机构需要建立并编制系统的安全服务管理制度，实现安全服务的管理制度化，包括研学旅行安全服务手册、研学旅行安全管理工作方案、研学旅行各类安全应急预案及服务手册、研学旅行产品安全评估制度、研学旅行安全教育培训制度等。同时，要依据时间及活动内容不断迭代完善。

2. 安全管理实施服务

承办机构应根据各项安全管理制度的要求，对参与研学旅行活动的工作人员进行培训，明确安全管理责任服务人员及其工作职责；在研学旅行活动过程中安排安全管理人员随团开展安全管理服务工作。

3. 协助安全教育服务

承办机构应根据学校的要求，为学校提供包括提升学生安全意识的讲座服务，提供安全防控教育知识读本服务等。

二、教育服务项目

《研学旅行服务规范》明确提出，教育服务项目包括教育服务计划、教育服务项目、教育服务流程、教育服务设施及教材、教育服务实施、教育服务评价机制六个方面内容，服务机构应特别重视教育服务有关内容，精心设计与编制研学旅行活动方案，协助学校制定研学旅行工作规程，做到"活动有方案，行前有备案，应急有预案"，并按照研学目标认真组织实施研学旅行活动。具体来说，承办机构教育服务的内容体现在研学活动课程规划服务、研学活动课程行程服务、研学活动课程评价服务三个层面。

研学旅行服务规范

（一）研学旅行活动课程规划服务

《研学旅行服务规范》规定，承办方和主办方应围绕学校相关教育目标，共同制订研学旅行教育服务计划，明确教育活动目标和内容，针对不同学龄段的学生提出相应学时要求，其中每天体验教育课程项目或活动的时间不少于45分钟。

结合研学旅行教育计划的要求，研学活动课程规划服务需要承办机构将自然环境与社会人文有机结合起来，并准确地看到旅行中课程的研与学的体现点，将其形成明确的研学课程实施方案，编制包括研学课程目标、研学课程安

项目四　认知研学旅行的承办机构

排、研学课程组织、研学课程实施、研学课程评价等预设和详细的规划内容。具体来说，研学活动课程规划服务主要包括以下四点。

1. 对接课程行前备案服务

组织开展研学旅行活动，主办方（学校）需要对接教育行政主管部门，寻求资金及政策支持，包括研学活动出行审批申报，这就要求作为承办方的服务机构在进行课程对接时，协助主办方（学校）进行出行备案，按要求提供备案所需的方案、申报书等材料。一般来说，由区县级教育行政部门审批，要求申报学校提前10~15天提交备案，按规定的备案表如实填写。具体的行前备案服务内容包括协助学校完成研学旅行审批表制作、研学线路课程方案、安全应急预案、学校研学旅行报告等。

2. 编制课程实施方案服务

承办机构在确定承办研学活动后，需要将包括研学旅行课程资源在内的研学旅行线路进行预设编制，与主办方一起实地勘察走线，在此基础上进行课程实施设计以及后续研学旅行手册制作，包括目的地资源属性确认、课程资源信息收集、课程资源安全防范措施与预案设定、课程实施时间节点及实施地点规划、课程实施的环境物资条件选择、课程线路的优化安排、课程实施组织方式的确定、研学食宿规划确认、研学教案指南设计制作等。

3. 商定课程应急预案服务

"应急有预案"是教育部等11部委对开展研学旅行活动的基本要求，也是活动主办方（学校）高度重视的内容，是要求承办方在组织活动前就协作完成的内容。承办机构需要以周密、详细的活动方案为基础，制作可以呈报给教育行政部门的安全预案，包括研学活动安全预案指导思想、研学活动安全预案工作目标、研学活动安全预案组织成员构成、研学活动实施时间、研学活动实施地点、研学活动分工安排、研学活动紧急事件处理办法及程序等。

4. 配合课程方案的招投标服务

招投标是主办方（学校）开展研学旅行活动中的一项常规工作，学校要与有资质、信誉好的委托承办方签署协议。承办机构在这一过程中需要按学校要求完成招投标服务，完成符合招标公告信息要求的活动课程项目介绍、课程内容设计、研学课程线路规划、研学课程指导师团队、课程实施保障与服务标准、安全责任承诺书、研学旅行手册编制规划、投标保证金等，积极参与开标、评标过程。

（二）研学旅行活动课程行程服务

完备的组织体系是研学活动课程能够顺利、有序、高效开展的基本保障。

承办机构应该协助主办方（学校）统筹管理，制订课程服务工作方案，确定行程中的各方职责，明确课程人员分工，按照"三阶段四环节"研学旅行活动课程服务模型开展课程实施服务，即按时间顺序把整个课程服务规划为行前的行程宣讲服务、行中的课程协调服务、行后的过程评价服务三个阶段，按照课程设计实施的要素和环节，进行目标确定、资源选择、课程实施、课程评价四个环节的方案编制服务。[①]

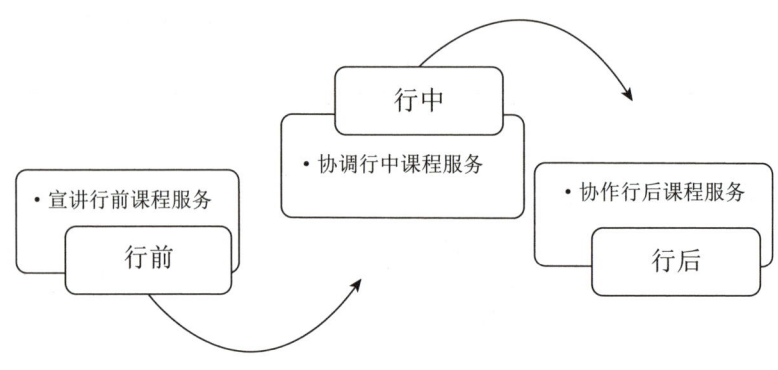

图4-4 三阶段课程实施服务

1. 宣讲行前课程服务

为保障研学旅行活动课程的安全、高效实施，承办机构需要在出发前3~5天入校进行行前的课程宣讲服务。

以初高中学生为例，承办机构需要协助学校进行探究式专题讲座、旅行知识讲座、出行的安全知识讲座等。例如，出行安全知识讲座包括交通安全讲解服务、游览安全提醒服务、饮食卫生辨识服务、人身财产安全保障服务等。

2. 协调行中课程服务

研学旅行承办机构在研学活动中起到关键协调作用，协助活动主办方（学校）组织学生出行，协同供应方基地营地落实课程执行。承办机构要保障与研学目的地、各供应方、学校、家长、学生相互间信息的安全服务，做到信息精确无误、全面沟通和及时有效传递。具体来说，行中课程协调服务体现在以下四点：

（1）研学旅行指导师执行服务

作为承办机构要配备基本领队、研学旅行指导师、安全员、医护等人员，条件允许还可以辅以青少年心理学辅导老师，以保障有足够的师资服务于活动课程执行全过程。教学内容由领队或指导师协助供应方配合完成；学生的组

---

① 朱洪秋."三阶段四环节"研学旅行课程模型［J］.中国德育，2017（12）.

项目四 认知研学旅行的承办机构

织与管理服务由学校老师协助领队保障教学秩序；紧急事件处理服务上由事件发生地最近的指导师或领队作为第一责任人，迅速汇报给承办方、主办方负责人，即刻联系随队医护人员予以处理。

（2）承办机构管理制度保障服务

承办机构要建立完善的机构服务管理制度，包括研学旅行的从业人员岗前、行前、行后开展相关的安全法律法规、安全管理制度、安全操作服务流程办法，安全岗位服务职责制度等。承办机构的制度保障还体现在，围绕研学旅行乘车安全、交通安全、消防安全、餐饮安全、住宿安全、心理安全、旅行安全等方面，开设心理辅导、应急疏散、紧急救护等专业课堂，服务并培训从业人员。

（3）体系化的课程实施服务

课程实施服务体系化构建，体现承办机构的服务素养和服务意识，尤其是确保活动安全的服务课程，因材施教地进行安全体验类的课程设计。例如，可在交通服务时，将乘车安全课程设置在客车或列车上，引导学生观察车辆所配备的灭火器、安全带、安全锤、安全门、安全窗等安全器材，让学生认识巴士车上安全带的作用、佩戴方法和设计原理，熟悉火车上的安全逃生通道、安全锤布局、列车安全管控信息系统等，通过教学模型或数字视频等现场模拟教学紧急情况下的使用方法，将安全知识渗透到研学旅行活动中。

（4）完善的过程性评价服务

承办机构应当从服务的视角建立过程性评价体系，包括服务于学生的课程实施满意度评价、服务于主办方的活动组织实施满意度评价、服务于教学的学生研习行为参与度评价等。尤其是对承办机构活动组织实施的评价，其评价服务内容可以根据履行服务于合同完成情况、履行服务于课程实施能力情况、履行管理协作服务的情况三个方面进行对应评价服务表单的设计，确保主办方对课程实施过程和实施结果评价及时有效进行。

3. 协作行后课程服务

协助主办方（学校）及各供应方完成行后研学课程的服务总结是承办机构的职责，在其三方协议里应有体现。具体来说，以三方合同协议为基准，承办机构需要协助主办方（学校）完成学生评价分值的记录服务、研学旅行活动征文及评比服务、研学旅行活动成果展示布置服务等；要协同各供应方提升服务，主要涉及影像资料收集、课程研讨迭代、设备设施布局调整等。

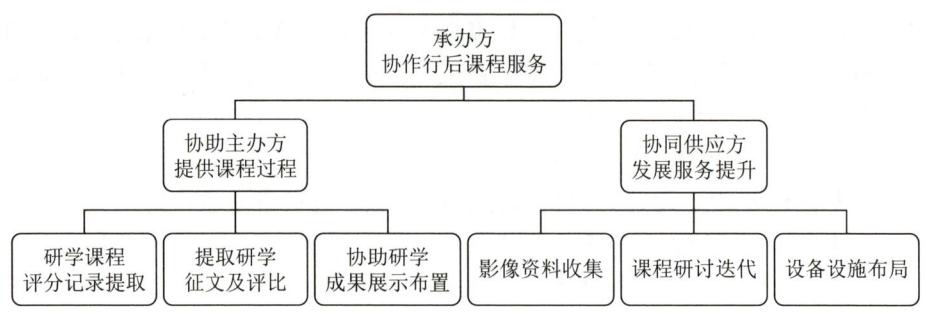

图 4-5　承办方协作行后课程服务

（三）研学旅行活动课程评价服务

研学旅行活动结束后，学校要及时实施行后课程总结及成果汇报，作为承办机构，有义务提供课程评价的协助和协调服务。承办机构需要安排研学旅行指导师或领队协助学校完成汇报交流会及展示前期准备，协调相关领域专家入校开展讲座及研学活动成果指导工作，通过协助和协调服务，提升学校整体研学活动成果报告的思想高度和文化深度，增强承办机构与主办方的黏性与信任度。

 任务拓展

请研读《研学旅行服务规范》（LB/T 054-2016），列出研学旅行承办方的服务规范和资质条件。

 任务实训

请选取一家研学旅行承办机构进行实地调研，重点了解该承办机构的服务项目及内容，并完成以下表格。

调研对象	
调研时间	
调研人员	
调研主题	

项目四 认知研学旅行的承办机构

续表

交通服务	1	
	2	
	……	
餐饮服务	1	
	2	
	……	
住宿服务	1	
	2	
	……	
教育服务	1	
	2	
	……	
其他服务	1	
	2	
	……	

任务三 研学旅行承办机构的服务流程

任务导入

本学期，作为一家研学旅行承办机构的项目经理，你将负责承办东方红小学 5 年级 6 个班的研学旅行活动，活动时长 3 天。请为东方红小学设计一份科学、详细的研学旅行服务流程计划书。

任务分析

明确研学旅行承办机构服务流程可以提高服务效率，规范化的服务流程可以让研学旅行承办机构更加高效地执行每个环节，同时提高服务质量，保证参与者的安全和舒适，进而提高师生满意度，也有利于承办机构与主办方之间的沟通和合作。设计详细的研学旅行服务流程计划书，需要厘清行前、行中和行后三个时段的实施流程。这是接下来需要解决的问题。

任务知识

一、行前服务流程

（一）确定研学方案

承办机构需要分别与主办方、供应方沟通，综合供应方的资源和主办方的学情、生情需求，以确定研学旅行活动方案。可参考图 4-6 中的五步服务流程法，编制研学旅行活动方案规划。

项目四　认知研学旅行的承办机构

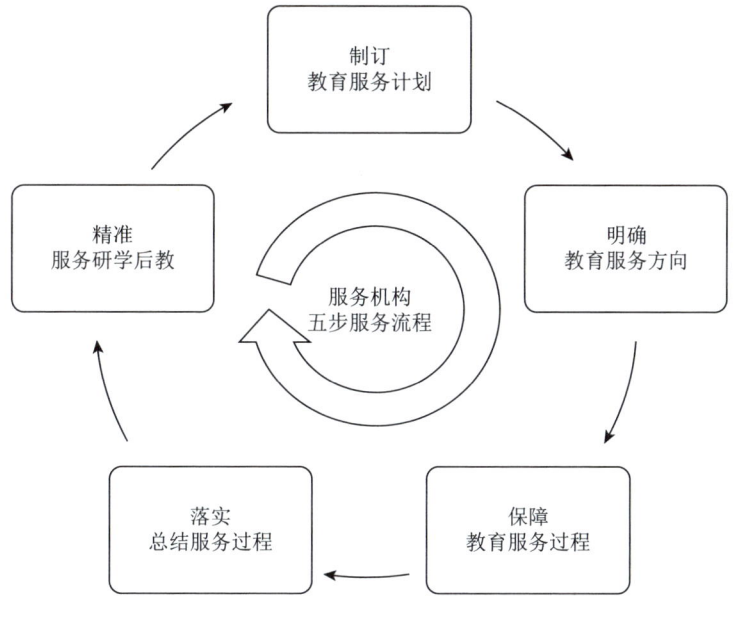

图 4-6　承办机构五步服务流程

承办机构依据主办方要求，制订研学旅行活动方案。方案可繁可简，但要保证基本要素齐全。研学活动方案一般包括：活动主题、活动参与对象、活动目标意义、活动时间地点、活动组织实施形式、活动内容概述、活动日程安排、活动组织分工、活动职责职务、活动安全教育预案措施、活动安全负责人姓名及联系方式等，依据实际出行交通、天数、人数等划定规模，对方案的每个方面都要进行周密安排，形成文案做成手册留档备案。

1. 与主办方沟通

承办机构在招标确定委托之前，就要与主办方（学校）沟通，对计划开展研学的目的地资源及线路进行研究，编制详尽的课程方案和研学手册，向学校及家委会进行研学活动主题内容宣讲，待承办机构中标后，依据与主办方确定的研学方案，进行后续以目的地旅行服务、课程服务等为导向的线路勘查和研学课程手册的再修订编制。同时，需要协助主办方（学校）共同开展包括领队老师培训说明会、家长会、随队老师与研学旅行指导师对接会、行前说明会、行前各项安全演练等在内的多项工作。

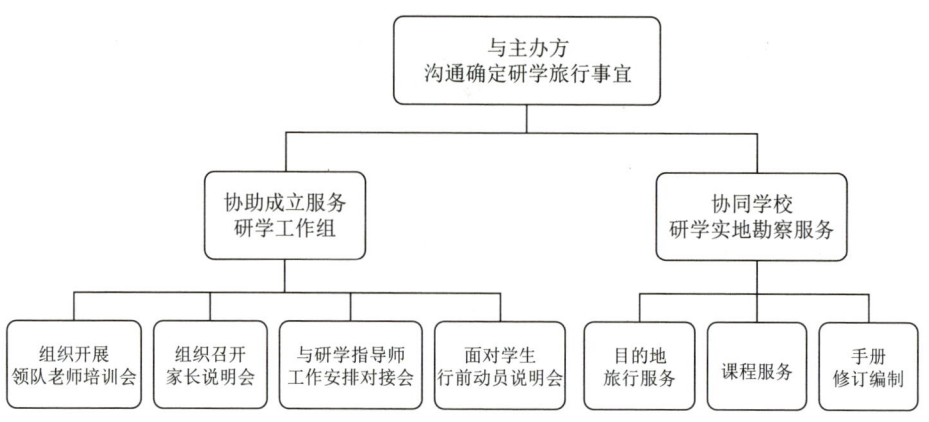

图 4-7　承办机构与主办方沟通导图

2. 与供应方沟通

与供应方确定研学活动方案需要遵照三方协议，落实用餐、住宿、用车以及研学点环境与指导师确认、课程内容落实等。具体来说，用餐上，需要明确用餐餐厅资质、用餐环境、周边环境、菜品质量、服务人员资质、安全出入口、洗手间位置以及地面防滑度、消防设施，并做好备选餐厅预留；住宿上，要求明确住宿地资质、周边环境、住宿房间设施情况、用水用电设备、服务人员资质、安全出入口、消防设施、安保人员等；交通车辆上，要明确车辆资质、司机资质、车辆基本状况、车内设施、安全带、安全锤、紧急出口标识、消防设施，做好备用车辆预留；研学点周边环境要求停车方便，同时要明确停车场位置距离、洗手间位置与数量等；研学旅行指导师要求有相关资质，其语言讲解能力、口碑、工作态度、服务水平等也应综合考虑；最后，课程内容实施落地做到不脱节，在完成研学手册要求课程之外，可适当拓宽课程内容。

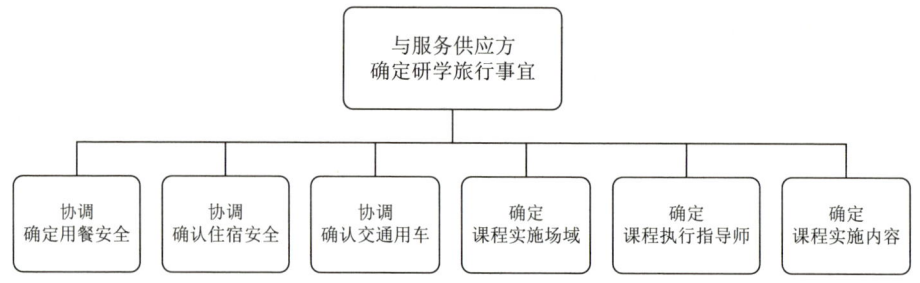

图 4-8　承办机构与供应方沟通导图

（二）制定安全预案

教育部等 11 部门在《关于推进中小学生研学旅行的意见》中明确规定，交通运输部门负责督促有关运输企业检查学生出行的车、船等交通工具，依法查处运送学生车辆的交通违法行为；公安、食品药品监管等部门加强对研学旅行涉及的住宿、餐饮等公共经营场所的安全监督；保险监督管理机构负责指导保险行业提供并优化校方责任险、旅行社责任险等相关产品。承办机构应遵照教育、文旅等行政部门的要求，在交通、住宿、饮食等方面做好安全组织防范，在制定相应安全预案时可参照如下流程。

1. 交通安全预案

交通安全预案是确保研学旅行过程中学生和教职员工安全的重要保障。承办机构在制定预案时，首先应深入了解所在地区的交通状况和学校研学旅行指挥组的需求，通过与指挥组的密切沟通，明确研学旅行的具体需求和特点。在选择交通出行工具时，综合考虑其安全性、适应性以及运输效率等，择优选择合适的交通方式，并详细规划出行路线、时间安排、紧急救援等方面的措施。同时，充分考虑学校要求，确保符合当地法规和标准。为应对突发状况，预案细则还应包含应急预案和相应的处置流程，以确保在任何情况下都能迅速、有效地应对和处理。

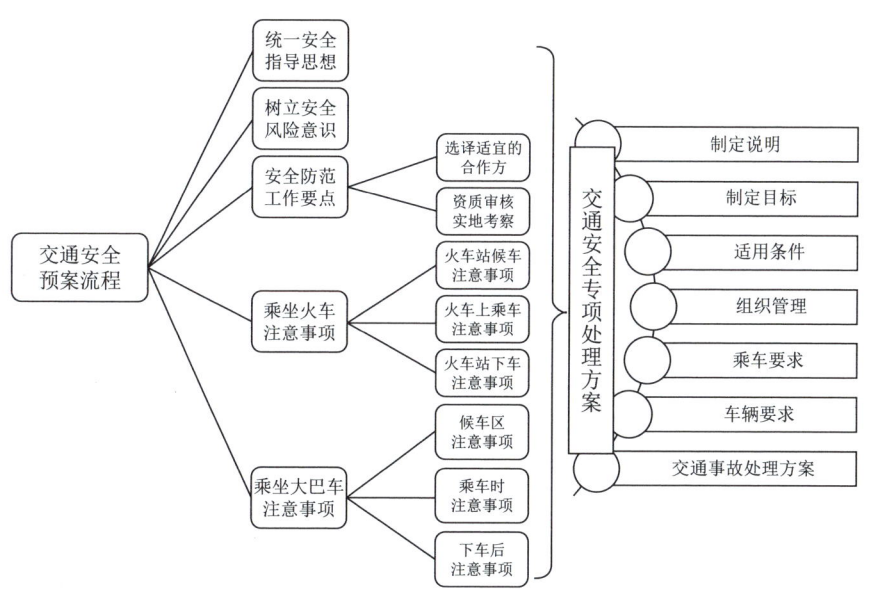

图 4-9　交通安全预案服务导图

2. 住宿安全预案

为了确保学生在研学旅行期间的住宿环境安全，承办机构在制定预案时应充分考虑所在地区的住宿设施情况。通过与住宿供应方、基地营地以及学校研学旅行指挥组的密切沟通，详细了解住宿场所的实际情况，包括建筑结构、设备设施、安全标准等方面的信息。在确定住宿方案后，根据学校的要求和研学活动的性质，制定符合标准的住宿安全实施预案细则。预案细则应明确住宿期间的各项安全措施，如定期的安全检查、紧急疏散演练、应急联系方式等。为了提高住宿安全水平，可以与住宿场所合作，共同加强对员工的安全培训，制定清晰的责任分工细则，并规定应急情况下的协同合作和信息沟通机制，确保在任何突发状况下都能够及时、有效地应对。

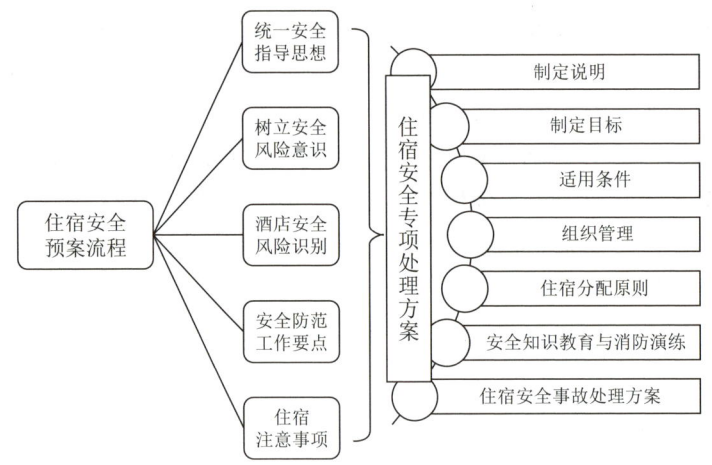

图 4-10 住宿安全预案服务导图

3. 行走安全预案

为了确保学生在研学旅行中行走活动的安全，承办机构在制定预案时要充分考虑所在地区的实际情况，并与学校研学旅行指挥组协同制定符合活动场地的行走安全实施预案细则。一是结合目的地的地形，制定详细的行走路线和安全措施；二是考虑到研学活动的课程内容，预案要明确行走的时间安排、休息点设置、紧急救援方案等重要细节。针对特殊地形或气候条件，机构还应制定相应的防范措施，确保学生在行走过程中能够安全而顺利地完成活动。预案细则还包括对学生的行走培训和安全意识教育，使其具备基本的户外行走技能和应急处理能力。

项目四 认知研学旅行的承办机构

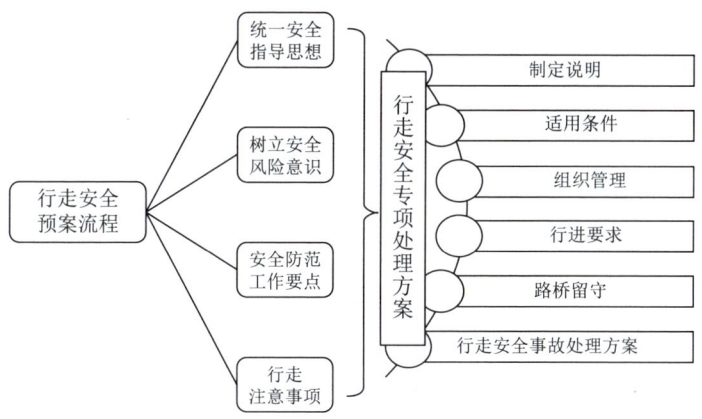

图4-11 行走安全预案服务导图

4. 饮食安全预案

饮食安全预案是研学旅行中非常重要的一项措施，旨在保障学生在活动期间的饮食安全，预防食物中毒和其他饮食相关健康问题的发生。承办机构根据所在地区的实际情况，与学校研学旅行指挥组勘查线路时，择优选择用餐酒店或营地，并结合餐厅及周边环境制定符合地方实际且满足学校要求的饮食安全实施预案细则。

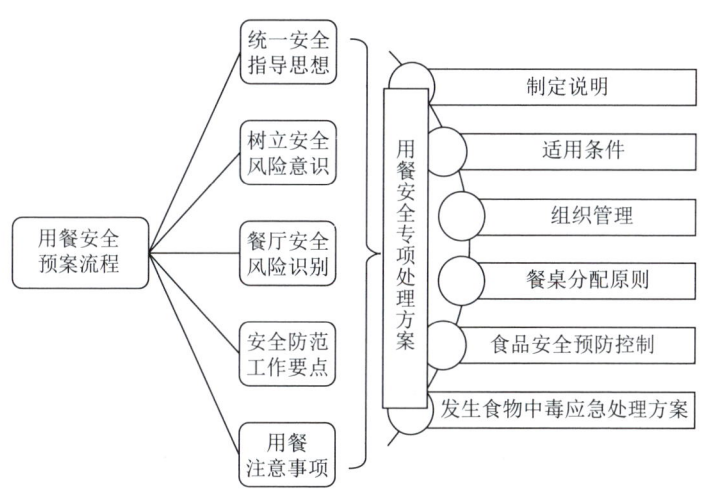

图4-12 用餐安全预案服务导图

一是在选择用餐地点时，优先考虑卫生状况良好、有资质的餐厅或营地，并对其进行现场考察和评估。考虑到学生的饮食偏好和特殊需求，选择提供多样化、营养均衡的菜品的餐厅或营地，要求餐厅或营地严格遵守食品安全和

· 149 ·

卫生管理规定，保证厨房、餐具、食材的清洁卫生。二是承办机构负责安排专人对用餐酒店或营地进行定期的食品安全检查，包括食材检查、餐具消毒检查等。对于有疑虑的食品，要求餐厅或营地提供相关的合格证明或检测报告。三是制定应急处理预案，包括食物中毒、过敏反应等突发情况的处理程序，明确应急联系人和联系方式。对于学生可能出现的食物过敏情况，提前收集学生的过敏信息，并告知餐厅或营地，确保提供安全的饮食选择。四是在用餐前，对学生进行饮食安全知识的教育和培训，告知他们如何选择安全的食物，如何避免食物中毒。安排工作人员进行用餐现场的监督和检查，确保学生按照规定正确用餐，避免食品安全问题的发生。

5. 突发应急预案

突发应急预案是为应对突发事件、保障学生安全而制定的应急措施和安全实施预案。承办机构在与学校商定后，根据所在地区的实际情况和学校的需求，结合目的地过往数据，制定符合学校要求的突发应急安全实施预案细则。

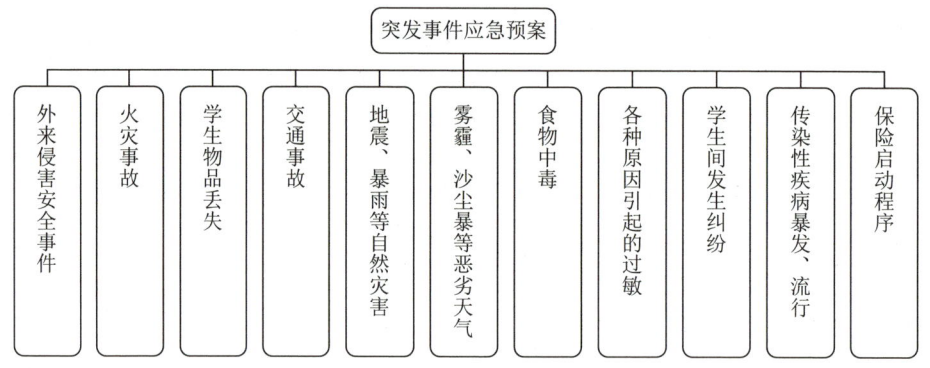

图 4-13 突发应急预案服务导图

一是针对不同类型的突发事件，需进行风险评估和分析。通过对目的地过往数据的研究和分析，了解该地区突发事件的类型、频率和影响程度，为预案制定提供科学依据。二是根据风险评估结果，制定应急响应流程。预案中包括应急事件的分类、紧急通报与报警程序、应急小组组建与职责分工、应急物资准备与调配、救援方案与协调措施等内容，确保在突发事件发生时能够迅速、有效地响应和处置。三是承办机构与学校密切合作，学校在预案制定过程中提供相关信息和意见反馈。学校也需要积极配合执行预案，包括组织学生、教职员工参与应急演练、提供必要的支持和资源等。四是定期组织应急演练和培训活动，以检验和提升应急预案的有效性和可操作性。演练内容包括突发事件模拟演练、紧急疏散演练、急救培训等，旨在提高学校师生应对突发事件的应急

项目四　认知研学旅行的承办机构

能力和自救能力。五是信息发布与沟通机制，确保在突发事件发生时能够及时准确地向学校师生发布应急通知和指导，并与相关部门、机构进行有效沟通和协作。

拓展知识：东城第二小学学生研学实践教育活动

二、行中服务保障流程

（一）途中引导服务

承办机构组织学生乘坐大巴从学校出发前往火车站，即标志着研学旅行活动的正式开启。其在途中的引导服务也较为烦琐，需要进行细致的流程梳理，编制详细的流程方案，包括组织学生集合、组织学生进站、组织学生上火车、组织学生出站、组织实施活动、组织师生用餐、组织师生住宿、组织过程评估、组织学生返校等。

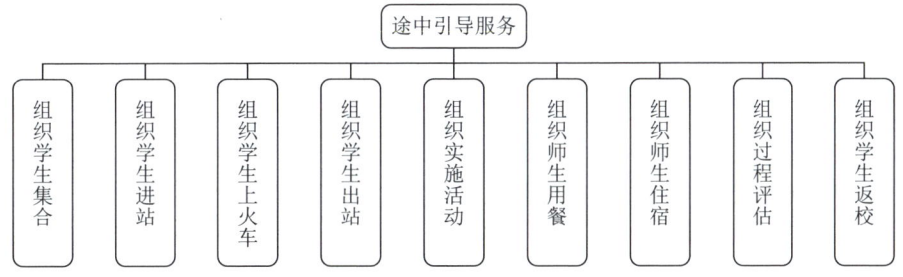

图 4-14　途中引导服务流程

在研学旅行活动开始前需做好出发前的准备工作，包括核对学生名单、确认交通工具、检查行李装备等。确保一切就绪后，通知学生准时到达指定地点集合。在集合地点等候时，为了确保安全和秩序，工作人员需对学生进行登记、分组，并告知乘车规定和注意事项；在车程中，工作人员进行途中引导服务，包括提供简要的行程介绍、安全须知、预防措施等，耐心回答学生的提问，并密切关注交通状况，确保行车安全。同时，根据实际情况，灵活调整行车路线和时间，避免交通拥堵或延误；在行程中可能会遇到各种突发情况，如交通事故、天气变化等，工作人员需要随时保持警惕，采取有效的应急措施，并与学校、家长等保持密切联系，及时反馈行程进展和安全情况，做好沟通和协调工作。

（二）途中跟踪服务

承办机构要秉承不忘初心的服务意识，做好研学旅行途中的全程跟踪服务，把控好用车、用餐、住宿、指导师等每一个环节，拍摄留存照片，提醒学生及时做好研学记录、汇报每天的情况。

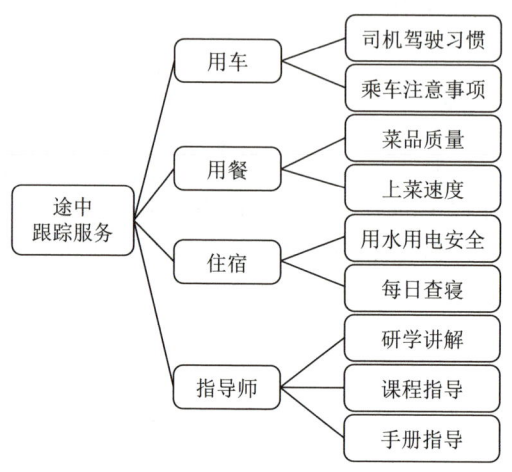

图 4-15　途中跟踪服务导图

用车服务包括司机驾驶习惯和乘车注意事项两个方面。承办机构需要对司机的驾驶习惯进行监督和评估，确保安全驾驶、规范操作，避免发生交通事故。同时，在车辆上设置明显的安全提示标识，提醒学生系好安全带、不乱扔垃圾、遵守车辆秩序等；用餐服务包括菜品质量和上菜速度两个方面。承办机构要定期检查用餐地点的菜品质量和卫生情况，确保食品安全、新鲜可口，提前预约餐厅并协商好用餐时间，确保餐厅能够及时提供食物，避免因等待时间过长而影响行程安排；住宿服务包括用水用电安全和每日查寝。承办机构要与住宿场所沟通，了解用水用电设施的安全情况，确保学生在住宿期间的生活安全，并安排专人负责每日查寝工作，确保学生在住宿期间的安全和秩序；指导师服务包括研学讲解、课程指导与手册指导。指导师要具备专业知识和丰富的经验，能够向学生介绍相关历史、文化、科学知识，激发学生的学习兴趣，并制订详细的课程计划和活动手册，指导学生进行研学活动，帮助他们合理安排时间、完成任务。

在途中跟踪服务过程中，承办机构需要与各个服务环节的提供方保持密切沟通，及时解决可能出现的问题和困难，确保研学旅行活动的顺利进行，为学生提供良好的学习和体验环境。

三、行后服务流程

研学旅行活动结束后,承办方在行后服务的重要一环就是对课程及其实施全过程的总结服务,以促进下次服务工作的改进和提升。其行后总结服务如图4-16所示,主要体现在研学招投标、课程内容编制、课程组织实施、课程落地执行等方面。

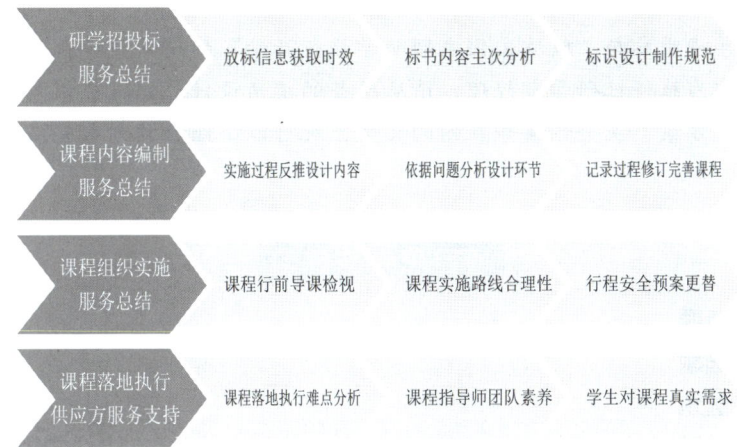

图4-16　行后总结服务流程导图

在研学的招投标服务方面,通过回顾整个招投标过程,包括招标文件的准备、发布、投标方案的评审等环节,分析投标方案的优缺点,总结中标原因,探讨如何提高招标成功率和服务质量;在课程内容的编制服务方面,检视制定的课程内容和教学计划是否符合学校需求和学生特点,分析课程设计的合理性和实用性,探讨如何增加课程的趣味性和互动性,提高学生的参与度和学习效果;在课程组织实施服务方面,回顾和评估教学方式、教学资源的利用以及学生的参与情况等,总结教学过程中遇到的问题和挑战,分析原因并提出改进措施,以提高教学质量和效果;在课程落地执行服务方面,考察课程实施后的效果和影响,包括学生的学习收获、态度变化、行为表现等方面,总结成功经验和教训,为未来的服务工作提供参考和借鉴。

在行后服务总结过程中,承办方需要认真对待每个环节,深入剖析问题根源,找到解决问题的有效途径,并及时进行改进和调整。通过不断总结和提升,进一步提高服务水平,以满足学校和学生需求,促进研学旅行活动的持续发展。

 **任务拓展**

请在网络上查找收集一份研学旅行安全预案，分析其内容的优缺点，并针对问题提出提升建议。

 **任务实训**

某中学将对参与"殷墟文化主题研学旅行活动"的研学服务机构进行入围遴选，你作为旅行社研学部经理，请从服务的视角设计包括服务机构介绍、研学旅行活动方案、安全预案等在内的文案，既可以小组合作方式完成，也可独立完成。

项目思考与练习

一、判断题

二、单选题

三、多选题

四、思考题

  1. 如何定义研学旅行承办机构？

  2. 在实施研学旅行活动课程中需要开展哪些教育服务？

  3. 简述研学旅行承办机构应该开展的服务内容。

随堂测验及答案

项目五

认知研学旅行基地营地

全国中小学生研学实践教育基地——福州市林则徐纪念馆

研 学 旅 行 概 论

项目导读

研学旅行基地和营地（本教材统一简称为"基地营地"），是指专门用于开展研学旅行活动的场所，既是达成研学旅行教育目的的重要载体，也是保障研学旅行活动顺利进行的关键所在，更是研学旅行活动的实际接待单位。在本项目中，我们将首先解析基地营地的概念、特质和功能，其次从理论依据、核心要点及实施步骤等维度，详细阐述策划设计基地营地的基本原理、原则、内容和方法，旨在引导学生深入理解基地营地的内在含义，并掌握策划设计基地营地的基本原理与方法。

学习目标

知识目标	1. 明确研学旅行基地营地的概念内涵，厘清基地与营地的区别和联系； 2. 掌握策划研学旅行基地营地的基本原理及方法步骤； 3. 掌握设计研学旅行基地营地的要求、内容和方法。
能力目标	1. 能解读研学旅行基地营地的概念内涵及其功能特征； 2. 能策划设计研学旅行基地项目； 3. 能策划设计一般的研学旅行营地项目。
素质目标	1. 提高学生对文化旅游资源的教育价值的开发意识； 2. 激发学生自觉利用社会公共文化资源传播、传承优秀传统文化的责任感和使命感。

思维导图

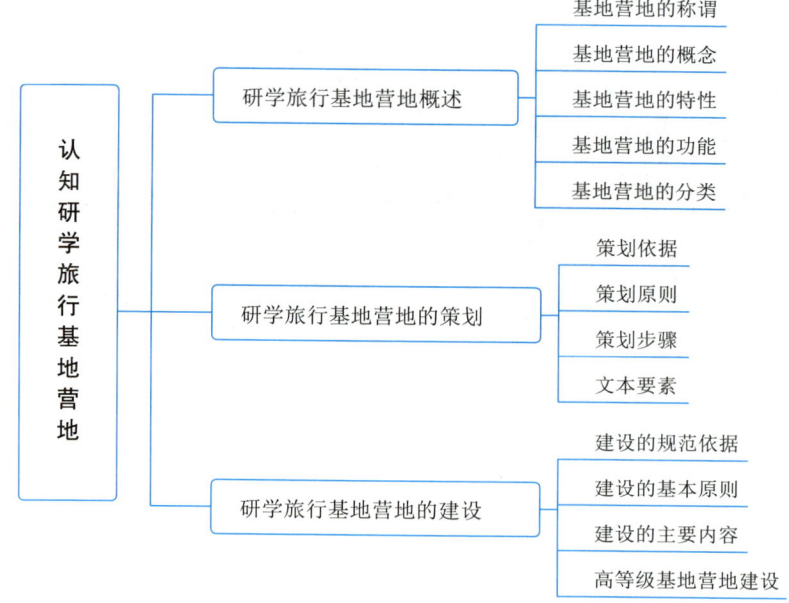

项目五 认知研学旅行基地营地

任务一 研学旅行基地营地概述

本学期,根据 A 市教育局关于进一步推进中小学研学旅行的文件要求,东方红小学 4~6 年级的 6 个班 258 人,将举行一次为期 3 天的研学旅行活动,请为该校师生在市内选取一家合适的研学旅行营地,并说明遴选的理由。

东方红小学要顺利组织好本学期的研学旅行活动,校长必须了解在研学旅行活动中,基地营地是实施研学旅行活动的场所保障,是研学旅行活动中的关键要素。为此,我们要深谙基地营地的内涵本质、属性功能,以及基地和营地的区别等基本问题。

一、基地营地的称谓

作为开展研学旅行活动的场所和依托,基地营地的称谓至今尚未统一,如教育部办公厅文件中称作"全国中小学生研学实践教育基地""全国中小学生研学实践教育营地";中国旅行社协会颁布的《研学旅行基地(营地)设施与服务规范》中称为"研学旅行基地""研学旅行营地";中国质量认证中心颁布的《中小学生研学实践教育基地、营地建设与管理规范》中称为"研学实践教育基地""研学实践教育营地";武汉市教育局、文化和旅游局颁布的《武汉市中小学生研学基(营)地评定与服务规范(试行)》中称为"研学基地""研学营地";等等。

本书认为,"研学旅行基地""研学旅行营地"的称谓,与国家在中小学推

· 157 ·

行研学旅行的初衷和内涵更加吻合，其中"研学"是目的，"旅行"是方式，"基地营地"是依托，三者是研学旅行的应有之义，缺一不可，因此这一称谓能够体现研学旅行基地营地的本质属性。

二、基地营地的概念

（一）基地的概念

1. 比照分析

关于研学旅行基地的概念尚未明确统一，以下先罗列五种较典型的阐释：

（1）武汉市旅游发展委员会和武汉市教育局联合发布的《武汉市中小学生研学基（营）地评定与服务规范（试行）》中称为"研学基地（study base）"，是为中小学生研学旅行提供研学实践教育活动的场所。

（2）中国质量认证中心在《中小学生研学实践教育基地、营地建设与管理规范》中称为"研学实践教育基地"，指具备开展研学实践所需的资源与接待条件，能够提供明确的教学主题与配套课程的资源单位。

（3）中国旅行社协会与高校毕业生就业协会联合发布的《研学旅行基地（营地）设施与服务规范》T/CATS 002-2019 中称为"研学旅行基地（study travel base）"，指自身或周边拥有良好的餐饮住宿条件、必备的配套设施，具有独特的研学旅行资源、专业的运营团队、科学的管理制度以及完善的安全保障措施，能够为研学旅行过程中的学生提供良好的学习、实践、生活等活动的场所。

（4）袁书琪等在《研学旅行课程标准三——课程建设》一文中称之为研学旅行基地，是富含研学旅行资源和具备研学旅行设施的研学旅行场所。[①]

（5）福建省教育厅发布的《福建省中小学生研学实践教育基地建设与服务标准（试行）》中称为"研学实践教育基地"，指由政府或社会力量创办的，具备承接中小学生研学旅行实践教育活动，运营良好的各类青少年校外活动场所，现有的爱国主义教育基地、国防教育基地、革命历史类纪念设施遗址、优秀传统文化教育基地、文物保护单位、科技馆、博物馆、生态保护区、自然景区、美丽乡村、特色小镇、科普教育基地、科技创新基地、示范性农业基地、高等学校、科研院所、知名企业以及大型公共设施、重大工程基地等优质资源单位。

---

① 袁书琪等.研学旅行课程标准三：课程建设［J］.地理教学，2019（7）：4-6.

项目五　认知研学旅行基地营地

2. 基地定义

关于研学旅行基地的定义，国家教育部 2018 年发布的《关于开展"全国中小学生研学实践教育基（营）地"推荐工作的通知》（教基厅函〔2018〕45号）中有一个界定，即"基地主要指各地各行业现有的、适合中小学生前往开展研究性学习和实践活动的优质资源单位"。我国中小学研学旅行基地的概念应包含以下内涵：

（1）是一种场所，专供中小学生开展研学实践教育活动；

（2）富含研学课程资源，围绕一定的教育目标开发有一定数量的主题研学课程；

（3）具有教育教学设施，教育功能突出；

（4）配有完善的接待服务设施。

因此，本教材将研学旅行基地定义为"具有研学课程资源和完善的接待服务设施、教育教学设施，服务中小学生研学旅行教育活动的场所"。

（二）营地的概念

1. 比照分析

关于研学旅行营地也没有统一的定义，以下先罗列四种较典型的阐释：

（1）武汉市旅游发展委员会和武汉市教育局联合发布的《武汉市中小学生研学基（营）地评定与服务规范（试行）》中称为"研学营地（study camp）"，是为中小学生研学旅行提供研学实践教育活动和集中食宿的场所。

（2）中国质量认证中心在《中小学生研学实践教育基地、营地建设与管理规范》中称为"研学实践教育营地"，指具备开展研学实践所需的资源与食宿条件，能够提供明确的教学主题与配套课程的资源单位。

（3）中国旅行社协会与高校毕业生就业协会联合发布的《研学旅行基地（营地）设施与服务规范》T/CATS 002–2019 中称为"研学旅行营地（study travel base）"，指自身或周边拥有良好的餐饮住宿条件、必备的配套设施，具有独特的研学旅行资源、专业的运营团队、科学的管理制度以及完善的安全保障措施，能够为研学旅行过程中的学生提供良好的学习、实践、生活等活动的场所。

（4）中华人民共和国国家旅游局在发布的《研学旅行服务规范》LB/T 054–2016 中称为"研学营地"，指研学旅行过程中学生学习与生活的场所。

2. 营地定义

关于研学旅行营地的定义，国家教育部 2018 年发布的《关于开展"全国中小学生研学实践教育基（营）地"推荐工作的通知》（教基厅函〔2018〕45

号）中有一个界定，即"营地主要指具有承担一定规模中小学生研学实践教育的活动组织、课程和线路研发、集中接待、协调服务等功能，能够为广大中小学生开展研学实践活动提供集中食宿和交通等服务的单位"。我国中小学研学旅行营地的概念应包含以下内涵：

（1）是一种场所，专供中小学生开展研学实践教育活动；

（2）富含研学课程资源，围绕一定的教育目标开发有一定数量的主题研学课程，与周边教育资源形成主题研学线路；

（3）具有教育教学设施，教育功能突出；

（4）配有接待服务设施，具备一次性集中接待一定规模学生的餐饮、住宿设施。

因此，本教材将研学旅行营地定义为"本身及周边具有研学课程资源和完善的接待服务设施、餐饮住宿设施、教育教学设施，服务中小学生研学旅行教育活动的场所"。

（三）基地营地的区别

作为实施研学旅行活动的场所，研学旅行基地与营地没有本质上的区别。但研学旅行基地一般建立在拥有课程资源的场所，而营地的设立不一定具备课程资源。从全国各地关于基地、营地的标准规范或评审条件来看，二者的区别主要表现在课程设置和功能设置两个方面。

1. 课程设置及呈现方式不同

基地的课程来自对自身资源的挖掘和设计，课程内容与自身资源高度吻合，强调特色，数量一般不多。例如，安徽省呈坎八卦村是一个国家级研学基地，根据景区的古村落徽派建筑策划设计了"徽州九绝"系列课程（徽墨制作、撕纸艺术、砖雕艺术、竹雕艺术、木雕艺术、新安医学、徽州传统武术、易经、徽州地理学），徽文化特色鲜明。营地的课程也可以根据自身资源设计而成，但更多呈现为与周边教育资源形成的研学线路，并且要求的数量更多，以满足研学旅行滞留更长时间的要求。

2. 功能设置不完全一致

教育功能是研学旅行基地、营地的第一功能，二者均须具备，但对住宿功能的要求则有所区别，一般不要求基地具备食宿功能，而营地则必须具有一次性集中接待一定规模学生食宿的功能设施。

三、基地营地的特性

教育部等11部门在《关于推进中小学生研学旅行的意见》（以下简称《意见》）中明确要求，研学旅行要坚持教育性原则、实践性原则、安全性原则和公益性原则。作为研学旅行活动的载体，基地营地必然有着与研学旅行一致的教育性、实践性、安全性和公益性等特性，同时还具有其自身的地域性和开放性。

（一）教育性

研学旅行要结合学生的身心特点、接受能力和实际需要，注重系统性、知识性、科学性和趣味性，为学生全面发展提供良好的成长空间，因此教育性是研学旅行基地营地的本质特性。基地营地的硬件、软件建设要从教育出发，凸显教育功能，才有利于实现教育目标。

（二）实践性

基地营地的实践性表现为其课程和设施要满足学生动手实践、亲身体验的需要，尤其课程设计与实施应尊重学生的主体地位，以主题实践教育活动为主，以培养创新精神和实践能力为目标，变知识性的课堂教学为实践性的体验教学。

（三）安全性

基地营地的安全性是由其服务对象的特殊性决定的。基地营地的选址要远离地质灾害和其他危险区域，要始终坚持安全第一，配备安全保障设施，建立安全保障机制，明确安全保障责任，落实安全保障措施，设立安全应急预案，确保学生的安全。

（四）公益性

《意见》规定，研学旅行"不得开展以营利为目的的经营性创收"，因此基地营地应把谋求社会效益放在首位，对贫困家庭学生有实施减免费用的义务。研学旅行基地营地的公益性特点体现在为学生提供教育资源共享、优质教育服务、关注贫困家庭学生、承担社会责任等方面。通过这些特点，基地营地能够促进教育公平和社会发展，为学生的成长和社会的进步做出积极贡献。

（五）地域性

基地营地要体现地域特色，其课程资源一般是该地域自然或人文资源的典型代表。例如，黄山市呈坎国家级研学实践教育基地依托呈坎八卦村景区的徽派建筑文化开发研学课程，以其独特的徽文化主题课程吸引全国各地的中小学生蜂拥而至，彰显了地域文化的魅力。

（六）开放性

基地营地的开放性，一是表现为教学环境的开放性。基地营地的一切活动课程和设施配套要区别于学生惯常的校园课堂学习环境，应有利于引导学生到自然和社会环境中拓展视野、丰富知识、了解社会、亲近自然和参与体验；二是表现为服务对象的广泛性。任何基地营地对所有学生开放，欢迎、接纳任何地方、任何适龄段的中小学生入驻开展研学活动，不受任何地域或其他方面的限制。

四、基地营地的功能

学生在研学旅行基地营地开展活动，实质是接受体验式、情景式教育，也是一种休闲启蒙。因此，最理想的基地营地应满足学生教育、体验、审美的多重需要，能为学生提供学、游、行、食、住等多项服务，具有教育与游览、校园与景区的多种功能。基地营地应具有如下基本功能。

（一）校外教育的功能

基地营地应开发设计有各种主题的研学课程、研学线路，建设满足各种主题实践活动的场馆，满足交流讨论的活动教室、会议室、多功能厅、展示厅，有条件的基地营地还可以配建运动场、拓展营等设施。

（二）集体生活的功能

基地要提供接待服务，营地还需要提供能一次性集中接待一定规模学生的餐饮、住宿服务，满足中小学生集体生活的需要。

（三）休闲审美的功能

有些基地营地本身依托风景秀丽的景区而建，既有景区的优美环境、公园的休憩设施，又有校园的文化氛围；既能很好地满足学生研学成长过程中的审美与身心愉悦需要,又能让学生在研学成长过程中体验了休闲教育、享受了美好时光,赋予了基地营地休闲审美的功能。

在实际中,有些基地营地还可能因特殊情况设定有其他功能。

五、基地营地的分类

研学旅行基地营地的分类方法较多,可以根据教学、研究和经营的实际需求进行分类。

(一)根据资源单位性质进行分类

根据依托的资源单位性质不同,基地营地可以分为自然景区型、文化遗产型、综合实践基地型、农业基地型、工业园区型、高等院校和科研院所型、重大工程型等。

1. 自然景区型

指国家公园、自然公园等供游览欣赏的天然风景区,包括山岳、湖泊、河川、海滨、森林、石林、溶洞、瀑布、历史古迹名胜等。例如,国家级研学旅行基地黄山风景区、黄河壶口瀑布风景名胜区等。

2. 文化遗产型

包括不可移动的物质文化遗产,如古遗址、古墓葬、古建筑、石窟寺、石刻、壁画,近现代重要史迹、代表性建筑等不可移动文物,以及在建筑式样或与环境景色结合方面具有突出普遍价值的历史文化名城(街区、村镇)。例如,国家级研学旅行基地故宫博物院、平遥古城等。

图 5-1 全国中小学生研学实践教育基地——国家中印国际创新园

3. 综合实践基地型

指我国一些省市为中小学生开展校外综合实践培训修建的青少年校外实践基地。例如，国家级研学旅行营地上海市青少年校外活动营地（东方绿舟）、宜昌市青少年综合实践学校等。

4. 农业基地型

指可用于中小学生素质教育和农业实践的区域性农产品基地。例如，湖北省研学旅行营地枝江东方年华田园综合体等。

5. 工业园区型

指国家级经济技术开发区、高新技术产业开发区、保税区、出口加工区等，以及工业生产要素集聚、工业化集约强度高、产业特色突出、功能布局优化、市场竞争力强的现代化产业分工协作的特定生产区域，如国家级研学旅行基地上海无线电科普教育基地等。

6. 高等院校和科研院所型

指具有高科技资源可用以开发研学旅行活动课程的高校或科研院（所）。例如，国家级研学旅行基地北京航空航天大学（航空航天博物馆、"月宫一号"综合实验装置）、中国科学院青海盐湖研究所等。

7. 重大工程型

是以展示国家重大工程建设成就为主题的基地营地。例如，国家级研学旅行基地中国长江三峡集团公司、南水北调中线干线北京市房山区大石窝镇惠南庄泵站、丹江口水利枢纽管理局丹江口工程展览馆等。

中国长江三峡集团公司作为中国长江三峡工程的运营管理单位，不仅是世界上最大的水电站运营企业，还是一座宏伟的工程建设实践基地，通过参观三峡大坝、水电厂、船闸等重要设施，可以了解三峡工程的建设历程、技术特点和运营管理情况，感受中国水利工程的雄伟壮丽和科技含量；作为南水北调中线工程的重要节点，惠南庄泵站是连接南水北调中线干渠和北京城区的关键设施之一。可以通过参观泵站的运行情况、水利设备和水资源调配方式，了解南水北调工程对北京市水资源保障的重要意义，以及工程建设者在保障首都供水方面所做的巨大贡献；丹江口水利枢纽是中国最大的水利工程之一，承担着丹江口水库的调水调沙、防洪排涝等重要任务，通过参观展览馆了解工程的设计构造、历史沿革和水利功能，可以感受丹江口水利枢纽为黄河流域的生态环境和人民生活带来的巨大影响。

（二）根据教育主题进行分类

根据教育主题的不同，基地营地又可以分为优秀传统文化型、红色传承

项目五 认知研学旅行基地营地

型、自然生态型、国情教育型、国防科技型等。

1. 优秀传统文化型

优秀传统文化型是指在自然环境中以传统文化为主题和特色的基地营地。这种基地营地通常结合了传统文化、历史文化和自然风光，提供给游客学习、体验和享受传统文化的机会，包括文物保护单位、博物馆、非遗场所等。

2. 红色传承型

红色传承型是一种以红色文化传承为主题的基地营地，主要包括爱国主义教育基地、革命历史类纪念设施和遗址等。这些地点与中国革命历史、共产党的光辉历程以及人民英雄的事迹有着密切的联系。其中，爱国主义教育基地是为了纪念和教育人们爱国主义精神而建立的，如革命烈士陵园、革命纪念馆、革命历史博物馆等，通过展示革命先烈的事迹、展品、图片和资料等，以传达爱国主义、革命精神等社会主义核心价值观；革命历史类纪念设施遗址通常是历史事件发生地或重要纪念遗址，如革命纪念碑、红军长征路线、革命根据地、革命战斗遗址等，这些地点承载着中国革命历史的丰富内涵，是红色文化传承和教育的重要场所。

3. 自然生态型

自然生态型是以自然生态环境为主题的基地营地，主要包括自然景区、农业基地、自然保护区和野生动物保护基地等。自然生态型基地营地可以为学生提供与自然亲近、体验自然、保护自然的机会，同时也促进其对自然生态环境和生物多样性的保护和尊重。通过开展生态教育、科普宣传等活动，引导学生热爱自然、尊重生命，推动可持续发展理念的传播和实践。

4. 国情教育型

国情教育型是以展示国家发展成就、体现基本国情和改革开放成就为主题的基地营地。这类基地包括美丽乡村、特色小镇、知名企业和大型公共设施等，通过展示经济、社会、文化等各个领域的发展成就，可以让学生感受中国特色社会主义道路的丰硕成果和国家发展的新风貌，引导学生树立正确的国家观、民族观和文化观，增强对国家的认同感和自豪感，激发民族团结和奋进精神，推动社会主义核心价值观的传播和实践。同时，也为学生提供了解国家发展大局、参与国家建设的机会，促进了政治、社会与文化教育的开展。

5. 国防科技型

国防科技型是以国防教育、科普教育、科技创新等为主题的基地营地。这类基地包括国防教育基地、科普教育基地、科技创新基地、高等学校、科研院所等，通过展示国家的国防实力和科技成果，激发学生的爱国情怀和科技创新意识，促进军民融合和人才培养。同时，也为学生提供了学习、参观、体验的机会，推动了科学文化的普及和传播。

研学旅行基地营地还可以根据评定部门的级别，分为国家级、省级、市级和县（区）级；根据投资主体的不同，分为民营投资的基地营地、政府举办的基地营地以及政府和民间资本共同投资的混合所有制基地营地等。

拓展知识：营地开发和营地运营

 任务拓展

请搜索"全国标准信息公共服务平台"，查找、研读一个关于基地营地的地方标准，说说其框架及具体内容，并用PPT展示分享。

 任务实训

请按以下步骤，调研一家省级以上的研学旅行基地。

第一步，就近调研一家省级以上的研学旅行基地；

第二步，以座谈、访谈、查看等方式了解该基地的占地面积、研学场馆、课程体系、研学指导师队伍建设、管理运营、活动开展情况等基本信息，总结归纳该基地的特色；

第三步，请用PPT形式介绍该基地的基本情况及特色课程。

项目五　认知研学旅行基地营地

任务二　研学旅行基地营地的策划

 **任务导入**

策划基地营地是为了制订合理、可行、能达到最佳效果的基地营地规划方案，而事先进行的系统、全面的思考与运筹。某3A级景区因缺乏有引爆力的项目一直经营不好，董事长得知近几年研学旅行发展迅速，拟定增设研学旅行项目以丰富景区产品，实现快速发展。请你为这个景区策划研学旅行基地项目。

 **任务分析**

要完成这个任务，需要了解研学旅行基地营地策划的基本原理和方法步骤。我们知道，由于研学旅行是教育与文旅融合而生，作为其载体的基地营地也是一个兼有"校园"和"景区"双重属性的新事物，因此策划研学旅行基地营地既要遵从教育规律和教育目标的要求，又要从文旅产业的角度思虑谋划，以下是相关知识。

 **任务知识**

一、策划依据

策划的要点很多，但从根本上不会脱离资源和市场两个基本元素。因此，策划基地营地应认真研判课程资源条件，深入研究各学段的研学教育目标及需求，优化配置，精心设计。

（一）资源条件

课程资源是策划研学旅行基地营地的物质基础，策划基地营地要结合域情、校情、生情，依托自然和文化遗产、红色教育基地和综合实践基地等资源单位，通过对有课程价值的资源及各相关要素的分析研判，策划设计特色鲜明的主题型基地营地或综合型基地营地项目。

一般情况下，基地主要依托自身的课程资源禀赋开发设计主题鲜明的研学课程。例如，湖北省郧阳青龙山恐龙蛋化石群国家地质公园是一家国家级研学旅行基地，该基地依托恐龙化石和恐龙蛋化石群教育资源设计了"走进中生代"古地质生物主题研学课程，特色鲜明而深受欢迎。

营地可以根据自身资源开发设计研学课程，对于缺乏课程资源的营地，也可以设计植入"放之四海皆可"的素质拓展、公共安全、劳动课等主题课程。例如，依托校外教育机构获批的40家"全国研学实践教育营地"中，很多单位自身并不具备充分的课程资源，而是依据其食宿条件以及政府校外教育机构的资质，设计有与周边课程资源相结合形成的研学线路。

还可以根据不同属性的课程资源策划不同主题的基地营地，如依托历史博物馆、文物展览馆、物质和非物质文化遗产地等策划历史文化主题教育基地营地；依托革命纪念地、烈士陵园（墓）等策划红色主题教育基地营地；依托展览馆、美术馆、音乐厅等策划文化艺术主题教育基地营地；依托科技馆、科研机构、高新技术产业园等策划科普主题教育基地营地，以及依托军事博物馆、国防教育馆等策划国防主题教育基地营地等。

（二）教育需求

了解教育需求是策划基地营地项目、实现基地营地功能的前提。研学旅行是一门培养学生综合素质的活动课程，课程开发面向学生的个体生活和社会生活，课程实施注重学生主动实践和开放生成，研学旅行基地营地要满足研学活动开展、实现研学旅行育人目标，这些教育理念以及研学旅行目标需求应该成为引导基地营地策划的重要依据。

基地营地要将研学旅行作为理想信念教育、爱国主义教育、革命传统教育、国情教育的重要载体，根据小学、初中、高中不同学段的研学旅行目标，有针对性地开发自然类、历史类、地理类、科技类、人文类、体验类等多种类型的活动课程，建立小学阶段以乡土乡情为主、初中阶段以县情市情为主、高中阶段以省情国情为主的研学旅行活动课程体系。

二、策划原则

研学旅行是跨文旅产业和教育行业的新事物，承载研学旅行活动的基地营地是连接文旅产业和教育事业的连接器，是组合文旅产品和课程的集成品，因

项目五　认知研学旅行基地营地

此策划基地营地项目既要遵从教育本质和需求，又要服从文化旅游的属性和特征，坚持以下原则。

（一）主题为先

主题是基地营地的灵魂、方向或主导，基地营地只有首先确定主题，才能开始规划设计建筑设施，确定整体风格，开发研学课程体系。

（二）课程为本

基地营地是实施活动课程的载体和依托，研学课程是基地营地的核心吸引物，开发设计系列研学课程是策划基地营地项目的根本。

拓展视频：研学旅行营地课程案例

（三）体验为要

体验既是研学旅行活动课程的本质要求，也是旅游的本质所在，基地营地无论是硬件设施还是课程设计，都应高度重视学生的体验感受，为他们完成研学旅行提供方便。

（四）品牌为愿

创建品牌是竞争制胜的法宝，策划基地营地应确定目标定位，明确发展愿景，在品牌打造上狠下功夫。

三、策划步骤

充分了解和把握项目策划的步骤或程序，才能确保稳步有序地开展工作。基地营地项目策划涉及的范围很广，环节较多，可以简要分为以下三个阶段。

（一）调研资源，头脑风暴

首先要确定策划项目的范围，其次遴选出该项目中有教育价值的资源，分析教育资源的属性特征，寻找与中小学研学目标的结合点，并进行头脑风暴。

（二）确定主题，构思设计

集中多方智慧，寻找策划线索，厘清繁复的思路以产生构思，提炼课程主题，精心构思方案，确定项目期待的目标和成果。

（三）厘清思路，形成文本

将构思设计形成系统的策划文本。

四、文本要素

一般情况下，基地营地项目策划文本至少包括但不仅限于以下要素。

（一）基础分析

包括调研和分析国家及地方政策、研学旅行发展现状、基础条件与制约因素、研学目标市场等背景条件及信息资讯。

（二）课程资源分析

深入分析研学课程资源，营地还需要对周边教育资源进行整合分析，确定基地营地的教育主题，实现教育资源效益的最大化。

（三）目标与定位

提出基地营地建设发展的目标定位、功能定位、市场定位以及发展战略和思路等。

（四）研学主题设计

基地营地应根据自身或其周边教育资源的情况，确定至少一项符合培养学生发展核心素养目标的研学主题，如优秀的传统文化教育、红色文化教育、国防教育等，作为基地营地课程的主打方向，统领研学课程和线路的开发设计。

（五）研学课程和线路设计

基地营地应在既定研学主题的统领之下，根据不同学段的研学目标及实际需求，有针对性地开发设计研学课程、研学线路及其他研学项目。

（六）空间布局与场馆建设

确定基地营地的功能分区和硬件设施，包括基础设施、教育设施以及其他配套设施的总体布局，策划重点发展项目。场馆设施的设计应根据主题教育的需要，考虑中小学生动手实践方面的需求。

项目五　认知研学旅行基地营地

（七）支持与保障体系设计

策划设计基地营地建设的保障措施，包括政策、市场、资金、人力、安全、医疗、质量等全方位保障体系。

（八）投资估算与效益分析

测算基地营地开发建设的总体投资，估算基地营地的社会效益和经济效益。基地营地的公益性决定了其更看重社会效益。

图 5-2　广西通灵大峡谷的研学旅行中，学生在谷底拍照记录
（图片提供：广西通灵大峡谷景区）

拓展知识

《×××景区研学旅行营地规划编制大纲》

1. 总则

1.1 规划目的

1.2 规划性质

1.3 规划原则

1.4 规划范围

1.5 规划依据

2. 发展条件分析

2.1 项目建设背景条件

2.2 区位环境条件分析

2.3 场地设施现状分析

2.4 研学资源条件分析

2.5 周边资源竞合关系分析

3. 研学市场分析与预测

3.1 目标市场定位

3.2 研学市场分析

3.3 研学市场规模预测

4. 发展战略及目标

4.1 战略思想

4.2 战略定位

4.3 战略目标

4.4 形象定位

5. 空间布局及功能分区

5.1 总体思路

5.2 空间布局

5.3 功能分区

6. 研学项目设计

6.1 重点研学项目设计

6.2 项目实施时序安排

7. 研学课程规划

7.1 课程目标

7.2 课程体系

7.3 课程实施

7.4 课程评价

8. 研学课程场（馆）景规划

8.1 室内场馆

8.2 户外场景

9. 公共服务体系规划

9.1 交通体系规划

9.2 基础服务设施规划

9.3 服务设施规划

项目五　认知研学旅行基地营地

10. 研学服务保障体系规划

10.1 组织保障

10.2 政策保障

10.3 资金保障

10.4 人力保障

10.5 安全保障

10.6 医疗保障

10.7 质量保障

11. 营地投资估算与效益分析

某3A景区董事长从市场得知，近几年研学旅行发展迅速，于是决策增设研学旅行项目以丰富景区产品，助力景区发展。请你为这个景区做一份研学旅行项目策划方案。

请运用本任务知识，为你熟悉的一家A级景区策划研学旅行基地项目。

第一步，调研该基地的资源条件、场馆设施、业主诉求、景区发展规划及实施等现状条件；

第二步，挖掘景区资源特色，开发设计课程体系及研学场馆保障体系；

第三步，编制该景区研学旅行基地规划的思路及大纲，并用PPT展示分享。

任务三 研学旅行基地营地的建设

 **任务导入**

某 3A 级景区拟通过增设研学营地项目丰富景区内容，以提升引爆、实现快速发展，目前已编制完成《某景区研学旅行营地策划方案》。请你为这个营地项目做一个规划设计方案。

 **任务分析**

前一个任务我们已经了解了策划研学旅行基地营地的基本原理和方法步骤。要完成这个任务，需要进一步了解研学旅行基地营地规划设计的依据、原则、内容及标准等。

 **任务知识**

一、建设的规范依据

设计研学旅行基地营地应遵循以下政策规范。

（一）政策法规依据

教育部等 11 部门《关于推进中小学生研学旅行的意见》是推进我国中小学研学旅行工作的指导性文件，其中提出的关于加强研学旅行基地建设的明确要求是建设基地营地的重要依据；《研学旅行服务规范》作为行业标准，对研学旅行基地营地也有界定和规范，基地营地建设必须遵守。

（二）教育理论依据

研学旅行是一门活动课程，是中小学实践教育的重要形式和有效途径，基地营地建设应体现国家的教育意志。国家颁布的《中小学综合实践活动课程指导纲要》《中小学德育工作指南》和《关于全面加强新时代大中小学劳动教育的意见》中，对研学旅行的课程性质、课程目标、课程内容等作出了科学阐释，提出了目标要求。这些相关论述体现的教育理念、课程理念以及教育目标等都是指导基地建设的重要理论依据。

（三）技术规范依据

作为实施研学旅行活动的场所，理想的基地营地应具有校园的育人氛围、景区的优美环境、公园的休憩设施，以实现其校外教育、集体生活、休闲审美三大功能。要满足这些功能，基地营地的建设可以借鉴"两个园子"（校园和景区）的标准，即依据《中小学校设计规范》和《旅游景区质量等级评定管理办法》中的相关指标建构框架。

另外，《休闲露营地建设与服务规范》（GB/T 31710）、《研学旅行服务规范》（LB/T 054-2016）、《中小学生研学实践教育基地、营地建设与管理规范》（CQC/GF JD0002-2018）、《研学旅行基地（营地）设施与服务规范》（T/CATS 002-2019）以及地方标准也可以作为基地营地建设的技术参考。

二、建设的基本原则

研学旅行工作要坚持教育性、实践性、安全性和公益性原则，作为开展研学旅行活动的载体和依托，研学旅行基地营地的建设也要以此为指导，遵循以下六个原则。

（一）教育性原则

研学旅行是中小学生的一门活动课程，研学旅行基地营地是根据小学、初中、高中不同学段的研学旅行目标，开展自然类、历史类、地理类、科技类、人文类、体验类等多种活动课程的重要载体。因此，基地营地的建设要从教育出发，结合中小学生的身心特点、接受能力和实际需要，能够融合理想信念教育、爱国主义教育、革命传统教育、国情教育、生活实践教育，以及培养学生的动手能力、团队协作能力、社会责任感和创新精神等多个综合教育功能。

（二）实践性原则

研学旅行是中小学综合实践育人的重要途径，是必修综合实践活动课程的重要形式。建设研学旅行基地营地，无论是课程设计、环境创设，还是基础设施、硬件配套都要满足学生动手实践、亲身体验的需要，以达到了解社会、亲近自然、参与体验、拓展视野的目的，基地营地不能只是供中小学生旅游观光或展馆静态参观。

（三）安全性原则

研学旅行是以集体旅行、集中食宿方式开展的校外教育活动，研学旅行基地营地要具备学生集体开展活动课程的能力，营地还要具备同时接待1000名以上学生集中食宿的能力。基地营地的建设要远离地质灾害和其他危险区域，坚持安全第一，建立安全保障机制，明确安全保障责任，落实安全保障措施，设立安全应急预案，努力做到万无一失，确保学生的安全。

（四）体验性原则

研学旅行活动中的学习方式是体验式，体验式学习是青少年学生心理素质教育的有效手段，是对现代学校教育内容的有效补充。研学旅行基地营地的硬件设施、活动课程以及环境氛围都要有利于引导学生主动参与、乐于探究、勤于动手，有动手、动脑、动口的机会，从而实现培养学生综合素质、社会责任感、创新精神和实践能力的教育目标。

（五）地域性原则

研学旅行基地营地的建设要结合地域特色，依托所在地的自然和文化遗产资源、红色教育资源、综合实践基地、大型公共设施、知名院校、工矿企业、科研机构等，建设主题性基地营地或综合性基地营地，让地域特色、自然环境、文化遗存、民俗风情中蕴含的文化基因以耳濡目染的方式浸染学生的心灵。

（六）公益性原则

研学旅行是国家基础教育改革的重要内容，基地营地建设应把谋求社会效应放在首位，在提供的活动课程及其相关服务中，杜绝开展过度的以营利为目的的经营性创收，并需建立相应的收费减免政策。

三、建设的主要内容

现阶段尚未出台研学旅行基地营地的国家标准或行业标准，教育部门组织评定的"全国中小学生研学实践教育基地""全国中小学生研学实践教育营地"也未形成建设指标体系。研究分析地方标准或团体标准，如《福建省中小学生研学实践教育基地建设与服务标准（试行）》《武汉市中小学生研学旅行第 2 部分：研学基（营）地评定与服务规范》《中小学生研学实践教育基地、营地建设与管理规范》《研学旅行基地（营地）设施与服务规范》等，我们发现基地营地的建设主要围绕资质条件、基础设施、研学课程、安全管理、专业人员、服务质量等要素进行，现将其分为选址、硬件和软件三个方面逐一阐述。

（一）选址

基地营地的选址应符合国家和地方对自然环境、文化、历史和资源保护等方面的要求，相关活动场所和功能区地理位置的选择应考虑以下因素：一是发生自然灾害的可能性；二是各类污染源的潜在影响；三是交通的安全与便利性；四是实现紧急救援或及时应对突发事件的可行性；五是水、电、通信等基础设施完备，且能源、动力供给便捷、充足；六是可依托的自然、历史、文化等资源及周边社会人文环境。

（二）硬件

基地营地的设施应该具有承接学生开展研学实践活动的能力，研学旅行营地及含有食宿功能的基地还应精心设计配套食宿设施，其硬件设施建设至少包括以下四个方面。

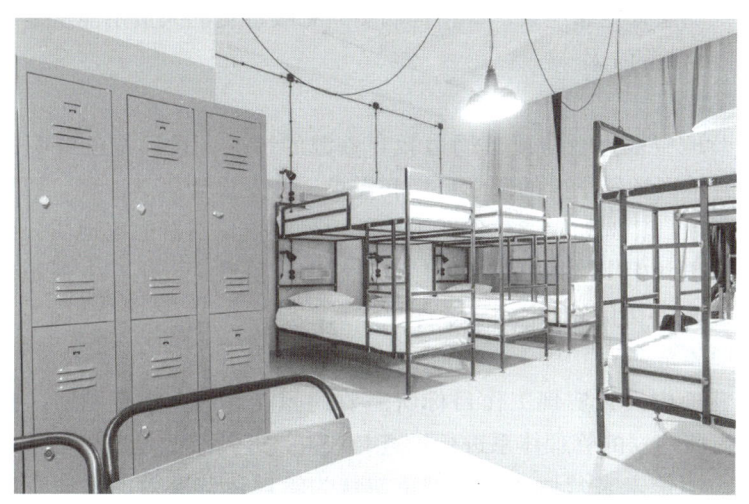

图 5-3　某研学营地内的学生宿舍，可以接待学生集中住宿

1. 教育设施

应配备与研学课程相适应的基本硬件条件，要建有主题教育场馆、活动场

所或展览馆藏，并配备适宜的展示方式、教材教具与场地空间。

2. 游览设施

应设置必要的游览步道、公共休憩区，以及必要的导览、提示标识等。

3. 配套设施

主要包括与研学实践活动相关的接待，基地营地区间交通、通信、监控、安全、医疗、卫生等方面的设施，营地还需要建设规范的食宿设施。设施应配置完善以满足不同类型和时长的研学课程需要。

4. 应急设施

应配备适宜的应急装备、器材、逃生通道等。

基地营地应对上述基础设施的维护进行策划与实施，定期检查，以确定和减少潜在的安全、功能、性能等方面的风险。

（三）软件

基地营地的课程、服务及管理等软件应满足中小学生开展研学实践活动的需要，至少包括以下四个方面。

1. 人员配备

基地营地应确定为满足研学实践要求所需的岗位及其能力要求，并确保配备数量充足、能力胜任的从业人员；应采取培训或其他措施，确保相关人员胜任其岗位；确保有犯罪记录、有精神病史、有吸毒史的人员不能从事与研学实践活动直接相关的工作。

2. 研学课程

基地营地应根据自身或其周边教育资源的情况，设计特色鲜明的研学主题，并结合不同学段学生的研学目标和需求，开发设计研学课程、研学线路以及其他研学项目。例如，湖北省郧阳青龙山恐龙蛋化石群国家地质公园依托其独特的"龙蛋共生"（该地同时出土了恐龙化石和恐龙蛋化石）资源优势，开发设计了"走进中生代"主题研学课程体系。

3. 管理体系

基地营地应设置实现工作目标所需要的职能部门、规章制度、业务流程等，定期对所建立的管理体系进行检查与评审，并持续改进其管理体系的有效性和效率。明德未来营地董事长王京凯认为管理运营高效的基地营地应建立"一文化一后台三中心"的架构："一文化"是指基地营地要形成与研学主题有关的独特的基地营地文化；"一后台"是指基地营地要建设有力的行政管理和后勤物业管理后台；"三中心"是指基地营地要具有高效运转的教务、营销、后勤三个运营中心。

4. 安全保障

基地营地应建立安全管理机制，明确落实安全责任。包括制定相关的安全管理制度以确保研学服务的安全提供；开展适当的内外部安全教育，提升全员的安全意识，外部安全教育与沟通的对象应包括学生、学校、研学机构、旅行社以及其他相关方；根据所识别的重大风险如地震、火灾、食品卫生等突发情况，制定应急预案；定期或不定期地系统识别、评估研学服务各环节中的潜在风险，并采取适宜的措施，持续降低安全风险。

拓展知识：广东省研学旅行协会研学实践营地建设和创建标准（上）（节选）

四、高等级基地营地建设

（一）教育部门评定国家级研学实践教育基地营地

2016年教育部等11部门在《关于推进中小学生研学旅行的意见》中强调，要加强研学旅行基地建设，各地各部门要密切合作，根据研学旅行的育人目标，依托自然和文化遗产资源、红色教育资源以及综合实践基地等，遴选建设一批安全适宜的中小学生研学旅行基地，探索建立基地的准入标准、退出机制和评价体系。此后两年，教育部先后公布了581家"全国中小学研学实践教育基地"和40家"全国中小学研学实践教育营地"。推荐评审上述国家级研学实践教育基地营地的基本条件如下：

1. 基地

基地应结合自身资源特点，已开发或正在开发不同学段（小学、初中、高中）与学校教育内容衔接的研学实践课程，同时应满足下列条件：

（1）具有下列主题板块之一的课程资源

一是优秀传统文化板块。包括旅游服务功能完善的文物保护单位、古籍保护单位、博物馆、非遗场所、优秀传统文化教育基地等单位，能够引导学生传承中华优秀传统文化核心思想理念、中华传统美德、中华人文精神，坚定学生的文化自觉和文化自信。

二是革命传统教育板块。包括爱国主义教育基地、革命历史类纪念设施遗址等单位，引导学生了解革命历史，增长革命斗争知识，学习革命斗争精神，培育新的时代精神。

三是国情教育板块。包括体现基本国情和改革开放成就的美丽乡村、传统村落、特色小镇、大型知名企业、大型公共设施、重大工程等单位，能够引导学生了解基本国情及中国特色社会主义建设成就，激发学生的爱党爱国之情。

四是国防科工板块。包括国家安全教育基地、国防教育基地、海洋意识教育基地、科技馆、科普教育基地、科技创新基地、高等学校、科研院所等单位，能够引导学生学习科学知识、培养科学兴趣、掌握科学方法、增强科学精神，树立总体国家安全观，树立国家安全意识和国防意识。

五是自然生态板块。包括自然景区、城镇公园、植物园、动物园、风景名胜区、世界自然遗产地、世界文化遗产地、国家海洋公园、示范性农业基地、生态保护区、野生动物保护基地等单位，能够引导学生感受祖国的大好河山，树立爱护自然、保护生态的意识。

（2）具备承接中小学生开展研学实践教育的能力，能够结合单位资源特点，设计开发适合小学、初中、高中不同学段学生与学校教育内容相衔接的课程和线路；学习目标明确、主题特色鲜明、富有教育功能；有适合中小学生需要的专业讲解人员以及课程和线路介绍。

（3）能够积极配合教育部门工作，对中小学生研学实践教育活动实施门票减免等优惠措施，单位周边交通便利，适宜中小学生前往开展研学实践教育活动，在本地区、本行业有一定示范意义。

（4）财务管理体制明确，内部保障机制健全，产权清晰，运行良好，日常运转经费来源稳定；注重预算管理和绩效评价，内部控制与财务制度健全，会计基础工作规范，具备项目管理能力。

（5）近三年没有受到各级行政管理（执法）机构的处罚。

2. 营地

营地应具有承担一定规模中小学生研学实践教育的活动组织、课程和线路研发、集中接待、协调服务等功能，能够为广大中小学生开展研学实践活动提供集中食宿和交通等服务，同时应满足下列条件：

（1）教育系统所属的公益性青少年校外活动场所、综合实践基地等。

（2）研学实践教育资源丰富、开发合理。单位周边有若干个研学实践教育基地或教育资源，能够满足学生2~5天研学实践教育活动需求。研学实践教育课程和线路设计科学，有多个不同主题、不同学段（小学、初中、高中）且与学校教育内容衔接的研学实践课程和线路，能够实现中小学研学实践教育活动的育人目标。

（3）师资充分且业务能力较强。有从事研学实践教育工作的专职队伍，能够设计、规划课程和线路，能够组织中小学生集体实践、开展研究性学习、促进书本知识和生活实践深度融合，落实立德树人根本任务，促进学生培育和践行社会主义核心价值观。

（4）各项运行制度健全，保障与承载能力强。单位正常安全运行一年以上；房屋、水电、通信、消防等基础设施配套齐全，环境整洁、卫生良好，能够满足正常运行的需要；能够至少同时接待1000名学生集中食宿；所在地交通便利，能够满足开展研学实践教育活动的交通需求；内部具备基本的医疗保障条件，周边有医院；有安全措施和保障能力，有安全警示标志、有专门的安全应急通道，有24小时、无死角的监控系统，有现场安全教育和安全防护措施，有应急预案，从未发生过重大安全事故。

（5）领导班子政治素质高、统筹协调能力强，组织机构健全，管理制度完备。有专门机构（专人）负责中小学生研学实践教育工作，接待流程、方案和活动开支情况长期公开。

（6）财务管理体制明确，内部保障机制健全，产权清晰，运行良好，日常运转经费来源稳定；注重预算管理和绩效评价，内部控制与财务制度健全，会计基础工作规范，具备项目管理能力。

（7）近三年没有受到各级行政管理（执法）机构的处罚。

国家级研学实践教育基地由国家有关部门和省级教育行政部门分别推荐国家或相关行业已挂牌的各类教育基地；国家级研学实践教育营地由省级教育行政部门遴选推荐工作基础较好的符合推荐条件的青少年校外活动场所、综合实践基地等单位，最终由教育部组织专家对基地营地进行审核、评定、命名。国家层面命名基地营地，引领和带动省市层面也命名了一批基地营地，客观上形成了我国研学旅行基地营地蓬勃发展的局面。

> **拓展知识**
>
> **中国地质学会印发地学科普研学基地（营地）评选授牌和监督管理办法（试行）通知**
>
> 为了贯彻落实《全民科学素质行动计划纲要（2021—2035）》，普及地球科学知识，顺利开展地学科普研学基地（营地）的推荐与评选，中国地质学会秘书局制定了《中国地质学会地学科普研学基地（营地）评选授牌和监督管理办法（试行）》，并经过中国地质学会第40届理事会第三十七次常务理事会议（通讯）审批通过，现予以印发，请遵照执行。

中国地质学会地学科普研学基地（营地）评选授牌和监督管理办法
（试行）

第一章 总则

第一条 为贯彻落实科技强国发展战略，普及地球科学知识，根据《全民科学素质行动计划纲要（2021—2035年）》《教育部等11部门关于推进中小学生研学旅行的意见》（教基一〔2016〕8号）精神，中国地质学会依托自身地学行业优势，开展地学科普研学体系建设工作。

第二条 为规范中国地质学会地学科普研学基地（营地）（以下简称科普基地（营地）的评审授牌和监督管理工作，特制定本办法。

第三条 科普基地（营地）是展示地学科技成果的重要场所，是向公众普及地球科学知识、提高全民科学文化素质的重要阵地，在开展社会性、群众性、经常性的科普活动中具有示范性，是国家特色科普基地的重要组成部分。

第四条 中国地质学会负责科普基地（营地）的评审授牌与监督管理工作。各省级地质学会（省级会员服务中心）、理事单位负责本领域科普基地（营地）推荐工作。

第二章 申报条件

第五条 科普基地（营地）申报单位须具备以下基本条件：

（一）具有法定代表人资格，或受法人正式委托，能独立开展地学科普研学工作及其相关活动；

（二）有意愿与中国地质学会共建科普基地（营地），致力于推动地学科普研学事业发展；

（三）有明确的专职人员负责基地（营地）建设，以及开展相关教学活动的经费；

（四）具备开展地学科普研学活动的基础和能力，包括但不限于具有地学特色的教学实习路线、课程，以及人才培训工作经验等。

第六条 科普营地申报单位除具备第五条所列基本条件外，同时还应具备以下条件：

（一）能够提供至少50人同时食宿和其他必要的生活设施；

（二）具备一定数量的教学设备和设施；

（三）具备较成熟的研学路线；

（四）每年至少承接中国地质学会委托的研学活动2次。

第三章 申报程序

第七条 按照"自愿申报—推荐单位推荐"的程序进行申报，申报工作每年开展一次。

第八条 符合申报条件的单位，按要求提交《中国地质学会地学科普研学基地（营地）申报表》（见附表）以及申报视频（配解说，10分钟以内）、宣传画册、场地展示图、特色活动照片、数字化虚拟参观和其他相关证明材料。

第九条 申报材料可选择以下两个渠道报送：

（一）各省级地质学会（省级会员服务中心）；

（二）学会各理事单位。

第四章 评选与授牌

第十条 中国地质学会负责组成科普基地（营地）评选委员会，对符合申报条件的进行初评，对通过初评的候选科普基地（营地）开展现场评审。

第十一条 科普基地（营地）评选工作实行公示制度。对通过现场评审的科普基地（营地）由中国地质学会向社会公示，公示期为5个工作日。

第十二条 公示期间对公示内容有异议的，应在公示期内提出实名书面材料，并提供必要的证明文件，由中国地质学会负责组织复议。逾期或匿名异议不予受理。

第十三条 公示期满无异议和通过复议的候选科普基地（营地），中国地质学会正式命名为"中国地质学会地学科普研学基地（营地）"，同时与学会签订中国地质学会地学科普研学基地（营地）合作共建协议书。若拟被授牌单位拒绝与学会签订协议书的视为自动放弃中国地质学会地学科普研学基地（营地）资格。学会向签订协议书的单位颁发证书和牌匾。

第五章 运行与监督管理

第十四条 已命名的科普基地（营地）应发挥自身特色优势，积极参与地学科普知识传播。

第十五条 中国地质学会对已命名科普基地（营地）实行动态管理，命名有效期为三年。有效期满，经中国地质学会综合评估认定为合格的，可被继续命名为中国地质学会地学科普研学基地（营地）。

第十六条 已命名的科普基地（营地）每年由中国地质学会负责组织抽检，对抽检中存在问题的限期整改。

第十七条 已命名科普基地（营地）有下列情况之一的，撤销其"中国地质学会地学科普研学基地（营地）"称号，收回牌匾和证书，三年内不得重新申报：

（一）年度抽检不合格，且拒不整改或整改后仍达不到要求的；

（二）无故不提交年度科普工作总结与计划；

（三）发生安全责任事故，或发生破坏地质环境、生态环境等重大责任事件；

（四）发生有损中国地质学会荣誉的行为。

第六章 附 则

第十八条 本办法由中国地质学会负责解释。

第十九条 本办法自发布之日起实施。

（二）文化旅游部门颁布的研学旅行基地营地设施与服务规范

2019年，中国旅行社协会与高校毕业生就业协会发布《研学旅行基地（营地）设施与服务规范》，自2019年3月1日起实施。该规范为研学旅行市场提供了参考，有助于规范和提升研学旅行基地（营地）服务质量，使研学旅行基地（营地）有相对科学、规范的准入条件，引导旅行社正确选用合格研学旅行基地（营地）供应商，保证研学旅行线路产品的服务质量，推动研学旅行服务市场的健康发展。

拓展知识：《研学旅行基地（营地）设施与服务规范（T/CATS 002–2019）》（节选）

任务拓展

请以小组的形式，采用文献研究法搜集一份研学旅行基地或营地的规划方案，分析其结构体系和内容，并在班级作分享交流。

任务实训

请运用本任务知识，为你身边熟悉的一家A级景区做一个研学营地项目的规划设计。

第一步，调研该营地的资源条件、场馆设施、业主诉求、景区发展规划及实施等现状条件；

第二步，挖掘景区资源特色，开发设计课程体系及研学场馆保障体系；

项目五　认知研学旅行基地营地

第三步，编制该景区研学旅行营地规划设计的思路及大纲，用PPT展示分享。

项目思考与练习

一、判断题

二、单选题

三、多选题

四、思考题

（一）研学旅行基地营地的特性和功能是什么？

（二）根据资源单位性质进行分类，基地营地可以分为哪几类？

（三）研学旅行基地营地建设的基本原则？

（四）如何申报高级别的研学旅行基地营地？

随堂测验及答案

项目六

认知研学旅行指导师

全国中小学生研学实践教育基地——福州市三坊七巷·严复翰墨馆

研学旅行概论

项目导读

研学旅行指导师在研学活动过程中担当举足轻重的角色，他们凭借深厚的专业知识与精湛技能，为学生搭建了一座通向广阔教育、文化交融与实践体验的桥梁，以此助力学生开阔眼界、增长见识、全面提升个人综合素养。本项目清晰界定了研学旅行指导师的职业定位，列举了其主要工作任务，并对其应具备的职业素养进行了详尽解读。

学习目标

知识目标	1. 了解研学旅行指导师的概念内涵； 2. 熟悉研学旅行指导师的工作内容； 3. 掌握研学旅行指导师的职业素质。
能力目标	1. 能在熟知学校研学旅行活动行前、行中和行后工作要求的前提下提供教育服务； 2. 能在熟知研学旅行指导师工作内容的前提下完成各项工作。
素质目标	1. 培养学生开展研学旅行工作的责任感和使命感； 2. 激发学生从事研学旅行指导师的职业愿望。

思维导图

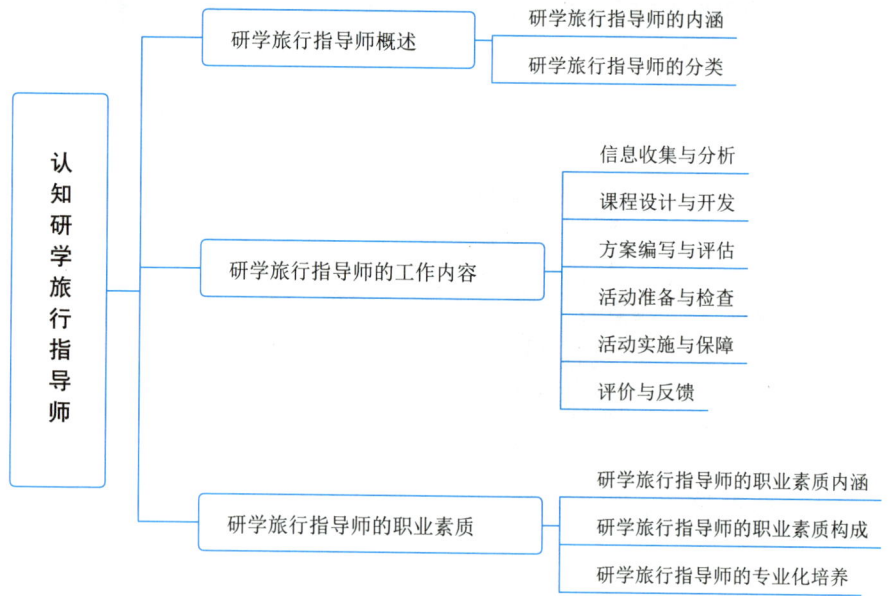

项目六　认知研学旅行指导师

任务一　研学旅行指导师概述

任务导入

小王是一家研学旅行公司新入职的研学旅行指导师。这段时间，团队中不少年轻人在抽空准备研学旅行指导师职业资格证考试。小王想：如今，研学旅行指导师被国家认定为新职业，这对我们从业者是一件大好事，我要努力成为一名优秀的研学旅行指导师。那到底什么是研学旅行指导师？研学旅行指导师分为哪些类型？未来如何找准定位，做好职业规划？小王还有一些困惑，迫切希望找到答案。

任务分析

2022年，人力资源和社会保障部向社会公示了18个新职业信息，其中研学旅行指导师拟纳入新版国家职业分类大典。研学旅行指导师成为新职业，新职业将为社会劳动者提供更多的新就业机会，也为研学旅行的高质量发展夯实人才基础。而要想在这一新职业中有更好的发展，小王需要全面了解研学旅行指导师的内涵，以及研学旅行指导师的分类，以找准发展方向和定位，以下是相关知识。

任务知识

一、研学旅行指导师的内涵

关于研学旅行指导师的内涵，《研学旅行服务规范》（LB/T054—2016）和《研学旅行指导师（中小学）专业标准》（T/CATS001—2019）先后给予了说明。除了这两个标准之外，人力资源和社会保障部在《关于对拟发布机器人工程技术人员等职业信息进行公示的公告》中也对研学旅行指导师进行了定义。

（一）《研学旅行服务规范》的定义

《研学旅行服务规范》(LB/T054—2016)指出，研学导师是在研学旅行过程中，具体制订或实施研学旅行教育方案，指导学生开展各类体验活动的专业人员。

（二）《研学旅行指导师（中小学）专业标准》的定义

《研学旅行指导师（中小学）专业标准》(T/CATS001—2019)指出，研学旅行指导师是指策划、制订或实施研学旅行课程方案，在研学旅行过程中组织和指导中小学学生开展各类研究学习和体验活动的专业人员。

（三）人力资源和社会保障部的定义

人力资源和社会保障部于2022年在《关于对拟发布机器人工程技术人员等职业信息进行公示的公告》中指出，研学旅行指导师是策划、制订、实施研学旅行方案，组织、指导开展研学体验活动的人员。

> **拓展知识**
>
> **研学旅行指导师将成新职业**
>
> 《关于对拟发布机器人工程技术人员等职业信息进行公示的公告》，对18个新职业的定义与主要工作任务进行了说明。其中，研学旅行指导师指策划、制订、实施研学旅行方案，组织、指导开展研学体验活动的人员；主要工作任务包括收集研学受众需求和研学资源等信息，开发研学活动项目，编制研学活动方案和实施计划，解读研学活动方案，组织、协调、指导研学活动项目的开展等。
>
> 职业分类作为制定职业标准的依据，是开展职业教育培训和人才评价的重要基础性工作。新职业信息的公示发布，对于增强从业人员的社会认同度、促进就业创业、引领职业教育培训改革、推动经济高质量发展等，都具有重要意义。下一步，新职业信息经公示征求意见、修改完善后，将被正式纳入新版大典。人力资源和社会保障部将会同有关部门组织制定新职业标准，同时面向社会广泛征集新职业标准或评价规范，指导培训机构依据国家职业标准开展培训。同时，积极稳妥推行社会化评价，由经人力资源社会保障部门备案的用人单位和社会组织开展评价活动。对评价认定合格的人员，由评价机构按照有关规定颁发证书。获证人员信息纳入人才统计范围，获证人员按规定享受职业培训补贴、职

业技能鉴定补贴等政策。

（资料来源：搜狐网）

可以看出，指导师在称谓上经历了一个发展过程，不同文件中有不同的称谓，包括研学导师、研学旅行指导师等，在行业中也有研学辅导员、研学班主任的称谓，而目前的主流称谓是研学旅行指导师。综合以上定义，本教材使用人社部对研学旅行指导师的定义：研学旅行指导师指策划、制订、实施研学旅行方案，组织、指导开展研学体验活动的人员。研学旅行指导师是研学旅行专业人员中的关键岗位，在研学旅行活动中是策划者、制定者和执行者，承担着导游和教师的双重身份。

图6-1 研学旅行指导师、导游、教师的关系

首先，研学旅行指导师是研学旅行活动中的导游，是在研学旅行过程中提供旅行服务的专业工作人员。研学旅行指导师需要在旅行活动开展过程中为研学主体提供各种旅行服务、讲解服务以及生活服务等。研学旅行的基础是旅行，因此要把旅行活动组织好，才有可能顺利开展研学活动。

其次，研学旅行指导师是研学旅行活动中的教师。研学旅行指导师除了提供旅行服务之外，还需制订或实施研学旅行课程方案，指导学生开展各类研学探究学习和体验活动。而这部分内容显然是工作重点，需要特别重视。如果没有这部分内容，研学旅行就成为"只游不学"了，无法突出研究和学习，无法达到研学旅行的目的。

二、研学旅行指导师的分类

研学旅行指导师在我国尚属于新职业，处于不断形成和规范的阶段，对于研学旅行指导师从不同的维度有不同的分类。

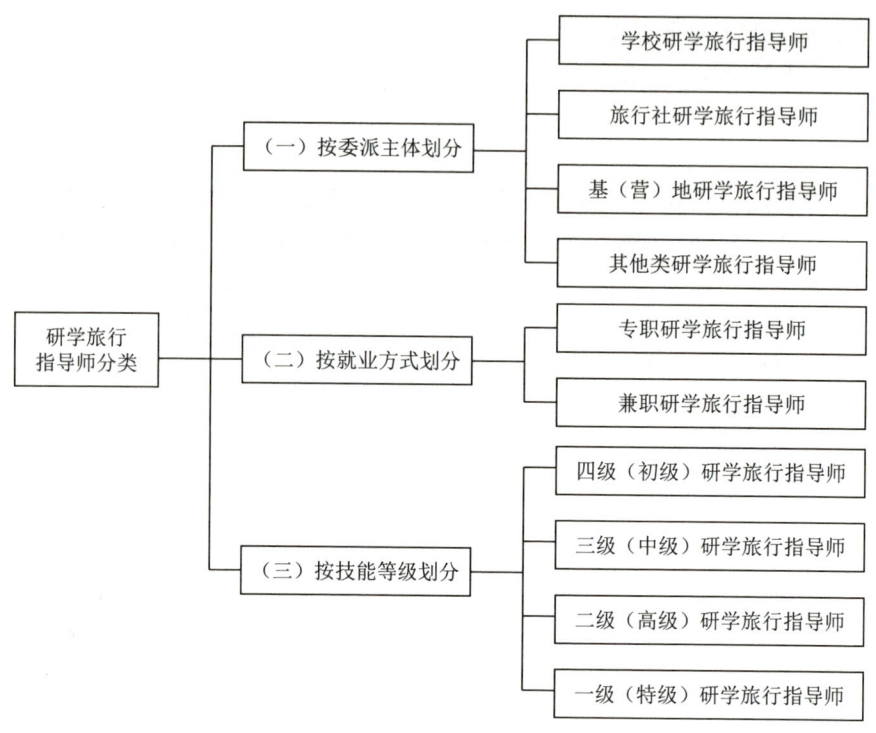

图6-2 研学旅行指导师的分类

（一）按委派主体划分

按照委派主体的不同，可将研学旅行指导师分为以下四种类型。

1. 学校研学旅行指导师

学校委派的研学旅行指导师一般在学校内部招募或从教职员工中选派，负责组织和指导学校研学旅行活动。他们通常了解学校教育目标和需求，并根据学校的要求策划、制订、实施研学旅行方案，组织、指导研学体验活动的开展。

2. 旅行社研学旅行指导师

旅行社委派的研学旅行指导师是由研学旅行社聘请专业人员，提供给学校或参加研学旅行机构的研学实施、组织和指导工作。他们通常具有专业的知识和经验，能够根据学校或主办方的需求，策划、制订、实施研学旅行方案，组织、指导研学体验活动的开展。

3. 基（营）地研学旅行指导师

基（营）地研学旅行指导师是指基地委派自己的专业人员或教育工作者来

项目六　认知研学旅行指导师

担任指导师，专门负责传授特定领域的知识和技能，代表基（营）地策划、制订、实施研学旅行方案，组织、指导研学体验活动的开展。

4. 其他类研学旅行指导师

其他类研学旅行指导师指按照规定取得研学旅行指导师证书，接受第三方研学服务机构（包括旅游景区、博物馆、图书馆、科技馆、少年宫、研究所等研学资源单位，教育、文化、培训等研学服务机构）的委派，策划、制订、实施研学旅行方案，组织、指导研学体验活动的开展。

（二）按就业方式划分

按照就业方式的不同，可将研学旅行指导师分为专职研学旅行指导师和兼职研学旅行指导师两种类型。

1. 专职研学旅行指导师

专职研学旅行指导师是指全职从事研学旅行指导工作的专业人员，与研学旅行机构签订劳动合同的员工，专门从事研学旅行工作。他们按照规定取得研学旅行指导师证书，大多受过高等教育和专门训练，大部分具有导游资格证书或教师资格证书等专业证书，是旅行社、研学旅行基地、研学服务机构、研学资源单位或学校的正式员工。

2. 兼职研学旅行指导师

兼职研学旅行指导师是指平时不以研学旅行指导师工作为主要职业，而是利用业余时间，被学校或研学服务机构、研学资源单位临时聘用并委派从事研学旅行教育工作的人员。这些人员中一类是通过规定取得研学旅行指导师证书，但只是兼职从事研学旅行工作的人员；另一类是虽然没有取得研学旅行指导师证书，但具有特定知识或技能，如科学实验指导师、艺术创作指导师、非遗文化指导师、体育运动指导师等，他们在研学旅行中负责指导学生在相应专业领域进行实践和探索。他们是研学旅行师资队伍的重要补充，往往可以深入讲授和指导研学课程，有力地保证了研学旅行课程的高品质实施。

（三）按技能等级划分

随着研学旅行教育活动在全国各地不断深化开展，为规范研学旅行指导师职业的发展，根据国家职业技能等级要求和《研学旅行指导师（中小学）专业标准》（T/CATS001—2019）的规定，文化和旅游部人才中心从专业技能水平角度划分，将研学旅行指导师由低到高分为"四级（初级）、三级（中级）、二级（高级）、一级（特级）"等四个级别。

拓展知识

研学旅行指导师国家职业标准（征求意见稿）

1 职业概况

1.1 职业名称

研学旅行指导师

1.2 职业编码

4-13-04-04

1.3 职业定义

策划、制订、实施研学旅行方案，组织、指导开展研学体验活动的人员。

1.4 职业技能等级

本职业共设四个等级，分别为：四级/中级工、三级/高级工、二级/技师、一级/高级技师。

1.5 职业环境条件

室内、外。因研学体验活动需要涉及低温、高温、高空、水下等环境。

1.6 职业能力特征

具有一定的语言表达、沟通协调、活动组织和学习指导能力，身心健康。

1.7 普通受教育程度

高中毕业（或同等学力）。

1.8 职业培训要求

1.8.1 培训参考时长

四级/中级工不少于100标准学时；三级/高级工不少于100标准学时；二级/技师不少于140标准学时；一级/高级技师不少于100标准学时。

1.8.2 培训教师

培训四级/中级工的教师应具有本职业三级/高级工及以上职业资格（技能等级）证书或相关专业中级及以上专业技术职务任职资格；培训三级/高级工的教师应具有本职业二级/技师及以上职业资格（技能等级）证书或相关专业中级及以上专业技术职务任职资格；培训二级/技师的教师应具有本职业一级/高级技师职业资格（技能等级）证书或相关专业高级专业技术职务任职资格；培训一级/高级技师的教师应具有本职

业一级/高级技师职业资格（技能等级）证书2年以上或相关专业高级专业技术职务任职资格2年以上。

1.8.3 培训场所设备

理论知识培训在标准教室或计算机教室内进行，需配备相应网络考试系统；技能培训在符合本职业要求的具有模拟操作功能的场所进行。

1.9 职业技能评价要求

1.9.1 申报条件

具备以下条件之一者，可申报四级/中级工：

（1）累计从事本职业或相关职业工作满5年。

（2）取得相关职业五级/初级工职业资格（职业技能等级）证书后，累计从事本职业或相关职业工作满3年。

（3）取得本专业或相关专业的技工院校或中等及以上职业院校、专科及以上普通高等学校毕业证书（含在读应届毕业生）。

具备以下条件之一者，可申报三级/高级工：

（1）累计从事本职业或相关职业工作满10年。

（2）取得本职业或相关职业四级/中级工职业资格（职业技能等级）证书后，累计从事本职业或相关职业工作满4年。

（3）取得符合专业对应关系的初级职称（专业技术人员职业资格）后，累计从事本职业或相关职业工作满1年。

（4）取得本专业或相关专业的技工院校高级工班及以上毕业证书（含在读应届毕业生）。

（5）取得本职业或相关职业四级/中级工职业资格（职业技能等级）证书并取得高等职业学校、专科及以上普通高等学校本专业或相关专业毕业证书（含在读应届毕业生）。

（6）取得经评估论证的高等职业学校、专科及以上普通高等学校本专业或相关专业的毕业证书（含在读应届毕业生）。

具备以下条件之一者，可申报二级/技师：

（1）取得本职业或相关职业三级/高级工职业资格（职业技能等级）证书后，累计从事本职业或相关职业工作满5年。

（2）取得符合专业对应关系的初级职称（专业技术人员职业资格）后，累计从事本职业或相关职业工作满5年，并在取得本职业或相关职业三级/高级工职业资格（职业技能等级）证书后，从事本职业或相关职业工作满1年。

（3）取得符合专业对应关系的中级职称（专业技术人员职业资格）

后，累计从事本职业或相关职业工作满1年。

（4）取得本职业或相关职业三级/高级工职业资格（职业技能等级）证书的高级技工学校、技师学院毕业生，累计从事本职业或相关职业工作满2年。

（5）取得本职业或相关职业三级/高级工职业资格（职业技能等级）证书满2年的技师学院预备技师班、技师班学生。

具备以下条件之一者，可申报一级/高级技师：

（1）取得本职业或相关职业二级/技师职业资格（职业技能等级）证书后，累计从事本职业或相关职业工作满5年。

（2）取得符合专业对应关系的中级职称后，累计从事本职业或相关职业工作满5年，并在取得本职业或相关职业二级技师职业资格（职业技能等级）证书后，从事本职业或相关职业工作满1年。

（3）取得符合专业对应关系的高级职称（专业技术人员职业资格）后，累计从事本职业或相关职业工作满1年。

资料来源：技能人才评价工作网.

任务拓展

请在网络上查找相关研学旅行标准规范中对研学旅行指导师的定义，并总结出其个性和共性。

任务实训

为更好地了解研学旅行行业对不同类型研学旅行指导师的需求情况，请调研行业企业对不同类型研学旅行指导师的需求现状，形成研学旅行指导师人才需求调研报告，并以PPT形式分享。

项目六 认知研学旅行指导师

任务二 研学旅行指导师的工作内容

任务导入

新学期开始，某研学公司承接了东方红小学4年级308名学生的研学旅行团，拟定5月举行一次为期3天的研学旅行活动。你作为公司的研学旅行指导师，将如何策划、设计、组织这次研学旅行活动？

任务分析

要顺利组织好这次研学旅行活动，做好研学旅行方案的策划、制定与实施，就要做好行前、行中和行后的相关工作，包括行前的信息收集与分析、课程设计与开发、方案编写与评估以及活动准备与检查，行中的活动实施与保障，行后的评价与反馈，以下是相关知识。

任务知识

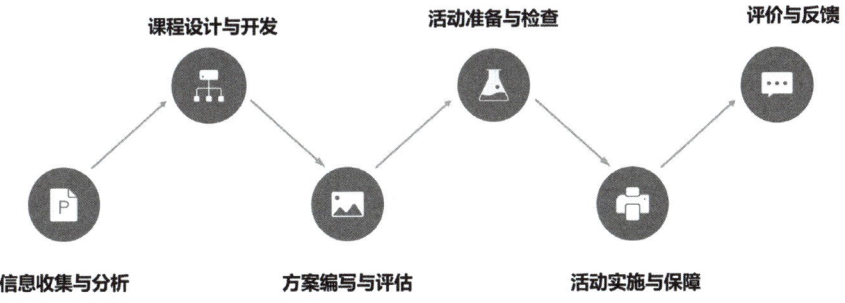

图6-3 研学旅行指导师的工作内容

一、信息收集与分析

收集研学受众需求信息和研学资源信息是开展研学工作的第一步。了解研学受众的需求和期望，才能更好地为他们提供具有吸引力和实用性的研学活动课程，掌握全面的研学资源情况，以及更好地根据需求匹配资源，设计研学旅行活动方案。

（一）研学受众需求调查与分析

进行研学受众需求信息的收集，需要做好以下工作。

1. 制订调研工作方案

收集研学受众需求信息前，要制订调研工作方案，明确调研目的、调研对象与调研内容，选择合适的调研方法和工具，设计调研问卷或访谈提纲，实施调研并收集、分析和处理数据，撰写调研报告以及评估和总结等。将以上内容提前安排合理，以更有效地实施调研工作方案。

2. 选择调研方法及工具

设计好调研方案后，再利用适合的方法与工具分析数据、解释结果，归纳提炼研学受众的需求特征。在收集信息的过程中灵活采用多种方式，可以使用大数据法、问卷调查法、访谈法、小组讨论法、学生参与法、反馈收集法等。

3. 形成调研报告

开展调研工作后，最终需要归类整理分析各类研学受众需求信息并形成调研报告，以备后续设计方案时使用。

拓展知识

某地初中生体育研学旅行认知与需求情况的调查问卷

一、基本信息

1. 你的性别是？［单选］

A. 男　　　　　B. 女

2. 你的年级是？［单选］

A. 初一　　　　B. 初二　　　　C. 初三

3. 你所在的学校属于？［单选］

A. 市级示范学校　　　　　B. 区级示范学校

C. 区级普通学校

4. 你每周校外运动几次？［单选］

A.0 次　　　　B.1 次　　　　C.2 次　　　　D.2 次以上

二、认知情况

5.你了解体育研学旅行活动吗？［单选］

A. 非常了解　　B. 了解　　C. 一般　　D. 不了解

E. 完全不了解

6.你参与过体育研学旅行吗？［单选］

A. 学校组织过，参与过　　　　B. 学校组织过，没参与过

C. 学校没组织过，参与过　　　　D. 学校没组织过，没参与过

7.你参与过哪类体育研学旅行活动？［可多选］

A. 自然类（如登山、野营、漂流、攀岩、滑雪、定向运动、野外拓展训练）

B. 人文类（如舞龙舞狮、扭秧歌、划旱船、登高）

C. 红色体育（如担架送军粮、穿越火线桥、艰苦长征路、红军的扁担）

D. 其他

8.你是通过哪些途径了解到体育研学旅行的？［可多选］

A. 学校组织　　B. 广告　　C. 同学朋友推荐　　D. 家长告知

E. 其他

9.你认为体育研学旅行属于什么活动？［单选］

A. 体育课程活动　　　　B. 研究性学习活动

C. 综合社会实践活动　　　　D. 只是旅游活动

E. 其他

10.学校组织体育研学旅行活动过程中，是否布置了明确的学习目标？［单选］

A. 是　　　　B. 否　　　　C. 不清楚

11.你认为有必要开展体育研学旅行吗？［单选］

A. 有必要　　　　B. 没必要

12.你是否参与过策划体育研学旅行活动内容？［单选］

A. 是　　　　B. 否

13.你认为参加体育研学旅行有哪些影响因素？［可多选］

A. 目的地选择　　　　B. 旅行费用

C. 出行安全　　　　D. 参与集体生活的意愿

E. 对体育研学内容的兴趣　　　　F. 学习时间紧迫

G. 家长的支持　　　　H. 其他

三、需求情况

14. 你愿意参与体育研学旅行吗？［单选］

A. 非常愿意　　　B. 愿意　　　　C. 一般　　　　D. 不愿意

E. 非常不愿意

15. 你的家长支持你参与体育研学旅行吗？［单选］

A. 非常支持　　　B. 比较支持　　C. 一般　　　　D. 不太支持

E. 不支持

16. 你希望每次体育研学旅行的时长是？［单选］

A. 1 天之内　　　B. 2 天　　　　C. 3 天　　　　D. 3 天以上

17. 你希望一年参与几次体育研学旅行？［单选］

A. 1 次　　　　　B. 2 次　　　　C. 3 次以上

18. 你希望体育研学旅行的目的地是？［单选］

A. 市内　　　　　B. 省内　　　　C. 省外　　　　D. 出国

19. 你是否愿意自己规划体育研学内容？［单选］

A. 是　　　　　　B. 否

20. 以下体育研学旅行的课程目标中，你最需要的是？［单选］

A. 健身：徒步、挑战、露营、拓展、生存与自救训练

B. 健手：综合实践、生活体验、内务整理、手工制作

C. 健脑：参观、讲座

D. 健心：思想品德教育活动、情感互动、才艺展示

E. 其他

21. 以下体育研学旅行的学习内容中，你最需要的是？［单选］

A. 爱国主义、民族精神　　　　　B. 体育知识

C. 体育运动的体验　　　　　　　D. 安全知识、意识

E. 生态环保知识、意识　　　　　F. 其他

22. 以体育研学旅行为主题，你最喜欢什么类型？［单选］

A. 自然类（如登山、野营、漂流、攀岩、滑雪、定向运动、野外拓展训练）

B. 人文类（如舞龙舞狮、踩高跷、扭秧歌、划旱船、登高）

C. 红色体育（如担架送军粮、穿越火线桥、艰苦长征路、红军的扁担）

D. 其他

23. 以下体育研学旅行的供给和保障中，你最需要的是？［单选］

A. 有效地组织工作　　　　　　　B. 专业研学导师

C. 有趣的体育项目　　　　　D. 优美的景色

E. 安全保障　　　　　　　　F. 舒适的交通食宿

G. 其他

24. 参加体育研学旅行，你能收获什么？［可多选］

A. 强身健体

B. 对考试有帮助

C. 拓宽体育知识面

D. 提高独立生活和人际交往能力

E. 提升爱国情怀

F. 借机会放松自己

G. 其他

25. 你对开展体育研学旅行的建议有哪些？

资料来源：胡利娜. 临沂市初中生体育研学旅行认知与需求调查研究［D］. 上海体育学院，2023.DOI：10.27315/d.cnki.gstyx.2022.000525.

（二）研学资源信息收集与处理

1. 评估资源的使用价值与利用可行性

研学旅行资源是各类可用来开发研学旅行课程和开展旅行活动的场地，如博物馆、自然景观、文化古迹、基（营）地等，要重点评估研学资源能否满足研学受众的需求，是否与研学活动目标相符合，能否提供所需的知识、技能或体验，确保资源的使用价值。另外，还要考虑资源的可获得性和可访问性，保证资源利用的可行性。

2. 归类整理研学旅行资源信息

根据需求和特点设定分类标准，如按主题、适用年龄、学科等方式来归类整理研学旅行资源信息，并定期调整和更新，以方便对研学旅行资源进行管理和利用，辅助决策和规划，提高工作的效率和质量。

3. 将社会资源转化为教育资源并建立资源库

研学旅行指导师要能挖掘社会资源并将其转化为研学教育资源，建立主题性或区域性研学资源库。例如，利用地方文化资源、自然资源、社区资源、数字资源以及专家导师资源，通过多方合作来打造资源库，丰富研学活动资源。

二、课程设计与开发

研学旅行课程是研学旅行的核心部分，决定着研学旅行的质量。研学旅行课程设计过程中要立足教育性、突出实践性、加强综合性、确保安全性和体现公益性。

（一）课程单元活动设计

1. 设计活动目标与学习内容

在课程单元活动设计过程中，要基于学情设计主题鲜明的课程单元活动目标与学习内容。在了解学情的基础上，根据学情分析结果和教学要求，设定明确的课程单元活动目标，进而选择与主题相关的学习内容，学习内容应该与学生的学习目标和课程要求相匹配，并能够促进学生的有效学习和理解。

2. 设计活动任务、流程与方式

明确课程单元活动目标和学习内容之后，还要设计课程单元活动任务、活动流程与活动方式。首先，根据主题和学习目标，制订明确的任务，任务要具有一定的挑战性、启发性和实践性，能够激发学生的学习兴趣和动力；其次，确定活动的流程和时间安排，使学生能够按照步骤有序地完成任务；另外，要根据任务、目标和流程选择合适的活动方式，可以考虑选择小组合作、角色扮演、创造性表达等方式，以满足学生不同的学习需求。通过巧妙地组织任务、流程和方式，丰富学生的学习体验，提高研学旅行的效果和乐趣。

3. 预设学习成果内容及展示方式

在课程单元活动设计时，要通过预设学习成果内容及展示方式，帮助学生将所学的知识和技能进行整合，以便更好地展示他们的学习成果。选择适合学习成果展示的方式，如小组展示、作品展览、演讲或辩论、数字展示、刊物或报告等，能够将学生的学习成果有效地传达给观众，更好地凸显他们的学习成效并提升展示效果。

（二）研学课程素材开发

1. 根据课程设计核实、优化资源信息

根据研学课程设计的需求，需要核实所使用的资源信息是否准确、完整和适用，确保资源与所设计的研学课程主题以及学习目标相匹配。在确认资源的过程中，可以与资源提供方联系，了解其提供的资源类型、特点、适用范围等信息，进行评估和筛选，并根据具体情况调整和优化，以提升研学课程对学生的教育效果。

2. 结合学生年龄选择、开发适配的教具

在研学课程开发中，需要选择、开发一定的教具和学具，以增加学生的亲身体验和参与度。选择和开发教具时，要考虑学生的年龄、学习风格以及和主题的适配度。例如，三维模型、实验器材、实物展示、卡片、拼图、视听资料等，确保教具简单易用、安全可靠，并与学生的学习目标以及任务相一致，同时与其他学习资源和活动结合起来，以形成综合的学习体验。

> **拓展知识**
>
> ### 一窗一世界——故宫里的窗
>
> 朋友们，当你们走进故宫时，会被蜿蜒流淌的内金水河吸引，会被雄伟壮观的三大殿震撼，会为精美绝伦的文物展品而驻足，会在精巧古雅的御花园里赞叹古人营造技艺的精湛。但是或许您从来没有注意过故宫里的窗。
>
> 如果把眼睛比作人们心灵的窗户，那么窗就好比建筑的眼睛，传递着建筑本身的气质与灵魂。中国古建筑的窗，有着漫长的发展历史，是中国传统建筑最具特色的部分，体现了中国传统文化的历史内涵、审美意蕴和空间美感。而故宫里的窗，更是集历代建筑精华于一身，内容丰富，技艺精湛，可谓"一窗一世界"。
>
> 您知道故宫的窗有哪些种类、样式吗？您知道不同的样式有怎样的寓意吗？您知道哪种窗棂样式的等级最高吗？您知道故宫里的窗也分真假吗？
>
> "一窗一世界——故宫里的窗"主题教育课程，将为您详细介绍故宫里各式各样的窗，并带领大家制作精美的窗棂台灯。透过故宫的窗，带您发现不一样的美！
>
> 课程对象：13~15岁学生
>
> 内容模块：窗的出现与发展，窗的种类与功能，窗棂的主要图案与寓意，手工制作窗棂台灯。
>
> （资料来源：故宫博物院）

3. 收集与处理相关素材内容

通过查阅文献、实地调研、采访访谈、多媒体素材查找、整理数字网络资源等方式，合理收集研学素材，并对相关内容进行整理、分类和分析，可以为

研学受众提供丰富的学习资源，促进他们的深入思考和实践能力的培养。在收集和处理数据时，需要注意明确数据的来源，确保数据的准确性和完整性。

高级别研学旅行指导师在进行研学课程开发时，还应编制课程大纲，评估课程实施的约束性条件并给出应对措施，制定服务保障条件及经费预算。

> **拓展知识**
>
> **课程设计模型**
>
> 著名的课程设计模型有泰勒课程设计模型、塔巴课程设计模型、柯尔课程设计模型等，现主要以泰勒课程设计模型和塔巴课程设计模型为例进行介绍。
>
> 一、泰勒课程设计模型
>
> 泰勒是目标模式的代表人物，目标模式是课程设计的主流模式。泰勒基于对课程的规划和设计提出了以确定教育目标为核心的课程理论。
>
>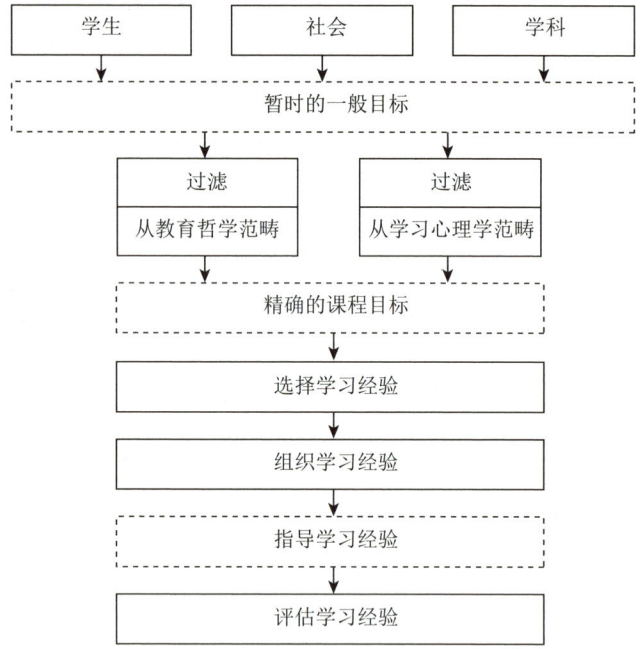
>
> 图6-4　泰勒课程设计的原理图
>
> 1. 形成课程目标。在课程设计之初，首先需要回答"达成什么教育目的"的问题，即要确定课程目标。课程目标的确定需要考虑学生、社会以及学科等的需求，并综合这些需求形成暂时的课程目标。针对暂时

的课程目标从教育哲学和学习心理学两个方面进行过滤,进而形成精确的课程目标。精确的课程目标应当数量少而重要。

2.选择学习经验。即确定需要提供什么样的学习内容或活动,才能达到之前确定的课程目标。

3.组织学习经验。在选择了众多的内容或活动后,需要回答"怎样将这些学习经验有效组织起来"的问题,即组织学习经验。组织学习经验的过程就是要对选择的内容或活动进行适当的分配、整合,并安排合理的学习顺序,形成指导学习活动的教材。

4.指导学习经验。指导学习经验阶段涉及实际教学活动的开展,即将课程通过教材内容或活动以及教师的教学引导,让学生开展学习。

5.评估学习经验。在进行了一段时间的学习后,需要对已经开展的学习进行评估,以判断"是否达成了教学目标",为后续的课程改善、调整或放弃提供信息支持。

二、塔巴课程设计模型

塔巴的课程设计主张采用系统、客观、研究导向的思路。塔巴将泰勒的课程设计的四段模式改良为七步模式,重点集中在"目标、学习经验和评价"三个层面上,与泰勒是一样的。塔巴课程设计的七步模式如图6-5所示:

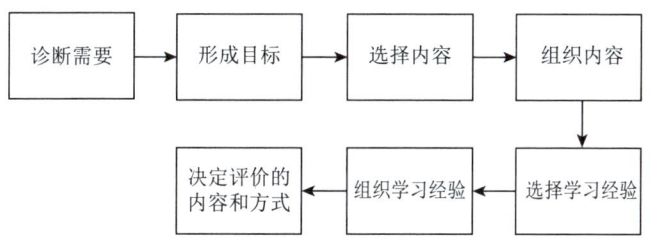

图6-5 塔巴课程设计模型

该模式的根本目的是发展学生的思维技能,即教学生如何思考。教师应当避免过多地向学生提供事先准备好的整套概括,应当让他们学会独立地处理信息以形成自己的概括。该模式定向于过程,提倡通过观察形成各种推理类型。

(资料来源:MOOC研究,2021-08-18.)

三、方案编写与评估

（一）课程方案编写

课程方案是研学旅行指导师开展研学课程活动的整体规划。

1. 内容

在内容上，应综合考虑学生学段、兴趣爱好、学习目标和课程要求，选择适合研学受众的课程单元活动，确保活动能够满足学生的需求和兴趣，提供具体和实际的学习体验。

研学课程在开发设计时，需要严格按照课程开发的步骤，注重课程开发的科学性，体现课程设计的系统性。由学情分析、目标设定、大纲构建、内容设置等环节组成，各个环节都需要依据学生主体的具体情况以及素质教育的要求进行设定，做到开发有依据、体系有逻辑。

2. 形式

在形式上，研学课程方案的编写会有不同的风格，在排版课程单元活动方案时，要根据体例要求排版课程单元活动方案，确保排版整齐、清晰可读，使用合适的字体和字号，并根据实际情况使用适当的插图、图表和表格来说明和补充信息，让方案易于理解和使用，方便学生、老师和其他相关人员参考和执行。

表 6–1 撰写研学课程单元内容要点说明表

说明研学课程单元			
项目		内容	解读
行中课程（课程单元一）	课程地点介绍	课程地点简介	同一研学地点可以安排多节不同主题
	学习主题	第一堂课的学习主题	
	学习目标	第一堂课的学习目标	注意学习目标的制定方法
	学习内容	具体内容	注意研学方法
		学习方式	
		学习流程	
		学习成果	

项目六　认知研学旅行指导师

（二）实施计划编写

课程实施计划是课程教学的具体程序，是落实课程方案的具体计划。编写实施计划方案时要根据课程方案梳理出工作内容，理顺工作流程，安排工作人员，明确工作职责。

要仔细分析课程方案的目标、内容和要求，明确要进行的工作内容和任务，制订详细的工作计划。根据内容的逻辑关系和依赖关系，确定工作流程和顺序，确定适当的人员分工，为每个工作人员明确工作职责和任务。梳理出以上内容之后，根据体例要求来编写实施计划，为实施课程制定明确的依据。

（三）学习手册编写

研学旅行手册的编制是研学旅行课程设计精华的体现，是为学生提供研学实践的行动指南。研学旅行指导师在编制学习手册时，要根据学习手册体例结构，选择符合学情的学习内容编制成册，以帮助学生更好地组织和理解学习材料，提高学习效果和学习体验。

同时，还要排版出美观、清晰的学习手册样板。排版之前，可以先进行一些草图和样式的设计，以确保整体布局和风格的一致性。在编制研学旅行学习手册时要注意做到以下五点：一是研学旅行手册的设计要内容全面；二是研学旅行手册的设计要图文并茂、形式新颖；三是研学旅行手册中的过程性学习任务和课后作业能够促进学生深入学习；四是研学旅行手册的设计要方便实用；五是研学旅行手册的设计要体现教育的功能和特征。

拓展知识

优秀成果：行走的课堂更精彩——金陵中学研学旅行课程方案（节选一）
追访徽派文化，探寻皖南风情
——《皖南研学旅行》课程设计方案（研学旅行课题组）

1. 课程预设

（1）宣城和黄山地处安徽南部，学生在去之前，可以通过网络了解笔墨纸砚和徽派村落的自然地理环境概况（包括气候、地形、水文），然后实地考察宣纸文化博物馆、歙县老胡开文墨厂、徽州古城、唐模古村、黄山城市展示馆、齐云山等。

（2）南京到泾县，汽车行程大约3小时。泾县到屯溪，汽车行程大约2.5小时。歙县回南京，汽车行程大约4.5小时。

（3）高二学生自愿选择和报名，上限为100人，即两个班。

2. 研学内容

【探究一】"纸寿千年，墨韵万变"宣纸文化探寻

（1）主题提炼

（2）建议行前准备

①宣纸有没有特别的制作原料？

②原料经过怎样的加工才能变成纸呢？

③宣纸相较其他手工纸的特别之处在哪里？

④宣纸有哪些工艺价值呢？

（3）实地体验内容

走进"宣纸文化园"，传承千年的古法宣纸制作工艺，了解纸墨笔砚扇纸帘等制作技艺，而且可以亲身体验宣纸制作中的"捞纸"环节。

【探究二】"一点如漆，万载存真"走近文化徽墨

（1）主题提炼

（2）建议行前准备

①古徽州清代四大制墨名家，分别是哪四位？至今仍在生产的是哪一派？

②制墨需要哪些原材料？

③"十万杵"指的是制墨中哪一道重要工序？

④为什么制墨能在徽州发展、常盛不衰呢？（原材料、技术、历史原因等方面）

（3）实地体验内容

【歙县老胡开文墨厂】参观国家非遗文化工艺——徽墨制作、砚台的制作流程

【探究三】触碰活着的中华老技艺——拓印

（1）主题提炼

（2）建议行前准备

①拓印与雕版印刷有什么关系？

②什么是阴文、阳文？

③拓印与书法艺术有什么关系？

（3）实地体验内容

在许舒强老师的讲解和带领下，亲手实践拓印徽州碑刻。

【探究四】在凝固的乐章中穿行——感悟徽派建筑之美

（1）主题提炼

（2）建议行前准备

①徽派建筑形成的文化背景有哪些？

②"徽州古建三绝"是哪三绝？

③冠绝天下的"徽州三雕"是哪三雕，它们与徽派建筑又是什么关系？

④天井，是徽派建筑的重要格式，它在建筑学上有哪些高明之处？它与"四水归明堂"的说法又有哪些风水学上的讲究？

（3）实地体验内容

游览"唐模古村"，并邀请著名学者吴桂利老师给同学们开展徽派建筑文化讲座。

特别安排唐模法国家庭旅馆住宿，近距离体验徽派传统民居的特色。

【探究五】有滋有味的徽州——徽州美食初体验

（1）主题提炼

（2）建议行前准备

①徽菜有哪些名菜？

②了解徽州有哪些知名物产。

③了解毛豆腐的制作原理。

（3）实地体验内容

①品尝徽菜风味餐。

②参观并学习制作"包袱饺子"。

③由非遗披云徽府菜传人曹向忠老师现场讲解毛豆腐的制作过程。

【探究六】赏齐云风光，品道家太极

（1）主题提炼

（2）建议行前准备

齐云山与道家文化的渊源。

（3）实地体验内容

游览齐云山，并在太极拳老师的指导下，学习体验太极拳。

资料来源：长三角地区中小学德育工作联盟微信公众号（南京市金陵中学赵巧林）

四、活动准备与检查

（一）研学活动准备

在研学活动准备阶段，要针对课程实施中的重难点提出应对策略，在课程实施前进行充分的调研和准备工作。

1. 提前了解学生的情况

需要了解学生的背景信息，包括年龄、性别、学习经历、兴趣爱好等，在了解学生背景的基础上，进一步确定学生的学习需求。可以与学生进行交流，了解他们对研学课程的兴趣和期望，或者通过调查问卷等方式获取学生的学习需求信息。

在了解学生背景信息和兴趣的基础上，还需要进一步对学生的学习能力水平进行评估，以便针对学生的特点和学习需求，提供更加精准和个性化的学习内容和方式，更好地满足学生的个性化需求与发展。

2. 设计教学方法

在了解学生的基础上，确定课程的重点和难点，提前设计好教学策略。采用多样化的教学方法和策略，并根据不同的重难点，选择合适的教学手段和方式。例如，可以使用案例分析、实践活动、小组讨论等方式，引导学生对知识进行深入理解和应用。

3. 准备辅助教具和资源

准备相应的辅助教具和资源，以帮助学生更好地理解和掌握课程中的重难点。例如，可以使用示意图、模拟实验、多媒体资料等，加强对抽象概念和难点知识的理解。

此外，在活动准备阶段要做好多方沟通，如与校方、家长沟通，与研学基（营）地沟通，与旅行社相关环节部门或人员沟通等，以确认各方做好工作安排。

（二）研学活动安全隐患排查

确保研学旅行活动的安全非常重要，需要研学旅行指导师做好研学活动安全隐患排查。

首先，研学旅行指导师要注意研学活动中潜在的安全隐患并及时上报，确保研学活动的安全性和顺利进行，保护参与者的生命和财产安全。

其次，要能对研学受众进行健康情况排查，通过健康问卷调查、体检证明等了解研学受众的健康情况，建立健康档案，记录健康信息和紧急联系人的信息。同时，对于有特殊需求的参与者进行提前了解，并做好相应的安排，确保他们能够安全参与活动。

最后，还要学习掌握应急预案，一旦出险能有条不紊地参与救援。

五、活动实施与保障

（一）研学活动实施

第一，上好行前课。在研学旅行活动出发之前要组织召开一次研学活动行前动员，在行前课上解读研学活动的行程安排、研学目的地介绍、行李物品准备、安全文明引导，以及研学旅行食住行的注意事项。同时，在行前课上解答学生的各类问题，收集学生的信息；第二，要根据研学课程方案及实施计划组织开展参观、体验、研究等形式的研学活动；第三，能根据研学受众反应及活动完成情况及时调整实施策略；第四，能与研学受众建立组织纪律共识，维护活动秩序，有效解决活动过程中发生的矛盾；第五，能组织召开研学成果展示活动。

> **拓展知识**
>
> **优秀成果：行走的课堂更精彩——金陵中学研学旅行课程方案（节选二）**
>
> 　　五、课程实施
>
> 　　1. 前期准备、宣传阶段
>
> 　　（1）成立研学旅行领导小组。
>
> 　　（2）领导小组联合各教研组，设计课程方案，编写《金陵中学研学旅行课程纲要》。
>
> 　　（3）充分听取学生和家长的意见。
>
> 　　（4）确定相关研学旅行机构，与其商谈具体线路。
>
> 　　（5）发《给学生的一封信》和《给家长的一封信》，并利用班会时间作活动动员。
>
> 　　2. 具体实施活动阶段
>
> 　　（1）工作小组与研学旅行机构具体商谈路线、行程、保障等相关具体事宜。
>
> 　　（2）工作小组制定《金陵中学研学旅行纲要》并发到学生手中，班主任组织学生认真学习。

（3）班主任将班级学生分成若干小组，确定小组负责同学，班级小组按照纲要提前准备本小组研学课题。

（4）班主任利用班会课对学生进行本次研学旅行的守纪意识、安全意识、文明意识、集体意识等教育。

（5）各班按课程计划组织研学活动。

（6）班主任安排专门学生做好摄影、摄像工作以供总结交流大会使用。

（7）班主任安排学生完成学生联系方式登记表。

3.总结交流阶段

（1）各班整理研学旅行的资料、图片及总结。

（2）活动结束召开年级大会，每班选出一个研学小组代表班级进行年级汇报评比，全年级评选出一、二、三等奖各若干名，小组所在班级颁发"最佳组织奖"。

（3）以班级为单位进行网上报道，出一期橱窗板报。

（4）整理收集材料出版相应校报、校刊。

资料来源：长三角地区中小学德育工作联盟微信公众号（南京市金陵中学赵巧林）

（二）学习指导

研学旅行指导师在研学活动实施过程中，要根据研学手册完成讲解、示范、提问、答疑等工作；能创设教学情境，营造学习氛围，用恰当的语言引导研学受众快速进入学习状态；能根据研学课程方案及组织形式，利用多种形式指导研学受众参与并完成研学任务；还要指导研学受众完成多种形式的学习成果展示。

（三）服务保障

一是提供交通服务。能引导研学受众有序集合，按规定乘坐交通工具，并对乘坐交通工具的注意事项进行说明。二是提供住宿服务。能完成分配房间、办理入住、查房、退房等工作并对注意事项进行说明。三是提供餐饮服务。能组织研学受众文明就餐，并对特色餐饮知识进行讲解。四是提供时间和健康管理服务。在研学旅行过程中做好健康检查、检测和记录，合理安排活动时间和强度，关注研学受众的身体健康与情绪状况等。熟悉健康管理方案和应急预案，做好健康预防措施。五是及时应对突发情况导致的服务保障变化，并能根据活动实施的实际情况及时调整服务保障安排。

（四）安全保障

研学旅行指导师要在研学旅行过程中进行安全风险识别与防范，能采取恰当措施现场处理常见的人身意外伤害事件及突发疾病，能采取恰当措施现场处理物品丢失、人员走失、交通事故等突发事件，能在安全事故发生后留存相关证据，协助伤者向保险公司理赔。

> **拓展知识**
>
> **《吉林省研学旅行指导师服务规范》（节选）**
>
> 8 安全保障服务
> 8.1 在研学旅行活动中，应全程做好安全提示，谨防意外事故发生。
> 8.2 应了解科学、有效的基本急救知识。
> 8.3 掌握治安事故、安全事故、自然灾害等应急处理方法。
> 8.4 应考察研学旅行目的地的道路和资源状况，避免安全隐患，设计适宜的参观路线，合理分配行进时间与体验时间。
> 8.5 加强交通安全防范，宣讲交通安全知识和紧急疏散要求，安全有序乘坐交通工具。
> 8.6 露营住宿应提前考察配套设施、周边环境、医疗保障等问题。
> 8.7 应统一活动，不得单独外出。
> 8.8 应统一购买人身意外伤害保险。
> 资料来源：《吉林省研学旅行指导师服务规范》DB22/T 3575—2023.

六、评价与反馈

（一）学习效果评价与反馈

研学旅行指导师要根据课程目标对研学受众的学习效果进行评价，可以通过学习成果观察、学习成果展示、学习记录和反思、口头问答、评估问卷调查等方式，全面客观地评估研学受众的学习效果。要让学生及时获得对其研学过程的评价反馈，以评价促进学生学习提高。

另外，还要能组织多元主体对学习效果进行评价并对相关结果进行分析反馈，用于指导后续的活动设计和教学改进，提高研学活动的质量和学习效果。

（二）研学活动评价与反馈

1. 研学活动的实施与安全保障环节评价

研学旅行指导师要能对研学活动的实施与安全保障环节进行评价，评估活动实施过程中的组织安排和执行情况，包括活动计划的准确性、资源的充分利用、活动时间的合理安排等，确保活动顺利进行，并在规定时间内完成预设目标。

评估活动过程中的安全操作措施和风险管理情况，包括教学设备的正确使用、参与者的安全意识培养、突发事件的处理能力等，确保活动中不发生安全事故和人员受伤。通过对研学活动的实施与安全保障环节进行评价，不断提高活动的质量和安全性，提供更好的学习环境和体验。

2. 研学活动的评价结果分析与反馈

研学旅行指导师要能对研学活动评价结果进行分析并反馈，评价结果的反馈和改进措施的落实，能够为下一步的活动规划和实施提供宝贵的经验教训。

3. 自我评价与总结反思

研学旅行指导师应该在研学旅行活动完成后进行自我评价和总结反思。一是对自己的教育教学行为与学生的全面发展状况进行系统评价与反思，充分认识自己的优势和不足；二是将个人优势形成独特风格，并正视自身的不足，通过持续的总结、反思与改进，促进研学旅行指导师能力和水平的不断提高。

收集一份研学旅行手册，分析该手册的亮点和不足，并针对手册存在的问题提出修改意见。

为真切感知研学旅行指导师工作，请以访谈的方式，采访一位资深的研学旅行指导师，完成以下表格。

项目六　认知研学旅行指导师

访谈单位		访谈时间及地点		被访谈人	
行前主要工作					
行中主要工作					
行后主要工作					

研 学 旅 行 概 论

| 任务三 | 研学旅行指导师的职业素质 |

　　随着研学旅行行业的规范发展，越来越多的伙伴加入其中从事研学旅行指导师工作，他们逐渐成为一支专业的研学旅行指导师团队。小李同学毕业后也想做一名研学旅行指导师，那么，一名优秀的研学旅行指导师需要具备哪些知识和能力？需要从哪些方面做出努力？

　　要成为一名优秀的研学旅行指导师，就需要达到研学旅行指导师的职业素养要求，包括良好的职业道德、扎实的专业知识、过硬的专业能力，以下是相关知识。

一、研学旅行指导师的职业素质内涵

　　职业素质是劳动者在一定的生理和心理条件的基础上，通过教育、劳动实践和自我修养等途径形成和发展起来的，它是在职业活动中发挥重要作用的基本品质。

　　关于职业素质，美国著名心理学家麦克利兰于1973年提出了冰山模型，这个模型不仅构建了某种岗位的胜任素质模型，对于担任某项工作所应具备的胜任特征进行了明确说明，而且为人力资源管理中的人员素质测评提供了重要的科学依据。所谓"冰山模型"，就是将素质的不同表现形式划分为表面的"冰山以上部分"和深藏的"冰山以下部分"。其中，"冰山以上部分"包括基本知识、基本技能，是外在表现，是容易了解与测量的部分，相对而言也比较容易通过培训来改变和发展；而"冰山以下部分"包括社会角色、自我形象、特质和动机，是人内在的、难以测量的部分，此部分不太容易通过外界的影响而得到改变，但在人的行为与表现中起着关键性的作用。[①]

不同类型的工作，对素质的要求是不一样的，需确定哪些素质是这类工作岗位所需要的素质。基于冰山模型，结合研学旅行指导师的工作实际，其职业素质是指导师能够顺利从事研学旅行工作所具备的动机、品质、道德、知识和能力，其职业素质模型如下。

冰山素质模型
基于研学旅行指导师的胜任力分析

表象 ↑
- 知识：研学旅行知识、教育教学知识、通用性知识
- 能力：表达能力、教学能力、研发能力、组织能力、激励评价、沟通协调、共情亲和力、学习能力

潜能 ↓
- 道德：爱国守法、爱岗敬业，关爱学生、耐心细致、团结协作、优质服务
- 品质：健康、积极、坚强
- 动机：成就需求、人际交往

图 6-6　研学旅行指导师的职业素质模型

二、研学旅行指导师的职业素质构成

（一）职业道德

研学旅行指导师要实现研学旅行"立德树人、培养人才"的根本目的，完成时代赋予的使命，就必须全面提升自身的道德素养。学生在接受指导师指导研学活动时，也在不断地受到指导师的道德、情操的熏陶，指导师的一言一行都可能成为学生的表率和楷模，对学生起着潜移默化的作用。因此，要注重利用个人的人格魅力来感染学生，做学生健康成长的指导者和引路人。道德素养既包括一般意义上的道德品质，也包括指导师的职业道德，遵守教师和导游的职业行为规范。具体包括爱国守法，爱岗敬业；关爱学生，耐心细致；团结协

---

① 贺小刚，刘丽君. 人力资源管理［M］. 上海：上海财经大学出版社，2015.

作，优质服务。

1. 爱国守法，爱岗敬业

研学旅行指导师要爱国守法、爱岗敬业。爱国守法，一是热爱祖国，这是我们每个社会成员都必须具备的思想觉悟，更是指导师所必须具备的素质；二是遵纪守法，这也是每个公民应尽的义务，作为研学旅行机构的指导师要树立法律意识，全面贯彻国家关于研学旅行的方针，自觉遵守相关法律法规，遵守行业规范和标准。

爱岗敬业，就是热爱本职工作，热爱指导师事业，具有职业理想和敬业精神；认同指导师的专业性和独特性，对待工作要有崇高的荣誉感和强烈的责任感。

2. 关爱学生，耐心细致

关爱学生，首先要以学生为中心，关心爱护全体学生，保护学生《人身财产安全，始终把安全放在第一位，并重视学生》身心健康，促进学生的全面发展；其次要尊重个体差异，平等对待每一位学生。不讽刺、不嘲笑、不歧视学生，不体罚或变相体罚学生。

耐心细致既是指导师重要的职业素养，也是衡量工作态度的一项重要指标。一是对学生要有耐心，观察和理解他们的行为，自始至终关注他们外在的需求和内心的感受；二是要精心制订和实施研学旅行课程方案，完成研学目标，确保学生的安全；三是研学过程中的生活和学习安排要条理细致，认真关注和把握每一个服务细节，确保研学服务效果。

3. 团结协作，优质服务

研学旅行工作是一项综合性极强的工作，需要多部门、多环节、多岗位的工作人员共同努力，才能顺利完成研学旅行活动。为此，要严于律己、宽以待人，与带队老师、导游等随团工作人员互相尊重、互相支持、团结协作、形成合力，共同完成研学旅行的目标。

优质服务是一切服务行业的共同规范，也是责任心的体现，需要微笑服务与礼貌服务结合、标准化服务与个性化服务结合，从而保证研学旅行的服务质量。

拓展知识

关于教师、导游的道德规范

1.《教育法》第四章"教育工作者"中规定：履行法律规定的义务，忠诚于人民的教育事业。

2.《教师法》第八条"教师应当履行的义务"中规定：

（1）遵守宪法、法律和职业道德，为人师表；

（2）贯彻国家的教育方针，遵守规章制度，执行学校的教学计划，履行教师聘约，完成教育教学工作任务；

（3）对学生进行宪法所确定的基本原则的教育和爱国主义、民族团结的教育，法治教育以及思想品德、文化、科学技术教育，组织、带领学生开展有益的社会活动；

（4）关心、爱护全体学生，尊重学生人格，促进学生在品德、智力、体质等方面全面发展；

（5）制止有害于学生的行为或者其他侵犯学生合法权益的行为，批评和抵制有害于学生健康成长的现象；

（6）不断提高思想政治觉悟和教育教学业务水平。

3.《关于加强旅游行业精神文明建设的意见》中，提出了旅游企业一线工作人员的职业道德规范：

（1）爱国爱企，自尊自强；

（2）遵纪守法，敬业爱岗；

（3）公私分明，诚实善良；

（4）克勤克俭，宾客至上；

（5）热情大度，清洁端庄；

（6）一视同仁，不卑不亢；

（7）耐心细致，文明礼貌；

（8）团结服从，顾全大局；

（9）优质服务，好学向上。

资料来源：北京市旅游业培训考试中心.导游服务规范[M].2版.北京：旅游教育出版社，2015.

（二）专业知识

研学旅行指导师要具备合理的知识结构和渊博的知识内容，既要学有所长，又要广泛涉猎，做到既"专"又"博"。《研学旅行指导师（中小学）专业标准》（T/ CATS001—2019）对研学旅行指导师的专业知识从研学旅行知识、教育教学知识、通识性知识三个方面均作出了相应的规定。

1. 研学旅行知识

研学旅行指导师要掌握研学旅行专业的基础知识，包括掌握研学旅行政策法规知识、相关研学旅行目的地及基地、营地的情况；掌握研学旅行组织和服务知识、文明旅游知识和旅行常识；掌握研学旅行安全风险管理知识，熟悉基本的安全防护救护知识与灾害应急常识；掌握研学旅行课程方案设计、课程及体验活动实施等知识。

2. 教育教学知识

研学旅行指导师还必须具备一定的教育教学知识。要了解中小学教育教学理论，熟悉学生的认知规律以及教育心理学的基本原则和方法；了解新课程改革方向和相关理论，掌握新课程中的教学观和学生观；了解中小学课程结构、课程类型与课程标准，熟悉中小学综合实践活动课程内容；熟悉课程资源开发、管理与利用的方法，掌握研学旅行课程教学知识。

3. 通识性知识

除研学旅行专业知识和教育教学知识外，还需掌握与工作相关的通识性知识，以更好地服务和指导学生的校外学习。要了解保护青少年健康成长方面的有关法律法规知识；熟悉中小学教育的基本情况；了解我国各类非物质文化遗产和各民族风俗，掌握相应的乡情、县情、省情和国情；了解相应的自然、人文、社会科学知识，掌握与研学旅行课程方案直接相关的学科内容；熟悉现代化的信息技术知识。

研学旅行指导师还应持续学习和涉猎与研学工作相关的其他知识。随着社会的发展和人类的进步，知识更新的速度日益加快，只有与时俱进，追随行业的发展潮流不断更新知识，才能跟上时代的步伐、适应时代的变化。

（三）执业能力

研学旅行指导师是研学课程的策划者、制定者和实施者，既要承担研学教育、旅行保障、安全防控工作，也要承担课程设计、技术指导和管理研究工作，因此研学旅行是一项复合型的工作。一名合格的研学旅行指导师需要具备以下八大方面的能力：语言表达能力、教育教学能力、课程研发能力、组织实施能力、激励评价能力、沟通协调能力、共情亲和能力和持续学习能力，其中《研学旅行指导师（中小学）专业标准》（T/ CATS001—2019）从课程研发、组织实施、激励评价与持续学习等方面的能力均作出了相关规定。

1. 语言表达能力

语言表达能力是研学旅行指导师需具备的基本功之一。语言表达能力特别是口头表达能力是指导师顺利开展研学活动的直接影响因素，并影响着学生语言和思维的发展。通过语言可以建立与学生之间的了解和信任，提高学生的兴趣，增加研学活动的生机和活力。因此，研学旅行指导师的语言表达要具有科学性、准确性、启发性和教育性，同时还要通过有效运用表情、手势、姿态等肢体语言来增加语言的感染力。

2. 教育教学能力

教育教学能力是研学旅行指导师需具备的最主要的能力。研学旅行是一种综合实践活动，让学生在旅行中学习，指导师需具备良好的教育教学能力，才能促进学生形成正确的世界观、人生观和价值观。当前，教学正在从以"教"为中心向以"学"为中心转变，所以在研学过程中要以学生为主体，强调"导"的功能，对学生进行综合性的指导、引导、辅导、疏导和督导，让学生更好地自主性探索学习，帮助其具备适应终身发展和社会发展需要的必备品格和关键能力。

常见的研学指导方法有项目教学法、角色扮演法、体验学习法、提问法、讨论法、演示法、实验法等，但研学是一种创造性的教学活动，选择教育教学方法时需要结合学生的身心特点和接受能力，根据研学主题、研学目的、研学任务、研学条件以及实际需要进行综合考虑。没有万能的教学方法，"教学有法，但无定法"，每个研学旅行指导师都应该恰当地选择和创造性地运用教学指导方法，展现自己的教学艺术，形成自己的教学风格。

拓展知识

学校对综合实践活动课程的规划与实施——教师指导

在综合实践活动实施过程中，要处理好学生自主实践与教师有效指导的关系。教师既不能"教"综合实践活动，也不能推卸指导的责任，而应当成为学生活动的组织者、参与者和促进者。教师的指导应贯穿于综合实践活动实施的全过程。

在活动准备阶段，教师要充分结合学生经验，为学生提供活动主题选择以及提出问题的机会，引导学生构思选题，鼓励学生提出感兴趣的问题，并及时捕捉活动中学生动态生成的问题，组织学生就问题展开讨论，确立活动目标内容。要让学生积极参与活动方案的制订过程，通过合理的时间安排、责任分工、实施方法和路径选择，对活动可利用的资源及活动的可行性进行评估等，增强活动的计划性，提高学生的活动规划能力。同时，引导学生对活动方案进行组内及组间讨论，吸纳合理化建议，不断优化完善方案。

在活动实施阶段，教师要创设真实的情境，为学生提供亲身经历与现场体验的机会，让学生经历多样化的活动方式，促进学生积极参与活动过程，在现场考察、设计制作、实验探究、社会服务等活动中发现和解决问题，体验和感受学习与生活之间的联系。要加强对学生活动方式与方法的指导，帮助学生找到适合自己的学习方式和实践方式。教师指导重在激励、启迪、点拨、引导，不能对学生的活动过程包办代替。还要指导学生做好活动过程的记录和活动资料的整理。

在活动总结阶段，教师要指导学生选择合适的结果呈现方式，鼓励多种形式的结果呈现与交流，如绘画、摄影、戏剧与表演等，对活动过程和活动结果进行系统梳理和总结，促进学生自我反思与表达、同伴交流与对话。要指导学生学会通过撰写活动报告、反思日志、心得笔记等方式，反思成败得失，提升个体经验，促进知识建构，并根据同伴及教师提出的反馈意见和建议查漏补缺，明确进一步的探究方向，深化主题探究和体验。

资料来源:《中小学综合实践活动课程指导纲要》(教材〔2017〕4号)。

3. 课程研发能力

课程研发能力主要是研学旅行课程方案的设计能力。课程研发设计是为了达到研学的目的，对活动主题、活动内容以及活动开展的方法进行的设计。

（1）能正确设计或修订完善的研学旅行课程方案，保证方案的教育目标正确，教育主题鲜明，教学内容丰富。

（2）能从学情和乡土乡情、县情市情、省情国情出发，结合学生核心素养的发展要求，根据学校和研学资源两个方面的考虑，合理设计出适合不同年龄段学生的研学旅行课程方案。

（3）能将知识、能力和情感（价值观）等目标设计在研学旅行课程方案中，并能融合在研学旅行的行前、行中和行后各个阶段。

（4）应遵循教育性、实践性、安全性、公益性四大原则设计研学旅行课程方案，积极鼓励和引导学生参与设计，指导和帮助学生完成研学计划。

（5）能合理利用各种资源，开发自然类、历史类、地理类、科技类、人文类、体验类等多种类型的活动课程。

（6）设计的研学旅行课程方案能体现出自主性、探究性、体验性、互动性、趣味性等特点。

项目六　认知研学旅行指导师

4. 组织实施能力

研学旅行指导师是研学旅行活动的实施者，负责研学旅行活动的组织实施，应具备较强的组织管理与方案实施能力。

（1）应具备良好的组织管理能力、沟通协调能力、教育教学能力和安全保障能力，能将研学旅行的教育目标落实到具体的课程计划中，确保研学旅行安全有序地实施。

（2）充分做好行前准备工作。开好行前预备会议，向各方宣传解读研学旅行课程方案，检查各项课程准备工作，关键环节宜实地查看。

（3）做好行中组织监督管理工作。应将预先设计的课程内容及活动逐一落实，在旅游车上组织好移动课堂，督促基地营地按方案执行，确保学生安全有序地完成研学任务。

（4）做好行后总结评价工作。应灵活运用多种评价方法，客观公正地反馈研学成绩，组织好研学旅行成果汇报，利用评价结果促进学生的全面发展和健康成长，同时完善研学旅行课程方案以及研学旅行组织工作。

5. 激励评价能力

激励与评价能力是指研学旅行指导师运用各种手段了解学生的研学情况，以判断其是否完成了预定的研学目标，对研学活动、教学过程和研学结果进行价值判断，并发现和赏识每一个学生取得进步的能力。

（1）运用过程性评价。应在研学方案的每一个重要环节适时设计评价内容，发现和赏识每位学生的进步，给予学生恰当的评价和指导，通过过程性评价激励学生进行积极的自我评价。

（2）采用多元化评价。评价主体应多元化，对学生的研学态度、研学能力和方法、研学结果等方面进行综合性评价。宜采用激励性语言评价学生的研学过程，用描述性语言评价学生的研学成果。

（3）发挥评价的激励作用。研学评价要从学生的原有基础出发，尊重学生的个性特点，强调以鼓励为主的发展性评价。可以采用研学任务卡、研学任务书、研究报告、游记、研学作品等多种形式对学生进行激励性评价。

6. 沟通协调能力

研学旅行是指导师全程随团活动，全面负责课程的组织实施，需要统筹协调落实研学旅行各项工作，因此必须具备较强的沟通协调能力。

一是要与学生进行沟通，了解学生的需求，实施课程并确保课程实施效果；二是与合作方协调沟通交通、住宿、餐饮、景区等合作内容，确保各项保障工作的有序落实与服务到位；三是与承办方主管领导保持密切联系，及时沟通工作情况；四是与主办方研学管理团队进行有效沟通，做好各项服务工作；五是与地接或讲解员进行沟通，确保课程内容的落实；六是对突发事件及时沟通协调处理，确保研学旅行的秩序和安全。

7. 共情亲和能力

共情力和亲和力是人与人之间信息沟通和情感交流的一种能力。共情力是站在对方的立场上考虑问题的能力，也就是能够设身处地地理解对方，并且能够深入对方内心体会对方情绪或感受的能力；亲和力是指一个人或一个组织在群体心目中的亲近感，是交际者之间的亲近感、密切感和信任感。两者都要求具备良好的文化素养、优雅的谈吐和大方举止。正所谓"亲其师，信其道"，拥有共情亲和力的研学旅行指导师非常受学生欢迎。

共情亲和力可以通过后期培养不断提升。首先，培养共情力要善于倾听学生的内心表达，要认识到中小学生处于身心和认知发展的关键时期，不同年龄的学生具有不同的心理特点，以及在情绪、人际交往等方面存在差异。同时，在理解的基础上换位思考，尊重学生的良好品格，与学生建立互相信任的融洽关系，拓展与学生之间的情感交流，才能有效地帮助他们健康成长；其次，培养亲和力应着装大方，显示出淡雅清新的气质，给人以舒适感。要保持微笑，笑容真实自然，有意识地调整语速语调，让自己的表达清晰、有逻辑。此外，还应多培养一些兴趣爱好，增强自信心和幽默感，并善于用共同语言与人沟通。

> **拓展知识**
>
> **亲和力**
>
> 一位研学旅行指导师第一次给同学们上一堂活动课，听课的不仅有第一次见面的学生，还有学校的老师和领导。
>
> 为了消除彼此之间的陌生感，展现自己的亲和力，新老师在讲课之前先做了自我介绍。他风趣地说："各位领导、老师、同学们，大家好！我来自独具魅力的旅游城市桂林，我姓钱，不是'前程似锦'的'前'，而是'没有钱'的'钱'。"
>
> 一句幽默的开场白瞬间把同学们和在场的领导及老师们逗得哈哈大笑，跟大家的距离也因此缩短了很多。随后，他抑扬顿挫，娓娓道来，现场不时传出欢快的笑声和热烈的掌声。
>
> 导师通过幽默的开场白，提升了自身的亲和力，消除了与同学们、老师、领导们之间的陌生感，最终推动了活动的顺利进行。
>
> 资料来源：李进成.班主任有效沟通的艺术与技巧[M].北京：中国轻工业出版社，2016.

8. 持续学习能力

教师的必备能力之一是终身学习。终身学习是指社会每个成员为适应社会发展和实现个体发展的需要，贯穿于人一生的持续学习过程。研学旅行指导师也需要具备这种持续学习能力，不断更新知识、学习技能、创新理念，才能够适应社会变革和时代发展。因此，研学旅行指导师在研学旅行过程中要注意收集、分析、反馈相关信息，总结反思改进研学工作，在总结反思中不断提升；还要学习跨学科知识，进行重组融合，提高研学课程再开发的能力；学习现代新技术、运用新技能，探索提高研学效果的新方法；学习教育和旅游领域的最新知识和技能，创新研学旅行教育模式。

图 6-7　在研学旅行中，指导师肩负重任（图片提供：广西通灵大峡谷景区）

三、研学旅行指导师的专业化培养

研学旅行指导师的培养途径可分为三类：一是专业教育，二是专业培训，三是自我学习。专业教育主要指的是院校专业化培养，专业教育的学生来源、课程设置、培养目标都纳入国家教育计划之内，通过传授知识、培养技能，赋予受教育者以新的素质。院校教育培养出来的研学旅行指导师是研学旅行行业人才队伍不断得到更新和补充的主要来源。

研学旅行指导师的院校专业化培养主要包括两种方式：一是高职院校研学旅行管理与服务专业的培养，二是本科院校旅游管理相关专业的培养。

（一）高职院校研学旅行管理与服务专业培养

目前，研学旅行管理与服务专业主要在高职院校开设。2019年10月18日，教育部将"研学旅行管理与服务"列为《普通高等学校高等职业教育（专科）专业目录》，隶属旅游专业大类，并对该专业的培养目标、就业面向、职业能力、核心课程与实习实训等作出了要求。增补研学旅行管理与服务专业，培养研学旅行的专业人才，必将推动研学旅行行业的专业与科学发展，以及不断升级换代。

高职院校研学旅行服务与管理专业强调技能型人才的培养，需要着重培养有较强的实践操作能力和一定的创新能力、能够在各类研学旅行企业一线从事研学旅行管理与服务工作的应用型专业人才。各高职院校通过制订和调整人才培养方案，开发研学旅行管理与服务相关课程，给受教者以基础知识和基本技能的训练，培养基本通用能力和专业核心能力，培养认识和解决问题的能力，并使其具有最基本的职业能力。

除了课程和实训之外，院校还会组织研学旅行相关的1+X证书考试，通过多种途径保证毕业的学生具备从事研学旅行指导师以及其他专业技术岗位的能力，以便在相关岗位上取得一定经验后能够具有充分的发展潜力。

拓展知识

研学旅行管理与服务专业简介

专业代码
640107

专业名称
研学旅行管理与服务

基本修业年限
三年

培养目标
本专业培养德、智、体、美、劳全面发展，具有良好职业道德和人文素养，掌握研学旅行相关政策法规和规范标准，熟悉中小学研学旅行相关教育政策、目标、大纲和方案要求，从事研学旅行项目开发运营、策划咨询、线路设计、课程开发等运营、管理及服务工作的高素质技术技能人才。

就业面向
主要在旅行社、相关旅行景区（点）、文博场馆、公共文化场馆、

项目六 认知研学旅行指导师

研学旅行营地（基地）等企事业单位从事研学旅行运营、设计、咨询、营销、方案实施等工作。

主要职业能力

1. 具备对新知识、新技能的学习能力和创新创业能力；

2. 具备较强的沟通协调、策划组织和语言表达能力；

3. 具备正确运用相关法律法规和规范标准的能力；

4. 具备研学旅行项目开发运营、策划咨询、线路设计、课程开发的能力；

5. 具备研学旅行安全管理、风险防控、系统保障能力；

6. 具备研学旅行课程实施与指导的能力。

核心课程与实习实训

1. 核心课程

研学旅行政策法规、研学旅行项目开发与运营、研学旅行产品线路设计、研学旅行咨询服务与市场营销、研学旅行安全管理、研学旅行课程开发、研学旅行实施指导与评价、计调实务、导游实务、中小学德育及实践课程概论。

2. 实习实训

在校内进行研学旅行产品线路设计、课程开发、实施指导与评价等方面的实训。

在校外相关企事业单位从事研学旅行项目的开发与运营、咨询服务与市场营销、实施指导与评价、安全管理等方面的实习。

衔接中职专业举例

旅游服务与管理

接续本科专业举例

旅游管理 旅游管理与服务教育 汉语言文学

（资料来源：中华人民共和国教育部）

（二）本科院校旅游管理相关专业培养

高职研学旅行管理与服务专业可接续本科专业，如旅游管理、旅游管理与服务教育、汉语言文学等专业。本科院校的课程通常涵盖更广泛的知识领域，强调学术性、创新性人才的培养，培养学生具备全面的专业能力。在理论上，注重理论知识的学习和研究，旅游管理专业涵盖旅游业各方面的知识，如旅游运营管理、旅游市场营销、旅游行业法律法规等，为从事高技术要求做职业准备；在能力上，注重培养学生深入的理论思考和研究能力，重视培养学生的理论应用和技能发展。

 **任务拓展**

请查找 5 家研学旅行公司对研学旅行指导师的招聘公告，梳理出研学旅行指导师的任职要求。

 **任务实训**

为深入了解研学旅行指导师新职业，结合上一个任务的访谈结果，进一步调研研学市场对研学旅行指导师的人才需求现状，并制作成 PPT 分享。

项目思考与练习

一、判断题

二、单选题

三、多选题

四、思考题

1. 简述研学旅行指导师的内涵。
2. 研学旅行指导师的分类。
3. 简述研学旅行指导师的工作内容。
4. 研学旅行指导师需要具备哪些职业素质？
5. 研学旅行指导师的执业能力有哪些？

随堂测验及答案

项目七

认知研学旅行目的地

全国中小学生研学实践教育基地——福州市中国船政文化博物馆

研 学 旅 行 概 论

项目导读

随着研学旅行在全国范围内的蓬勃发展，业界与学术界开始聚焦研学旅行目的地的构建与研究。究竟何为研学旅行目的地？它应包含哪些必要条件？又该如何去打造一个成功的研学旅行目的地呢？本项目首先围绕研学旅行目的地的基本概念、类别划分和构成元素等核心议题展开解析，随后通过剖析湖北宜昌市研学旅行目的地的成功案例，提炼出实践层面的有益启示。

学习目标

知识目标	1. 掌握研学旅行目的地的概念、分类、构成要素等基本概念； 2. 了解我国当前主要的研学旅行目的地城市。
能力目标	1. 能解读研学旅行目的地的概念内涵及其构成要素； 2. 能分析评判一个城市或区域建成研学旅行目的地的可能性或可行性。
素质目标	1. 培养学生跨学科交融的思维方式，锻炼他们的实践与创新精神； 2. 引导学生面向社会，开阔学生的社会视野并聚焦区域研学发展。

思维导图

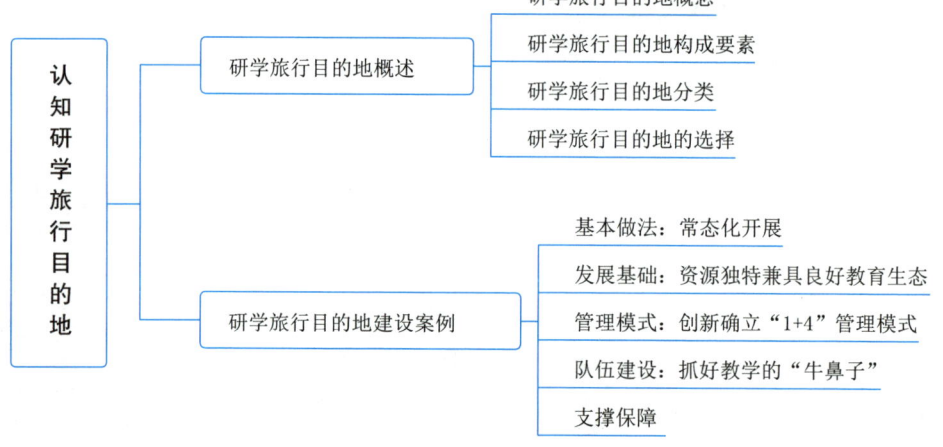

项目七　认知研学旅行目的地

任务一　研学旅行目的地概述

2023年3月20日，"中国研学旅行目的地·标杆城市发布会"在浙江省绍兴市举行，中国旅游研究院在会上发布了"中国研学旅行目的地·标杆城市"，重庆、绍兴、安阳、黄山、宜昌等5个城市入选标杆城市。请以这5个标杆城市为例，说说什么是研学旅行目的地。

回答这个问题之前需要厘清"研学旅行目的地"这一概念，以下根据旅游目的地相关理论，结合5个标杆城市的共性特征，从概念、构成要素、分类以及目的地选择等方面逐一阐释。

一、研学旅行目的地概念

（一）旅游目的地概念

国外对旅游目的地的研究始于20世纪70年代，最初它被认为是一个明确的地理区域。美国学者冈恩（Gunn）于1972年提出了"目的地地带"的概念，它包括主要的通道和入口、社区（包括吸引物和基础设施）、吸引物综合体以及连接道路（吸引物综合体和社区之间的联系通道）；世界旅游环境中心于1992年对旅游目的地做出定义：指乡村、度假中心、海滨或山岳休假地、小镇、城市或乡村公园，人们在其特定的区域内实施特别的管理政策和运作规则，以影响游客的活动及其对环境造成的冲击；英国学者布哈里斯（Buhalis，2000）

·231·

认为，旅游目的地是一个特定的地理区域，被旅游者公认为是一个完整的个体，有统一的旅游业管理与规划的政策司法框架，也就是说由统一的目的地管理机构进行管理的区域。布哈里斯还认为，旅游目的地是旅游产品的集合体，并且向旅游者提供完整的旅游经历。布哈里斯的这一定义受到大众的认可。

国内学者对旅游目的地的系统关注起始于20世纪90年代中后期。例如，保继刚等（1996）指出，一定空间上的旅游资源与旅游专用设施、旅游基础设施以及相关的其他条件有机地集合起来，就成为旅游者停留和活动的目的地，即旅游目的地。魏小安（2002）从效用的角度指出，旅游目的地就是能够使旅游者产生动机，并追求动机实现的各类空间要素的总和。邹统钎（2006）认为，旅游目的地是一个感性概念，它为游客提供一个旅游产品和服务的合成品，一个组合的体验经历。旅游目的地中最核心的要素有两点：一是旅游吸引物，二是人类聚落，要有永久性的或者临时性的住宿设施，游客一般要在这里逗留一夜以上。黄安民（2016）认为，旅游目的地是指能够对一定规模旅游者形成旅游吸引力，并能满足其特定旅游目的的旅游吸引物、旅游设施和服务体系的空间集合。我国旅游行业标准《旅游目的地信息分类与描述》（2013）中对旅游目的地这样定义：以某一个或一组旅游吸引物为基础，配备足够旅游设施与相关服务，能够吸引一定规模数量的访客，具有一定规模的空间范围和较为明确的管理机构的旅游地域综合体。

由于国内外学者所处的旅游业发展阶段和制度背景不同，对旅游目的地的定义方式和关注重点也各有不同。从范围上来看，旅游目的地的空间范围有大有小，它可以大到一个城市、一个国家，甚至跨越国家界线，也可以小到一个景区、一个城镇、一个村落；从旅游者主体来看，旅游目的地与游客的旅游目的、动机和行为有关，旅游者在旅游中主要停留在什么地点，最终达到什么地点，这就是游客的目的地，其他地方就为过境地。此外，旅游目的地的形成还需要地理空间、基础设施、接待设施、产业链条等要素。[1]

（二）研学旅行目的地概念

研学旅行是教育与旅游深度融合的新事物，一方面它是基于旅行的教育活动，是我国素质教育深化改革的教学新形式；另一方面它是以求学为目的的旅行活动，是传统的教育旅游发展到现阶段的一种旅游新业态。因此，旅游学范畴的旅游目的地理论也同样适用于研学旅行。

随着我国研学旅行的蓬勃发展，已有学者开始关注研学旅行目的地研究并

---

[1] 邹统钎.旅游目的地管理［M］.2版.北京：高等教育出版社，2020.

项目七　认知研学旅行目的地

有所定义,如黎若兮在"研学旅游目的地的全流程开发及全生态打造路径解析"一文中指出,研学旅行目的地是以某一组研学旅游吸引物或基(营)地为基础,配备足够的研学旅游设施与相关服务,能够吸引一定规模数量的研学旅游者,具有一定规模的空间范围和较为明确的管理机构的研学旅游地域综合体[①];程冰认为,研学旅行目的地是以某一个或某一组旅游吸引物为基础,配备足够的旅游设施与相关服务,能够吸引一定规模数量的研学旅行者,具有一定规模的空间范围和较为明确的管理机构,能够为研学旅行者提供教育旅游活动的旅游地域综合体。

相比于其他旅游业态,研学旅行的教育特质决定了其吸引物(客体)的特定形式为活动课程,是研学旅行活动的核心要素。因此,本教材将研学旅行目的地定义为:以研学活动课程为核心吸引物,配备足够的研学设施与相关服务,能够吸引一定规模数量的研学旅行者,具有一定规模的空间范围和较为明确的管理机构的研学旅行地域综合体。

二、研学旅行目的地构成要素

(一)旅游目的地构成要素

关于旅游目的地构成要素理论,国内外学者观点不一,主要有冈恩(Gunn,1972)的五要素观点(旅游者人口学特征、交通、吸引力、服务、信息推广),布哈里斯(Buhalis,2000)的6A观点(吸引物Attractions、康乐设施Amenities、进入设施Access、辅助性设施Ancillary services、包价服务Available package、活动Activities),魏小安和厉新建的三要素说(吸引要素、服务要素、环境要素)以及邹统钎的两大核心要素论(旅游吸引物,人类聚落即要有永久性的或者临时性的住宿设施)。

王晨光(2005)认为,旅游目的地构成要素的核心内容主要包括以下五个方面。

一是有独特的旅游吸引物:旅游目的地拥有独特的自然景观、人文景观或文化资源,从而吸引旅游者前来参观和体验。

二是有市场范围和市场规模:旅游目的地具有一定的市场影响力,能够吸引一定规模的旅游者前来游览。

三是有系统、完备的旅游设施和旅游服务:旅游目的地提供各类旅游设施

---

① 黎若兮.研学旅游目的地的全流程开发及全生态打造路径解析[EB/OL].2023-10-24.

和服务，如酒店、餐馆、交通、通信等，以确保旅游者的生活和游玩需求得到满足。

四是有当地居民的认可、参与并提供各种支持保障：旅游目的地的发展得到当地社区居民的认可和支持，他们参与旅游服务的提供，为旅游者提供良好的旅游体验。

五是可管理性：旅游目的地具备一定的管理水平，能够确保旅游资源的合理开发和利用，保障旅游者的安全和舒适。

（二）研学旅行目的地构成要素

运用旅游目的地构成要素理论推论，结合 2023 年 3 月 20 日由中国旅游研究院发布的重庆、绍兴、安阳、黄山、宜昌 5 个"中国研学旅行目的地·标杆城市"的建设经验，我国研学旅行目的地建设至少包括以下六下要素。

一是高层政策支持与严谨规划。目的地政府或管理机构应高度重视，并遵循科学的顶层设计理念进行建设与管理。

二是丰富多样的教育资源。目的地往往富含深厚且具有广泛教育价值的文化、历史及自然资源，能适应不同学科领域的探究学习需求。

三是明确的主题定位。目的地应基于自身深厚的文化底蕴、独特的地域属性以及产业特色，确立鲜明的教育主题，能激发学生的探索热情和动手实践能力。

四是完备的配套服务设施。目的地应配备齐全的教育场所、接待设施、生活配套以及安全保障设施，确保学生享有良好的研学体验。

五是专业化的服务体系。目的地应构建专业的接待团队、科学的课程规划体系、定制化研学产品以及完善的综合服务体系。

六是良好的社会治安与人文环境。目的地城市或区域的文明程度高，社会治安优，人文气息浓，当地社区居民认可、支持研学旅行活动，并能参与、提供服务或管理。

拓展知识

打造"全域、全季、全年龄"研学旅游目的地 衡水市探索特色"研学游"发展模式（节选）

河北衡水湖享有"东亚地区蓝宝石""京津冀最美湿地""京南第一湖"等美誉，先后荣获国家生态旅游示范区、国家级文明旅游示范单位等称号。

项目七　认知研学旅行目的地

衡水市按照省委、省政府"这么近，那么美，周末到河北"的决策部署，立足较为深厚的历史文化优势、良好的自然生态优势、领先的基础教育优势以及多元的文化产业优势，积极探索研学旅游发展新模式，推动研学旅游健康快速发展。

衡水市瞄准打造国内一流"全域、全季、全年龄"研学旅游目的地发展目标，通过"走出去，引进来"与知名机构、高等院校对接合作，建立起研学"基地建设、导师培训、课程研发"三位一体的标准化研学旅游推进机制。利用衡水湖景区、周窝音乐小镇、中共第一个农村支部纪念馆等研发了一系列研学课程，体验式研学旅游的衡水模式已经形成，实现了市域内外研学旅游的"双循环"模式，努力为河北省研学旅游、绿色旅游发展提供示范。

近年来，衡水市以衡水湖国家5A级旅游景区创建、筹办河北省首届研学旅游大会、举办高水平体育赛事等工作为抓手，坚持以人民满意为中心、生态环境为基底、优秀文化为灵魂的绿色旅游发展理念，构建集文化游、研学游、体育游、康养度假等于一体的衡水湖绿色旅游发展格局。

一、把谋篇布局作为首要前提

衡水市研学旅游工作起步较早，早在2018年闾里古镇景区就把研学旅游作为核心业务，并通过了4A级景区景观质量评审。为确保规范有序地发展研学旅游，市委、市政府突出顶层设计，注重系统推进，着力构建一体化研学旅游体系。

市委、市政府主要领导深入谋划，将"体验感悟生态文明思想、传承弘扬中华优秀传统文化、试验探索新兴旅游业态"作为衡水研学旅游的发展目标，依托衡水教育高地优势，突出儒家文化传承，聚焦乐学好学之风气，深入挖掘衡水市丰富的研学旅游资源，形成可推广、可借鉴、可复制的衡水研学旅游模式，走上了一条衡水文旅高质量发展的创新之路。

建立起推动研学旅游工作高效开展的"2+1"组织保障机制。市委教育工作领导小组和市旅游工作领导小组分别明确一名副组长，作为研学旅游的共同负责人，努力实现教育与旅游的跨界融合。成立了包括市教育局、市文化广电和旅游局、市财政局、市市场监管局等多部门在内的衡水市研学旅游工作专班，抽调人员集中办公。按照"二三四"抓落实工作机制，制定了专班《日常工作运行机制》《重点任务清单》，高效推进各项工作任务。

为填补全省研学旅游产品标准的空白，形成时令齐全、类型多样、覆盖面广、特色鲜明的研学旅游产品，起草编制了全省首个研学旅游产品地方标准《研学旅游产品质量规范》，对研学旅游产品的设计原则、设计思路、指导思想、产品类别等进行体系化规范，为全省研学旅游高质量发展提供助力。

二、把研学课程作为核心要素

衡水名胜古迹众多，有世界文化遗产点1处、全国重点文物保护单位10处、省保单位27处，历史遗迹和文保单位数量、质量都在全省位居前列。厚重的文化积淀，为衡水研学课程提供了丰富的素材。

衡水市建立起"基地自主研发申报—专家把关评审—行政部门审定"的研学课程开发模式。全市各研学基地共开发研学旅游课程300余节，为将衡水打造为全省乃至全国研学旅游的目的地打下了坚实基础。

衡水市教育科学研究所牵头，召集思政课教师、基地主管部门人员、相关学科名师组建市研学旅游课程审定专家委员会，制定了《研学旅游课程设计与开发要求》，对研学课程严格把关、集中评审。其中，衡水湖景区围绕"体验感悟生态文明思想、传承弘扬中华优秀传统文化"设计开发的自然生态研学课程，以马拉松体育精神为核心的户外运动研学课程，以衡水历史文化为主题的冀文化研学课程，以六艺"礼、乐、射、御、书、数"为主题的传统文化研学课程已在全国初步叫响。

充分挖掘深厚的地域文化资源，将自然资源、历史文化、风土人情等融入课程内容，逐步建立起小学阶段以乡土乡情为主、初中阶段以县情市情为主、高中阶段以省情国情为主的研学旅游活动课程体系。衡水老白干酒文化旅游景区的《传承红色基因、体验非遗魅力》《陶酒文化碰撞的产物——地缸发酵》、周窝音乐小镇的《艺术素质素养音乐课》《艺术素质素养戏剧课》等一批地域特色明显的研学课程不断涌现。

立足于满足全域、全季、全年龄研学旅游需求，坚持高起点、高标准，建立了完整的研学课程体系。衡水湖景区聘请世界研学旅游组织研发了衡水湖自然生态研学、冀文化，以及户外研学的1~3年级、4~6年级、初中、高中等共计11门课程，推出了衡水湖3条研学旅游精品线路。闾里古镇形成了以礼乐文化为核心、以六艺"礼、乐、射、御、书、数"为主题、融合"五育并举、全面发展"时代要求的传统文化系列课程；设计了"讲述老冀州的故事""探秘九州之首、河北之源""小小历史探险家""睦邻闾里"等针对不同学段的主题课程。

对全市研学旅游资源进行整体归纳和筛选，确定了以衡水湖景区为代表的生态研学游、以闾里古镇为代表的传统文化研学游、以台城红色旅游景区为代表的红色研学游、以衡水老白干酒文化旅游景区为代表的工业研学游、以周窝音乐小镇为代表的艺术实践研学游、以衡水航空运动小镇为代表的综合实践研学游等8大类主题线路，推出了"自然奇遇""国学君子""未来创想家""红色求索，感知星火""艺动衡水""田野秘密""工业探索""匠心非遗""少年军魂""野外课堂"10条一日研学游精品线路以及"自然国学营""少年成长营"2条七日营研学游线路。

三、把政策支撑作为重要保障

在探索研学旅游的发展过程中，各相关部门紧密联动，创新思路，配套出台了一系列研学旅游支撑政策。

制定了《研学旅游示范基地创建与评定工作规程（试行）》，建立文化和旅游及教育部门的联合认证机制，择优评定研学特色突出、研学课程精良、基础设施完善、安全措施完备、适合中小学生身心特点的研学旅游示范基地，带动全市研学基地发展。已评定首批20家研学旅游示范基地。

制定了《研学旅游基地研学课程审核办法（试行）》，市教育局与市文化广电和旅游局共同组建市研学旅游课程审定专家委员会，确保研学课程突出中小学生研学实践教育主旨，体现研学旅游课程的核心价值要义，聚焦研学旅游课程育人效果，保证研学课程的科学性、规范性和实用性。已审定研学课程24个。

制定了《研学旅游基地研学导师管理办法（试行）》，组建研学导师评审委员会，对通过研学基地研学导师结业考试的人员，以研学导师评审委员会的名义颁发《研学基地研学导师培训合格证书》，严格研学导师准入机制。已为116人颁发了《合格证书》。

市委、市政府印发了《研学旅游高质量发展的实施意见》，推动研学旅游基地、产品、导师"三位一体"提质升级，从研学旅游公共服务体系、经费、组织运行、精准营销、评价机制等方面，为研学旅游高质量发展提供保障。

（资料来源：中国旅游报）

三、研学旅行目的地分类

与旅游目的地的分类一样，根据不同标准、从不同视角可以把研学旅行目的地划分为不同类型。根据我国研学旅行目的地建设的实际情况，目前可以按照行政区域范围、吸引物的资源类型等进行分类。

（一）按照行政区域范围进行分类

根据行政区划及空间范围，可将研学旅行目的地分为国家研学旅行目的地（如我国是日本研学生的目的地）、区域研学旅行目的地（如长江流域研学旅行目的地）、城市研学旅行目的地（如北京、西安是很多省份研学生的目的地）、景区旅游目的地（如湖北省博物馆是湖北许多研学生的目的地）等。按照行政区域范围对研学旅行目的地进行分类是一种常见而有序的方式，它以地理位置和行政管理为基础，可以帮助教育者更好地组织学科活动，了解当地的文化和资源，提供给学生更为全面深入的学习体验。现主要从省级、市级、县级及以下三个层次对研学旅行目的地进行介绍。

1. 省级研学旅行目的地

省级目的地是研学旅行中的大范围选择，因为这些地区通常拥有广泛的文化、历史和自然资源，这样的目的地适合进行综合性的跨学科研学活动。例如，在中国，河南省作为历史文化名省，可以提供丰富的历史古迹、文化体验和自然风光，适合历史学、文学、地理等多个学科的深度研究；在美国，加利福尼亚州作为科技创新和文化多样性的代表，可为科技、文学、社会学等学科提供广泛的实践机会。省级目的地的多样性使其成为各类学科研学活动的理想选择，为学生提供全面发展的机会。

2. 市级研学旅行目的地

市级目的地范围相对较小，但集中了更多的经济、科技和文化中心，这样的目的地适合专业性较强的学科，为学生提供更为深入的专业实践机会。例如，在中国，上海作为国际化大都市，为商科、科技类学科提供了更为专业的学习环境；在美国，纽约市作为金融、艺术、文化中心，为金融学、艺术学等学科提供了丰富的实践机会。市级目的地通常拥有更完善的基础设施和便捷的交通，这有助于研学团队更有效地完成各项活动，学生可以在这样的城市中接触到最前沿的科技、商业和文化发展情况。

3. 县级及以下研学旅行目的地

县级及以下的目的地往往注重当地社区的实际问题和发展需求，适合社会学、人文地理等学科的研学。选择这样的目的地可以让学生更深入地了解当地的社会问题，提高他们的社会责任感。例如，在中国，选择贫困地区进行社会实践活动，既可以关注当地社会问题，又能够为学生提供实际参与的机会，促进团队协作和领导力的发展。

总体而言，按照行政区域范围进行分类的研学旅行目的地，有助于规划有序的教学行程，充分利用不同区域的资源，为学生提供多层次、全方位的学科学习体验。这样的分类方式既考虑到地理位置的差异，也充分考虑了不同行政层级对于学科研学的影响，使学生能够在更广泛的范围内获得更为深刻的学术体验。

（二）按照吸引物的资源类型分类

根据目的地资源类型以及教育主题，可把研学旅行目的地分为历史文化研学旅行目的地、红色革命传统研学旅行目的地、自然生态研学旅行目的地、工业研学旅行目的地、农业研学旅行目的地、科技研学旅行目的地、重大工程研学旅行目的地、劳动实践教育目的地、综合性研学旅行目的地等。

1. 历史文化研学旅行目的地

历史文化研学旅行目的地是指以悠久的历史和丰富的文化遗产为主要吸引物，为学生提供深入研究历史和文化的学术体验的地点。这样的目的地不仅包括具有重要历史事件和文化传统的城市、地区，还包括特定的历史古迹、博物馆、文化景区等。其特点主要包括以下四个方面。

一是丰富的历史传统。这些目的地通常有着丰富的历史传统，包括古老的建筑、传统的文化习俗、历史事件等。学生可以通过参观这些地方，深入了解特定时期的社会、政治、经济和文化发展。

二是文化遗产的积累。历史文化研学旅行目的地通常拥有大量的文化遗产，如博物馆、艺术馆、文学馆等，这些地方保存并展示了丰富的文化艺术品和历史文物，为学生提供了研究和学术交流的场所。

三是教育资源丰富。这些目的地通常设有专门的历史文化教育项目，包括导览服务、讲座、工作坊等，为学生提供更深入的学科知识和研究机会。

四是跨学科性质。历史文化研学旅行目的地往往涉及多个学科领域，如历史学、考古学、艺术史、人类学等，因此适合进行跨学科的研究和学习。

例如，中国的西安、意大利的罗马、希腊的雅典等城市，它们都拥有丰富的历史文化底蕴，吸引着学生深入探索历史的深度和文化的多样性。这样的研学旅行不仅有助于学生对历史文化的全面理解，同时也能够提高他们的学术兴趣和跨学科思考能力。

2. 红色革命传统研学旅行目的地

红色革命传统研学旅行目的地是指与社会主义革命、共产主义运动、反帝反封建斗争等相关的历史事件以及和红色文化传统密切相关的地区。这样的目的地通常涵盖革命历史博物馆、革命纪念馆、革命旧址等地，为学生提供深入研究革命历史和了解社会主义思想的学术机会。其特点包括以下五个方面。

一是革命历史遗址：这些目的地保存了革命时期的历史建筑、纪念碑、革命纪念馆等，如中国的延安、井冈山等地，这些地方见证了革命斗争的艰辛历程。

二是革命纪念馆和博物馆：红色革命传统研学旅行目的地通常设有专门的革命博物馆和纪念馆，展示相关时期的文献资料、图片、实物等，为学生提供深入了解革命历史的机会。

三是红色文化体验：学生在这些地方还可以体验红色文化，包括参加红色革命主题的文艺演出、学习红歌，了解革命时期的精神风貌。

四是思想理论研究：红色革命传统研学旅行目的地通常也提供有关社会主义思想、马克思主义理论的学术研究机会，有助于学生对于这些思想的深入理解。

五是教育红色精神：这样的研学旅行有助于培养学生的社会责任感和爱国情怀，通过亲身感受和学习红色历史，加深学生对社会主义理念的理解和认同。

例如，中国的延安、井冈山以及俄罗斯的克里姆林宫等，这些地方都与红色革命有着密切的联系，吸引着学生深入研究革命历史，体验红色文化，从而丰富其学术知识和思想观念。这样的研学旅行有助于激发学生的爱国情感，培养他们的社会责任感和使命感。

3. 自然生态研学旅行目的地

自然生态研学旅行目的地是指以自然环境、生态系统和生物多样性为主要研究对象的地区。这样的目的地通常包括各类自然景观、国家公园、野生动植物保护区等，为学生提供深入研究自然科学、生态学等学科的学术机会。其特点主要包括以下五个方面。

一是丰富的生态景观：这些目的地拥有各种类型的自然景观，如雨林、沙漠、草原、湿地等，提供了独特的研究对象，适合进行生态学、地理学等学科的深度研究。

二是生物多样性：自然生态目的地通常具有丰富的生物多样性，学生可以研究各类野生动植物的种类、行为、栖息地等，加深对生态系统运作机制的理解。

三是环境科学研究：学生在这些地方还可以进行环境科学的研究，探讨自然环境的变化、生态系统的稳定性等问题，关注全球气候变化和环境可持续性等议题。

四是野外考察和实地观察：学生有机会进行野外考察和实地观察，通过亲身体验了解自然环境的真实状况，提升他们的科学素养。

五是生态保护与可持续发展：自然生态研学旅行目的地通常也关注生态保护和可持续发展，学生可以了解当地的保护措施、生态旅游的实践等，培养对环境保护的责任心。

例如，澳大利亚的大堡礁、南美洲的亚马逊雨林、美国的黄石国家公园等，这些地方都以其独特的自然景观和丰富的生物资源吸引着学生，为他们提供了深入了解自然科学和生态学的机会。通过自然生态研学旅行，学生可以培养对大自然的敬畏之心，理解生态平衡的重要性，并为未来的环保事业作出贡献。

4. 工业研学旅行目的地

工业研学旅行目的地是指以工业制造、技术创新、生产流程为主要研究对象的地区。这样的目的地通常包括工业园区、科技企业、制造业基地等，为学生提供深入研究工程学、材料科学、科技创新等学科的学术机会。其特点主要包括以下五个方面。

一是先进的制造技术。这些目的地通常集中了先进的制造业和生产技术，学生可以近距离了解工业自动化、智能制造、物联网等最新科技的应用。

二是实地参观工厂。学生有机会实地参观工业企业，了解生产流程、工艺技术、质量控制等，深入了解工业生产的现代化水平。

三是与专业人士进行交流。在这些地方，学生可以与工程师、科技专家、企业管理者等专业人士进行交流，获取实际工业领域的专业知识和经验。

四是创新研发实践。工业研学旅行也可以涉及企业的研发中心、实验室，学生可以了解科技创新的过程、新产品的研发等。

五是产业链全览。学生可以对整个产业链进行全面观察，从原材料采购到生产制造，再到产品销售，全方位了解工业产业的运作模式。

例如，德国的鲁尔区、中国的深圳、美国的硅谷等，这些地方因集聚了众多高新技术企业、创新实验室以及大规模的制造业基地而吸引众多学生。通过工业研学旅行，学生能够更深入地了解工业发展的最新动态，培养对工程技术和科技创新的兴趣，为未来的职业发展奠定基础。

5. 农业研学旅行目的地

农业研学旅行的目的是让参与者深入了解农业生产、农村发展和农业技术。一般来说，农业示范园或实验农场通常设有先进的农业技术和实践，可以为学生提供学以致用的机会，了解高效的农业生产方法；参观农业科研机构可以让学生近距离接触最新的农业科技和研究成果，了解当前农业领域的前沿知识；参观规模化的农业企业或合作社，可以让学生了解商业化的农业运作、管理和市场营销策略；选择正在进行农村发展项目的地区，可以让参与者了解不同地区的农业发展状况，以及相关的社会、经济影响；一些地方设有农业博物馆，展示了农业的历史、演变和创新，这对于理解农业的演变和文化有很大帮助；如果关注生态平衡和可持续农业，可以选择参观生态农庄，了解如何在农业生产中保护环境。选择合适的农业研学旅行目的地应考虑参与者的兴趣、研究方向以及旅行的目标。

6. 科技研学旅行目的地

科技研学旅行目的地是指学生、教育机构或科技爱好者为了学习、探索和体验科技领域的知识和创新而选择的旅行地点。这些目的地通常具有丰富的科技资源，包括科技公司、研究机构、实验室、科技博物馆等，为学生和游客提供了深入了解科技发展、参观科技设施、与专业人士互动的机会。

科技研学旅行的目的在于通过实地参观和亲身体验，促使参与者对科技领域有更深刻的理解，并激发他们对科技创新的兴趣。这类旅行通常包括参观科技公司的总部、研发中心，了解最新的科技趋势，参与科技展览、讲座、研讨会等活动，以及与科技专业人士进行交流。

这样的旅行不仅能够帮助参与者扩展知识面，还能够激发创新思维和指明职业发展的方向。科技研学旅行通常与学校、教育机构或科技组织合作，以确保旅行内容符合学术要求，提供有价值的学习体验。

7. 重大工程研学旅行目的地

重大工程研学旅行目的地通常是指与大型工程项目、建筑工程、基础设施或工程技术创新相关的旅行目的地。这样的旅行旨在让学生、专业人士或其他参与者亲身了解、学习和体验重大工程的规模、技术、管理与实施过程。旅行目的地包括以下类型：参观世界各地的大型建筑项目，如高楼大厦、桥梁、隧道等；参观关键的基础设施项目，如水电站、输电线路、交通枢纽等；参观科技创新园区，了解先进的科技研发中心和实验室；参观能源生产设施，了解不同类型的能源产业，如核电站、风力发电场、太阳能电池厂等；参观国际体育赛事场馆，了解举办大型体育赛事所需的工程项目，如奥运会场馆、世界杯体育场等。

这样的研学旅行不仅有助于学习工程技术和管理知识，还能够增强学生对于大型工程实践的理解，促使他们对未来从事相关领域的职业产生浓厚兴趣。这类旅行通常需要与相关行业和机构合作，确保参与者能够得到深度的学习和交流机会。

8. 劳动实践教育目的地

劳动实践教育目的地是让学生通过实际的劳动体验，培养实际动手能力、团队协作精神和实用技能。这样的目的地通常涉及各种职业领域，旨在让学生更好地了解工作环境、培养实际应用能力，并为将来的职业生涯做好准备。例如，学生可以参观制造业工厂，如汽车制造厂、电子产品工厂或食品加工厂，这有助于学生了解生产流程、质量控制以及工程技术方面的知识；学生可以前往农场，参与农业活动，了解农业生产过程、农业技术和农村经济，这有助于培养学生对农业领域的兴趣和了解；学生可以参与餐饮、酒店管理、零售等服务业的实践，这有助于培养学生与客户互动、解决问题和团队合作的技能；学生可以参与社区服务项目，如环境清理、义工服务等，这有助于培养他们的社会责任感、团队协作和领导能力；学生可以参与艺术创作、手工艺品制作等实践活动，培养创意思维、手工技能和审美观。劳动实践教育目的地的选择取决于学生的兴趣、学科和专业方向。

9. 综合性研学旅行目的地

综合性研学旅行目的地通常涵盖多个学科领域，旨在为学生提供多元化的学习体验。这样的目的地往往结合了科技、文化、历史、自然等多个方面，为参与者提供全面的教育和体验机会。

一是古老城市和文化之旅。学生可以选择参观具有悠久历史的城市，如罗马、雅典、北京等，这样的旅行将提供历史、文化、艺术等多个学科的学习机会，学生可以了解当地的建筑、传统文化、博物馆和艺术品。

二是生态旅行和自然保护区。前往自然保护区、国家公园或生态旅行目的地，学生将有机会学习生态学、环境科学、地理等知识，同时深入了解当地的生物多样性和自然环境。

三是科技与创新中心。选择前往科技创新中心，如美国硅谷、新加坡科学园区等，学生可以参观科技公司、实验室，了解最新的科技发展，同时深入了解当地的文化和社会环境。

四是国际都市体验。前往国际大都市，如上海、纽约、东京、伦敦等，学生将有机会了解国际事务、城市规划、多元文化，同时参观博物馆、艺术馆和历史遗迹。

五是农业与乡村体验。前往农田、农庄或农村地区，学生可以了解农业生产、可持续农业实践，同时体验农村生活和传统手工艺。

六是历史遗迹和考古之旅。参观世界各地的历史遗迹和考古发掘地点，如埃及金字塔、秘鲁马丘比丘、中国西安的兵马俑等，学生将深入了解古代文明、考古学方法和文化遗产保护。

这样的综合性研学旅行目的地不仅拓宽了学生的学科知识，还促进了跨学科思考和综合能力的培养。这类旅行通常需要有计划地组织，以确保参与者充分利用时间，获取全面的学习体验。

厘清研学旅行目的地的分类，有助于我们更好地了解各自的功能特色，选择合适的目的地，提升研学的教育价值和社会效益。

四、研学旅行目的地的选择

我国拥有众多适宜开展研学旅行的地点，涵盖历史文化名城、自然景观区以及科技产业园区等多种类型，而在科学合理地甄选研学旅行目的地时，需充分考量以下五个核心维度。

（一）教育资源

优质的教育资源是研学旅行目的地的核心要素，教育资源的充实与否直接关系到学生的学习体验和成果，它涵盖与课程内容紧密相关的自然环境、历史遗迹、科研机构等各种实地教学资源。自然环境的选择可以涉及生态保护区、地质奇观等，为学生提供实地考察的机会，增强他们对生态学、地理学等学科的理解；历史遗迹的参访能够让学生感受到历史的底蕴，加深他们对文化传承的认识；而科研机构的实地考察则为学生提供了深入了解科学研究过程和最新科技成果的机会，培养了实验操作能力和科研思维。这些优质的教育资源不仅为学生提供了知识的广度和深度，更激发了他们对学科的兴趣，培养了批判性思维和问题解决的能力。通过亲身体验，学生不仅能够理论联系实际，还能够在实践中培养团队协作和创新能力，使研学旅行成为知识之旅、体验之旅、成长之旅。

（二）安全性

确保学生安全是研学旅行目的地选择的基本前提。安全性的维度涵盖多方面因素，包括目的地的地理环境、设施条件、紧急应对预案以及有效的管理机制。地理环境的安全性包括天气、地形、动植物的风险等方面的评估，以确保学生在旅途中不受外界环境的威胁；设施条件涉及住宿、交通工具、用餐场所等，必须符合安全卫生标准，为学生提供良好的生活条件；有效的应急预案是保障学生安全的重要手段，包括灾害、疾病等突发状况的紧急处理计划，确保能够及时、有序地应对各类突发事件；管理机制则包括导师和工作人员的监管、学生行为管理等，以确保研学活动的秩序和学生的整体安全。只有在这些方面都得到妥善考虑和有效管理的前提下，研学活动才能顺利进行并达到预期效果。

项目七　认知研学旅行目的地

（三）实践性

实践性是衡量研学旅行目的地价值的重要指标。一个优质的研学目的地应当提供丰富多样的实践活动，通过考察探究、实验操作、角色扮演等方式，激发学生的主动性和创新思考。这些实践活动不仅是理论知识的应用，更是学生在真实场景中培养实际动手能力、解决问题能力的机会。通过实地考察，学生可以将课堂学到的知识与实际情况相结合，加深对学科内容的理解；实验操作则能够培养学生的实验设计和观察分析的能力，促使他们在实践中发现问题、提出假设并进行验证；角色扮演活动则为学生提供了模拟真实场景的机会，锻炼了他们的团队协作和沟通技能。这些实践性的活动不仅丰富了学生的研学体验，更培养了他们解决实际问题的技能，使得研学旅行成为理论与实践相结合的学习之旅。因此，目的地的实践性是评价其教育价值的关键标准，直接影响学生在活动中的全面发展。

（四）文化内涵

文化内涵是评价研学旅行目的地价值的重要维度。一个具有深厚文化底蕴的目的地不仅有助于学生学科知识的学习，更能提升其人文素养。目的地的历史积淀、传统民俗风情、独特艺术表现形式等元素，为学生提供了丰富的精神滋养。参观历史古迹，学生能够感受到文化的传承和演变，加深对历史发展的理解；了解当地的传统民俗风情，可以使学生更好地融入当地文化，体验异域风情，增强文化包容性和跨文化交流的能力；艺术表现形式如文学、音乐、绘画等，提供了多样的审美体验，拓展了学生的艺术视野，陶冶了他们的情操。通过沉浸在文化内涵丰富的目的地中，学生能够更全面地感知和理解不同文化，培养跨文化意识和国际视野。因此，选择具有深厚文化内涵的目的地，能够为学生提供更为全面和深刻的学习体验，使研学旅行成为一个充实而有意义的文化之旅。

（五）地域特色

地域特色在研学旅行目的地的选择中具有重要意义。每个地方都拥有独特的自然资源、人文景观以及地方产业，这些元素便构成了地域特色。选择具有地域特色的目的地，不仅可以为学生提供全新的学习体验，还能够激发他们对祖国丰富多元的大好河山和文化传承的热爱。

自然资源方面，地理环境的差异使得不同地区拥有各具特色的地貌、气候和生态系统，学生通过亲身体验，能够深刻感受自然之美，了解环境保护的重要性；人文景观包括历史古迹、民俗风情等，不同地区的历史文化积淀独具特色，参观这些景点能够使学生对本土文化有更深刻的认识，加深对历史传承的理解；地方特色产业则体现了地方独有的经济特点和发展方向，学生通过参观当地产业，可以了解地方经济发展的状况，培养对产业技术和创新的认知。

通过选择地域特色鲜明的目的地，学生在研学旅行中能够增强对地方文化的认同感，培养民族自豪感和爱国情怀。这样的研学体验既能开阔学生的视野，又能够深刻感受到祖国各地的丰富多彩之美。

综上所述，研学旅行目的地的选择是一个涉及多维要素的系统工程，各要素间相互关联、相辅相成，共同构成了一个理想的研学旅行目的地。只有通过综合评估以上要素，方能打造既具有教育意义又富有吸引力的研学旅行方案。

拓展知识

中国研学旅行目的地·标杆城市——绍兴

绍兴是最早推动文旅融合发展的城市，而研学旅行是最佳的文旅融合载体，我们从2003年开始有了"跟着课本游绍兴"的研学品牌，成为较早推动中国研学旅行发展的城市之一。自文旅深度融合以来，尤其是三年疫情，我们苦练内功，打穿深井，持续锚定"打造研学旅行目的地城市"这一目标，实施了"10个1"工作计划，即

1. 制定了一个发展规划。编制了《绍兴市研学旅游产业专项规划（2021—2025）》，构建了"一城引领，两翼联动，三带示范"市域研学产业发展空间布局。

2. 编制了一套地方标准。制定了研学服务、研学机构等4个地方标准，同时在全市研学基地营地贯标，推动研学旅游标准化走在前列。

3. 绘制了一张研学地图。围绕市域研学产业发展空间布局，以"一座绍兴城、半部文明史"为主题，按照六大历史时期精心绘制了《绍兴研学地图》。

4. 开发了一份研学课程。依托绍兴深厚的历史底蕴，以历史维度为重要发展脉络，精心编制了《〈绍兴古城〉研学旅游课程》，用经典故事诠释"绍兴精神"。

5. 培育了一批基地营地。积极评定一批省市级研学旅行基地营地，推出兰亭、大禹、会稽山、瓷源小镇等一批重点研学旅行营地。

6. 推出了一批研学游线。迭代、持续推出鲁迅研学之旅、唐诗之路、书法研学、戏剧研学等10余条经典研学游线。

项目七　认知研学旅行目的地

7. 构建了一个数字化应用场景。围绕产业发展、行业监管、公共服务、市场推广等重点场景，打造了"研学游一件事"多跨协同数字化应用场景。

8. 首创了一种新型融资模式。创新金融服务赋能文旅，其中以"跟着课本游绍兴"文旅 IP 无形资产为抵押，为文旅企业新增授信 1 亿元，解决了企业研学融资问题。

9. 开展了一系列宣传推广。同央视科教频道《跟着书本去旅行》栏目合作，围绕大禹治水、越王勾践、兰亭集序、鲁迅、绍兴美食等主题，拍摄并宣传了系列研学节目。

10. 形成了一批研究成果。《绍兴研学旅行标准化发展及地方实践》调研报告荣获"全国文化和旅游系统 2021 年度优秀调研报告"和"浙江省文化和旅游系统 2021 年度十佳调研报告"称号；在中国旅游研究院的全力支持和推动下，持续举办"中国研学旅行报告·绍兴发布"活动。

面对后疫情时期文旅市场的变化和绍兴实际，我们将把研学旅行市场做强做大作为"双循环"助力经济强劲复苏的重要引擎和文旅深度融合的核心抓手。2023 年 2 月，浙江省人民政府将"支持绍兴打造'中国研学旅行目的地'"写入《关于推进文化和旅游深度融合高质量发展的实施意见》文件，绍兴市政府也将适时召开"全市研学旅行推进会"，推出相关政策举措。

——节选自 2023 年 3 月 20 日"中国研学旅行目的地·标杆城市"发布会上的发言稿.

 **任务拓展**

请在中国知网上以"旅游目的地"为关键词，选取 1 篇近五年发表的论文进行深度研读，并用 PPT 列出其主要观点。

 **任务实训**

请从重庆、绍兴、安阳、黄山、宜昌等 5 个"中国研学旅行目的地·标杆城市"中任选 1 个开展深入研究，并简要谈谈其建设情况。

任务二　研学旅行目的地建设案例

任务导入

2023年3月20日，在浙江省绍兴市举行的"中国研学旅行目的地·标杆城市"发布会上，湖北宜昌市被中国旅游研究院评选为五个"中国研学旅行目的地·标杆城市"之一，一时风光无限。那么宜昌研学有着怎样的资源特色？运用的什么管理方式？又是怎样发展为研学旅行目的地城市的？

任务分析

回答这个问题需要对宜昌近几年的研学旅行工作情况进行深入调查和研究，以下从宜昌研学旅行的基本做法、发展基础、管理模式、队伍建设、支撑保障等五个方面总结提炼经验，期望找到宜昌建成研学旅行目的地城市的答案。

任务知识

2016年11月，教育部等11部门联合印发《关于推进中小学生研学旅行的意见》，湖北省教育厅等14个部门拟定实施意见，确定宜昌为全省8个"研学旅行"试点地区之一。宜昌市委、市政府高度重视，市教育局积极响应，成立研学旅行协调小组，研究工作机制和实施办法，全方位推进研学旅行工作。经过几年的探索与实践，宜昌研学实践工作得到了教育部、省教育厅领导的高度肯定，在全国产生了一定影响。2019年4月，教育部教育发展研究中心举办全国研学旅行发展论坛，宜昌市教育局作经验交流发言；2019年6月，全国研学实践教育营地管理经验研讨会暨国家级研学实践教育营地共同体成立大会在宜昌市召开；2020年10月，宜昌研学旅行"1+4"管理模式获全省校外教育年会创新案例一等奖第一名；2023年3月，"湖北宜昌：区域常态化开展研学实践教育"入选2022中国基础教育40个典型案例；2023年3月，宜昌获评"中国研学旅行目的地·标杆城市"。

项目七 认知研学旅行目的地

一、基本做法：常态化开展

宜昌始终坚持以立德树人为根本任务，紧紧抓牢校外实践活动育人载体，采取线上线下相结合，常态组织系列研学旅行活动。

1. 全面组织七年级学生综合实践活动

宜昌市教育局统筹安排全市七年级综合实践活动，按照每周一期制定各初中学校时间安排表，在市青少年综合实践学校组织学生集中开展防溺水、防震、消防、禁毒、救护、国防等实践教育活动。从城区学校推广到全市，实现全市七年级学生综合实践活动全覆盖。

2. 全面推动全市中小学生研学旅行活动

我们规定各学段研学旅行时长，小学低年级每学年1~2天，高年级3~4天，以宜昌市内开展为主；初中4~5天，以省内市外开展为主；高中5~7天，以国内省外开展为主，确保全市各中小学校各年级所有学生全覆盖。同时，深入推进"宜荆荆恩"城市群、宜昌与武汉地区中小学生研学旅行互动，与上海、西安、长沙等营地开展常态研讨交流，推动全国、全省研学实践教育发展。

3. 大力开展研学旅行公益活动

先后组织新疆维吾尔族自治区、西藏自治区、香港特别行政区等地区中小学生开展"三峡行"专项活动，组织"宜昌万名学生红色行""革命老区学生三峡行"等红色教育实践活动，组织"宜昌学生武汉行""武汉学生三峡行"研学旅行活动等。同时，线上线下资源开发，推出系列线上研学旅行实景课堂，惠及全国近百万名中小学生。

资料来源：教育部基础教育司发布的"2022中国基础教育典型案例"。

二、发展基础：资源独特兼具良好教育生态

（一）独特的研学资源，提供了宜昌研学旅行多元选择

1. 水电文化独一无二

宜昌是世界水电之都，是"大国重器"三峡工程所在地，区域内还建有葛洲坝、隔河岩、高坝洲等多个特大型水电大坝，形成了言水电必谈宜昌、言宜昌必谈水电的文化背景，并派生出水电工程、水电生产、坝区移民等系列文化，内容丰富。

2. 生态风光秀美绮丽

宜昌是长江三峡入口——西陵峡所在地，拥有"挟名山而兼大川，拥自然

而富人文，显外美而蕴内秀"的山水文化。全市 5A 级景区 4 家，4A 级 17 家，3A 级 20 家，数量居全国同等城市前列。近年来，宜昌大力推进生态文明建设，长江三峡、清江画廊以及三游洞、柴埠溪等 340 多处魅力独具的秀丽风景，形成了江、城、湖、山融为一体的独特绿色生态文化。

3. 历史文化绚丽灿烂

宜昌是楚文化的摇篮，巴文化的发祥地，巴楚文化的交融地，孕育了众多非物质文化遗产，现有人类非遗代表作名录项目世界级 1 项、国家级 19 项、省级 50 项；宜昌是"人文女始祖"嫘祖、世界历史文化名人屈原和民族和亲使者王昭君的故乡，李白、杜甫、白居易、欧阳修、苏轼等历代大家多会于此，留下了许多的胜迹和诗文，宜昌被誉为中国诗歌之城；宜昌是三国古战场所在地，《三国演义》120 回故事中，有 36 个发生在宜昌，猇亭古战场、长坂坡、关陵、麦城等三国文化遗迹多达 80 余处，三国文化资源丰富；宜昌是"东方斯大林格勒保卫战"——石牌保卫战所在地，建有石牌保卫战遗址、宜昌大撤退纪念馆、张自忠将军公祭纪念碑等多处教育基地，拥有丰富的爱国主义和革命传统教育资源。

4. 自然资源丰富多样

宜昌的地理地貌复杂多样，拥有国家地质公园 3 个，国家湿地公园 9 个，国家森林公园 6 个，"金钉子" 2 个，奥陶纪石林、喀斯特溶洞星罗分布，特色突出，被誉为"天然地质博物馆"。宜昌的生物种类多样，有种子植物 5582 种，占全国种子植物的七分之一，是"水中大熊猫"中华鲟的生殖繁衍地，建有全国唯一的中华鲟研究所。2019 年，湖北省宜昌市长阳县发现距今 5.18 亿年清江生物群，为研究地球动物门类起源和早期演化提供了重要科学依据，也正在抓紧打造新的学生研学基地。

5. 特色产业品牌响亮

宜昌是中国钢琴之城，建有全球最大的三角钢琴专业生产基地，全球每 7 台钢琴中就有 1 台"宜昌造"。宜昌是中国著名的橘都、茶乡和猕猴桃世界原产地，拥有兴发集团、人福药业等大批高新科技企业和柑橘、脐橙、茶叶等现代农业产业园，形成了多个享誉国内外的特色产业品牌。

（二）良好的教育生态，营造了宜昌研学旅行良好氛围

1. 实施立德树人德育工程

一是用课程引领德育。制定《中小学课程建设指导意见》，确立《中小学德育活动课程化实践研究》课题，修订《长在宜昌》地方课程，开展高效课堂创建，形成了"以学定教·自主合作"宜昌课堂教学特色。

项目七　认知研学旅行目的地

二是用文化丰富德育。开展文明校园、德育品牌学校等系列创建活动，形成了"一校一品·一校一特"的文化格局。实施校园微改革行动，聚焦校训凝练、功能室开门、厕所革命等十余项热难点问题，以"微改革"推动"大变化"。

三是用品牌活动夯实德育。坚持开展"宜昌市新春第一课""中小学生汉语言文化知识电视大赛""文明伴我成长"等教育活动，形成了独具特色的宜昌德育品牌。

2018年4月，习近平总书记考察长江，视察湖北，首站来到宜昌，对宜昌开展的"生态小公民"教育活动给予充分肯定。

2. 实施高中结构性改革

一是打破高中省市重点等级，实施主城区"3+3"高中布局调整，即3所综合性高中+3所特色高中，形成全市普通高中优质化、多样化、特色化办学格局。

二是组建江南、江北高中办学片区化联盟，实施"交换生"、教师"精准帮扶"、干部"跟岗交流""空中课堂"资源共建共享等制度，以优质"核心校"带动"成员校"发展。

3. 实施"县管校聘"教师人事改革

一是实行教师全员竞聘上岗、全员聘用制度，构建了事权、人权、财权相统一的教师管理体制，实现教师从"单位人"向"系统人"转变，从"因人设岗"向"因事设岗"转变，从"以岗求人"向"以岗聘人"转变，从"要我上岗"向"我要上岗"转变。

二是推行校长竞聘选任制度，对所有局管干部岗位实施竞聘选任改革，按照动员发布、自愿报名、资格审查、竞聘演讲、专家评分、校长（书记）推荐、确定初步人选、组织考察、党组会研究决策、公示定岗等程序竞争上岗。

三是建立中小学教师专业荣誉制度，形成了一支以湖北名师、正高级教师、特级教师为龙头，以宜昌名师、明星班主任、学科带头人等为骨干，以县级骨干教师为中坚的教育人才队伍。

4. 实施考试招生制度改革

一是全面实施义务教育"划片招生，就近入学"，开发"互联网＋义教阳光招生"管理平台，利用大数据比对，实行网上申请学位，实现新生入学"数据多跑路，家长不用跑"。

二是严格省级示范高中分配生制度，比例达到招生计划的80%，明确初中择校不享受分配生政策，资格面向社会全面公示，有效遏制了择校热。

三是规范管理普通高中招生，中考前300名成绩A等显示，不炒状元；省级示范高中招生严格属地原则，不在县市招尖子；将学生综合素质评价折合20

分，计入中考总分，引导家长社会关注学生的全面发展。

三、管理模式：创新确立"1+4"管理模式

宜昌创建形成的"1+4"研学旅行管理模式，即由政府统筹，教育、文旅、发改、交通等11个部门组成宜昌市研学旅行工作协调小组全面统筹协调，学校、家长委员会、基地营地和旅行社4个方面共同参与。

（一）政府统筹，破除研学旅行发展障碍

协调小组建立联席会议制度，定期研究解决重难点问题，形成规范文件。自2017年以来，先后出台20多份研学旅行有关管理文件和规定，形成《宜昌市研学旅行制度汇编》，出版《研学旅行在宜昌》，从政策规定、组织流程、课程实施、线路规划、合同签订、基地营地及旅行社评选、研学导师培训培养、安全保障措施等各方面予以规范和细化，全方位指导研学旅行活动。

（二）学校主导，做好研学旅行计划安排

学校将研学旅行纳入每学期教育教学计划，作为学生的必修课常态化开展。会同家委会遴选推荐线路和旅行社，由家长代表、学生代表、教师代表票选确定。安排班主任全程参与研学旅行管理，与学生同吃同住，交纳食宿费用，禁止将教师等工作人员的相关费用转移或变相转移到学生身上。

（三）家长参与，营造研学旅行良好生态

家长委员会负责审定研学旅行方案，联合学校与基地、旅行社签订协议，按照合同约定，收支研学旅行费用。家长志愿者全程参与研学旅行，加强对研学旅行的监督，促进各方职责的落实。在家长群里解读研学政策和方案，分享学生研学过程的感悟和成果，形成家长共鸣共识，营造研学旅行健康持续发展的良好生态。

（四）基地实施，提升研学旅行活动效果

基地的重要任务是结合自身的资源优势开发研学旅行精品课程，突出实践性、趣味性和教育性。按照一个班配备一名研学导师的要求，负责研学课程的实施，充分调动学生的积极性和参与度，避免研学旅行走马观花、"游而不学"。

（五）旅行社组织，确保研学旅行安全有序

研学旅行涉及学生衣、食、住、行、活动等方方面面，旅行社的组织协调是确保活动有序和学生安全的重要环节。旅行社具备组织协调和安全防控的专业团队，根据研学线路安排做好安全保障和应急预案，为学生购买保险，每班安排一名研学导师负责安全组织管理。

四、队伍建设：抓好教学的"牛鼻子"

研学旅行教育活动成功实施的关键在于人，在于有一支业务素质高、教育情怀深、综合能力强、热爱研学旅行的教师队伍。有了这样一支队伍，才能够整合各方面资源，创新教育教学方式，发现并解决面临的困难，推动研学旅行教育实践活动不断向更高水平发展。研学旅行队伍建设包括研学旅行管理队伍建设、研学导师队伍建设、研学专家队伍建设、研学服务队伍建设等，其中研学导师队伍建设是重点，涵盖制度建设、教师培养、课程开发、学习服务、教学评价、研学管理等各方面各环节的专业人才培养。

研学旅行队伍建设相较于学校教育队伍建设具有明显的差异性。首先，研学旅行课程是综合实践活动课程，学习的时间和空间的流动性大，具有鲜明的实践性特点；其次，研学旅行课程是选择性课程，不同地区、不同学校、不同年级对于课程的内容、时间、地点的要求各不相同，因而每一次研学旅行教学活动都是针对特定对象选择特定内容的一种个性化学习指导，具有独特性；最后，研学旅行学习内容涵盖所有学科课程、活动课程，又要融入研学基地或营地独立开发特色课程，具有综合性的特点。上述特点决定了研学课程具有学校学科课程不一样的复杂性、综合性，其课程开发、实施、管理与评价的各个环节各个方面都对队伍建设提出了前所未有的挑战。

宜昌市教育局认真贯彻教育部关于研学旅行的各项政策，结合宜昌本地的实际，在队伍建设方面经过实践探索，取得了一定的成果，概括而言，具有以下四个方面的特点。

（一）重视政策导向，加强研学管理队伍建设

管理是龙头，是国家研学政策的解读并与地方实际相结合进行重构的过程。宜昌市教育局成立了由局主要领导负责，教科院以及各方面专家组成的宜昌市研学旅行工作小组，主要负责学习贯彻教育部研学旅行政策，协调宜昌市包括教育局、旅游局、交通局、食品安全卫生管理局等各个部门，指导旅行

社、研学基地或营地的研学基础设施建设、课程开发以及研学导师培养等工作，指导各学校按照教育局研学旅行相应办法进行具体的研学学习活动。例如，工作小组编写了《宜昌市中小学研学旅行试点工作实施方案》《宜昌市中小学研学旅行推荐旅行社遴选方案》《宜昌市中小学研学旅行工作指南》《宜昌市教育局关于进一步规范中小学研学旅行工作流程的通知》等。这些具体政策的出台为宜昌市中小学研学旅行工作的实际开展提供了指导，有效地推动了这项工作在短时间内取得大的突破。

拓展知识：宜昌市中小学研学旅行工作指南

（二）重视专业导向，加强研学导师队伍建设

为提升研学导师的职业素质和岗位能力，满足广大中小学研学旅行的迫切需求，在宜昌市教育局的领导下，借助本地的三峡旅游职业技术学院的师资力量，充分发挥高职院校服务社会、服务地方经济的职能，开展"研学导师培训"，为宜昌研学旅行培养专业人才。通过专题辅导、现场教学、案例分析、分组讨论、自主研修、经验交流等形式，让学员们全方位了解研学旅行。培训课程紧贴实际操作需要，通过研学旅行政策解读、研学营地（基地）的运行与管理、研学旅行安全管理与风险控制、课程设计、课程实施、课程评价、研学旅行的教育功能、研学旅行产品创意设计、研学导师专业标准研究、研学旅行中的心理沟通等，360度分析研学旅行的实战落地性，快速一站式解决研学旅行的诸多疑问。通过培训，培养了一批满足研学旅行需要的研学导师，便于研学基地（营地）更好地制订并实施研学旅行教育方案，指导学生开展各类体验活动。同时，为了打造专业的研学导师队伍，三峡旅游职业技术学院在"五年一贯制"学前教育专业开设了研学导师方向，遴选有兴趣、有潜力的学生，攻读研学导师方向，培养既具有教育理论知识，又具有旅游专业技能的复合型人才。

（三）重视创新导向，加强研学研究队伍建设

研学旅行综合实践活动课程是一种全新的课程形式，几乎没有任何成熟的经验可以借鉴，它打破了传统学校课程的时空限制，也打破了传统的旅行服务模式，在课程开发、课程实施、课程管理、课程评价等方面，集合了学校、旅行社、研学基地等多方面资源，重新建构了一个全新的课程体系，在学习组织、学习方式、教学方式、评价方式、安全管理、生活服务等多方面重构了一套话语体系，需要从理论到实践进行专门研究。在宜昌市教育局的领导下，依托三峡旅游职业技术学院组建了宜昌市研学旅行研究员队伍，全方位开展基于实践的行动研究。

（四）重视经验导向，加强研学服务队伍建设

这里的"服务队伍"是一个有别于"研学导师队伍""研学管理队伍"的由教师、家长及其他人士组成的研学课程实施的综合性队伍。就研学课程的实施而言，突出的特点是课程的两头（课程计划和课程评价）在学校，中间在校外（路途和基地或营地）；就研学课程的学习方式而言，突出的特点是研究性学习、小组合作学习、观察性学习和过程性学习。因此，一个完整的研学旅行学习过程包括在学校完成小组合作学习的分组、研究性学习的开题准备、旅途学习、基地或营地观察学习、回学校分小组完成研究性学习的结题报告、学习成果的评价、学习分享等。这个完整的学习过程分别由学校研究性学习指导教师、班主任或带队教师、家长、基地或营地研学导师、学科教师等分时段共同完成，其中只有基地或营地才有专业的研学导师，其他如带队教师、家长志愿者等都只能称为服务者。

队伍建设是一个长期的过程，主要原因在于每一个研学课程都是学校、导师、基地或营地的重构，因而具有多变性。宜昌市之所以能够在短短的几年时间里推动研学旅行学习的高水平发展，最重要的原因就在于加强队伍建设，抓住了教学的"牛鼻子"。

五、支撑保障

宜昌市教育局大胆改革、锐意创新，努力创建研学旅行宜昌模式，相继出台了各项文件和实施办法，为全面推行宜昌市中小学生研学旅行活动的开展提供了有力的支撑与保障。

（一）政策保障

2017年9月24日，宜昌市教育局、旅游委等11部门联合发布《宜昌市中小学生研学旅行试点工作实施方案》；2018年2月6日，宜昌市公布第一批研学旅行基地名单；2018年5月15日，宜昌市教育局下发《宜昌市中小学生研学旅行工作指南（试行）》的通知；2018年10月29日，宜昌市公布第二批中小学生研学旅行基地名单；2018年12月7日，宜昌市教育局下发《关于进一步规范全市中小学生研学旅行工作流程的通知》。宜昌市发布的关于中小学生开展研学旅行的各项文件，从工作方案、评选研学旅行基地、推荐旅行社到规范研学旅行工作流程，都明确地作出了指导与规定，为宜昌市研学旅行发展提供了有力的政策支撑。

（二）课程保障

2018年，宜昌市在评选第一批和第二批宜昌市中小学生研学旅行基地时，专家评审组对各申报基地的课程进行了严格审查，确保入选基地的课程能有效地开展与实施。2019年，市教育局组建宜昌市研学旅行研究员团队，对每个研学旅行基地的课程进行审核验收，督促各研学基地进一步修改完善课程内容和实施方案，确保来宜昌市开展研学旅行的学生在每一个研学基地都能学有所获，不虚此行。

（三）信息化平台服务

2018年3月，宜昌市教育局组织专班研发创建了《三峡宜昌研学旅行网》网络平台，开辟了政策引导、推荐基地、推荐旅行社、精品课程与线路、网上报名、研学评价等栏目，充分发挥了为研学旅行提供研学目的地、研学课程、研学收费、研学规范操作等功能，为全市中小学生开展研学旅行活动提供了非常有效的服务。截至目前，该网站点击量已超过10万人次，社会效益凸显。近期，《三峡宜昌研学旅行网》正在升级改造，进一步完善相关功能，届时将有效地为全国中小学生研学旅行活动提供优质的服务。

（四）中央资金补助

2018年，宜昌市青少年综合实践学校被评选为"全国中小学生研学实践教育营地"，并被确定为三大重点示范营地之一，教育部、财政部给予该营地1.2亿元中央专项彩票公益金用于开展研学旅行活动，该中央资金将为来宜昌开展研学旅行的全国中小学生带来福音，有效助推宜昌市研学旅行的全面深入发展。

任务拓展

请搜索浏览宜昌市青少年实践教育基地&三峡宜昌研学旅行网，列举该基地近三个月的5条"研学动态"。

任务实训

请调研宜昌市青少年实践教育基地的课程体系及实施情况，完成一篇3000字的调研报告，尝试将调研报告反馈给宜昌市青少年实践教育基地，获得其反馈和评价。

项目七　认知研学旅行目的地

项目思考与练习

一、判断题

二、单选题

三、多选题

四、思考题

1. 研学旅行目的地构成要素有哪些？

2. 按照吸引物的资源类型分类，研学旅行目的地可以分为哪些类型？

3. 研学旅行目的地的选择需要考量哪些维度？

随堂测验及答案

参考文献

［1］郭元祥.综合实践活动课程与教学论［M］.北京：人民教育出版社，2013.

［2］拉尔夫·泰勒.课程与教学的基本原理［M］.罗康，张阅，译.北京：中国轻工业出版社，2014.

［3］卢梭.爱弥儿［M］.彭正梅，译.上海：上海人民出版社，2011.

［4］王晓燕，韩新.研学旅行来了［M］.西安：陕西人民教育出版社，2019.

［5］王晓燕，韩新.研学实践教育课程设计指南［M］.西安：陕西人民教育出版社，2022.

［6］杨春良.综合实践教育基地建设与管理［M］.长春：东北师范大学出版社，2020.

［7］白长虹，王红玉.以优势行动价值看待研学旅游［J］.南开学报（哲学社会科学版），2017（1）.

［8］曹诗图.旅游哲学引论［M］.天津：南开大学出版社，2008.

［9］陆庆祥，程迟.研学旅行的理论基础与实施策略研究［J］.湖北理工学院学报（人文社会科学版），2017（2）.

［10］教育部.中小学综合实践活动课程指导纲要［Z］.2017-9-25.

［11］钱贵晴.综合实践活动课程与教学论［M］.北京：首都师范大学出版社，2004.

［12］任唤麟，马小桐.培根旅游观及其对研学旅游的启示［J］.旅游学刊，2018（9）.

［13］陶行知.陶行知谈教育［M］.沈阳：辽宁人民出版社，2015.

［14］王晓燕.研学旅行的基本内涵和核心要义：《关于推进中小学生研学旅行的意见》读解［J］.中小学德育，2017（9）.

［15］王晓燕.充分发挥研学旅行在立德树人中的重要作用［J］.人民教育，2017（23）.

［16］王晓燕.尽快补齐实践育人短板彰显实践教育独特价值［J］.中小学管理，2018（10）.

[17] 孙杰光.现代服务业发展概论［M］.北京：中国金融出版社，2017.

[18] 单凤儒.管理学基础.6版［M］.北京：高等教育出版社，2017.

[19] 褚金光.对新义务教育法中"政府统筹"的解读与思考［J］.教书育人（校长参考），2007（1）.

[20] 符茂正，庄雪球，黄健恒.谈如何树立海南研学游旅游服务品牌［J］.才智，2020（1）.

[21] 杨永双，邵瑞劲.中小学生研学旅行的发展思路与运行机制研究：以重庆市为例［J］.现代中小学教育，2018（3）.

[22] 胡小华，林凯.关于主办、承办和协办的认知调查与思考启示［J］.中外企业家，2019（34）.

[23] 张佳倩，冷志杰.北大荒现代农业园研学服务供应链的关系协调机制研究［J］.安徽农业科学，2020（1）.

[24] 陈光春.论研学旅行［J］.河北师范大学学报（教育科学版），2017（3）.

[25] 俞飞，徐阳阳，田涛.智慧旅游背景下旅游服务供应链模型构建及运行机制研究［J］.安徽农业大学学报（社会科学版），2017（2）.

[26] 田晓伟，张凌洋.研学旅行服务发展中的公私合作治理探析［J］.中国教育学刊，2018（05）.

[27] 李岩，赵兴花.中小学如何与第三方机构合作开展研学旅行？［J］中小学管理，2019（7）.

[28] 一起来看研学旅行大数据［EB/OL］.［2019–05–05］.https://www.sohu.coma/311839092 760974.

[29] 陈晓颖.我国研学旅行基地建立的现状分析［J］.新智慧，2018（22）.

[30] 邱涛.地方性地理研学旅行基地建设研究［J］.中学地理教学参考，2017（6）.

[31] 王京凯.营地运营至少要具备6种能力［J/OL］.［2018–3–27］.http://edu.china.com.cn' 2018–03/27/content 50752859 htm.

[32] 王学辉.五个维度剖析研学旅行［EB/OL］.［2017–12–07］.https://www.sohu.coma/208967122 476087.

[33] 贺小刚，刘丽君.人力资源管理［M］.上海：上海财经大学出版社，2015.

[34] 北京市旅游业培训考试中心.导游服务规范［M］.北京：旅游教育出版社，2015.

[35] 徐鹏，余灵.研学导师的职业素养与岗位技能培训［EB/OL］.

［2020-02-14］. http://msgc.chinareports.org.cn/sdbd/2020/0214/6452.html.

［38］邹统钎. 旅游目的地管理［M］. 北京：高等教育出版社，2019.

［39］黄安民. 旅游目的地管理［M］. 上海：上海财经大学出版社，2016.